KB059854

편집자로 산다는 것

편집자로 산다는 것

김학원
정은숙
강주헌
이 홍
변정수
정민영 지음

한국출판마케팅연구소

편집자로 산다는 것

2012년 5월 7일 1판 1쇄 발행

지은이 김학원, 정은숙, 강주헌, 이홍, 변정수, 정민영
펴낸이 한기호
편집 오효영, 이은진, 박윤아
경영지원 홍주리

펴낸곳 한국출판마케팅연구소
출판등록 2000년 11월 6일 제10-2065호
주소 121-842 서울시 마포구 서교동 484-1 삼성빌딩 A동 2층
전화번호 02-336-5675 팩스 02-337-5347
이메일 kpm@kpm21.co.kr
홈페이지 www.kpm21.co.kr

인쇄 예림인쇄 전화 031-901-6495 팩스 031-901-6479
총판 송인서적 전화 031-950-0900 팩스 031-950-0955

ISBN 978-89-89420-78-1 03010
값 15,000원

'편집력'은 누구나 갖춰야 할 미덕

2000년대 초반에 일본, 중국, 대만의 출판인들과 동아시아 공동출
판을 함께 진행하면서 일본에 자주 갔다. 이 사업을 주도하는 계간〈
책과컴퓨터〉의 후원기업이 (주)다이니폰大日本인쇄였기에 회의는
주로 일본에서 열렸다. 이 작업을 하는 과정에서 일본의 편집자들
을 꽤나 만날 수 있었다.

해박한 지식의 소유자, 츠노 가이타로

한 분은〈책과컴퓨터〉의 총괄편집장이었던 츠노 가이타로 선생이
다.〈책과컴퓨터〉가 어떤 잡지인가? 일본 최대의 인쇄회사인 (주)
다이니폰인쇄는 20세기 말에 '종이 없는' 시대의 도래가 기정사실
인 것처럼 언급되자, 책의 미래에 따라 자사의 운명이 바뀔 것이라
고 생각했다. 그에 따라 미디어 전문가들에게 20세기의 마지막 4년

동안 '책의 미래'에 대해 진지하게 탐구해줄 것을 제의했고, 곧 츠노 선생이 총괄편집장을 맡게 되었다.

츠노 선생은 1960년대부터 인문출판사인 쇼분샤晶文社 편집장을 지낸 것을 비롯하여 잡지, 마이너 잡지 등 다양한 형태의 출판업에 종사한 편집자다. 선생은 〈책과컴퓨터〉의 편집장으로 일하면서 전자책을 포함한 책의 미래에 대해 매우 적극적으로 발언하며 관련 책도 펴냈다. 『책은 어떻게 사라지는가』『책이 흔들렸다』 등이 대표적인 책이다. 1997년부터 2001년까지 자신이 쓴 글에다 주를 단 독특한 형식으로 펴낸『책이 흔들렸다』는 독자의 입장에서 디지털 기술의 등장으로 말미암아 책의 구조와 기반이 흔들렸던 시기를 성찰하면서 미래의 비전을 모색했다. 나는 이 책을『구텐베르크 은하계의 행방』으로 제목을 바꿔 국내에 소개했다.

1938년생으로 나보다 딱 20년 연상인 선생은 와코和光 대학의 도서관장으로도 일을 했다. 매우 해박한 지식을 갖춘 분인데도 매우 겸손하셨다. 배려심도 대단하셨다. 한국출판마케팅연구소 홈페이지에 실린 내 글을 자동번역으로 읽어보시고는 〈아사히신문〉에서 펴내는 시사월간지 〈논좌論座〉에 소개해주셔서 '한류 출판 사정'이란 제목으로 1년간 연재하기도 했다. 선생은 편집자 이상이다. 사상가로 보아도 무방할 정도다. 도쿄의 술집에서 함께 이야기를 나누다가 "한기호 선생이 나와 동년배가 아니던가요?"하고 말씀하실 만큼 젊고 발랄한 사유를 하시는 분이기도 하다.

평생의 경험을 대학 강의에 녹인, 와시오 켄야

다른 한 분은 1969년 고단샤 편집부에서 35년 동안 일하고 정년퇴

임한 와시오 켄야鷲尾賢也다. 선생은 출판사를 그만두고 시간적 여유가 생기자 조치上智대학에서 '편집론' 강의를 하게 됐다. 출판의 세계에서는 경쟁이 워낙 치열해 자신의 경험을 밝히지 않았지만, 대학에서 강의하면서 평생의 경험을 세세하게 털어놓았다. 그 내용은 『편집이란 어떤 일인가』에 오롯이 담겼다.

나는 기획의 발상부터 인간교제를 다룬 이 책을 일본 서점의 서가에서 발견하고 매우 기뻤다. 그는 이 책에서 편집자란 "각각의 개성이나 인격, 인생관, 세계관, 또 지식, 교양, 기술, 나아가 일상의 생활 방식까지도 아우르는 이른바 그 사람이 지닌 일체를 총동원하여 전문가인 저자나 책을 직접 만드는 이들과 관계를 맺는 일을 하는 사람"이라고 말했다. 선생은 편집자에게는 모든 요소가 종합된 하나의 '인격'이 필요하다고 강조했다.

내가 『편집이란 어떤 일인가』에서 가장 감동을 받은 것은 '기획 발상법'을 다룬 4장이었다. 기획의 유형을 시대를 읽는 기획, 잠재적 욕망 기획, 기본적인 소재, 새로운 것 다루기, 번역 등 10가지로 분류해 간략하게 설명해주고 변형·비틀기·가공, 극대화·극소화·계열화·한정 등의 '문제를 만드는 능력'을 쉽게 설명한 것을 읽고 곧바로 번역해서 출간하겠다는 결심을 했다.

역발상으로 위기를 극복한, 마츠다 테츠오

또 다른 한 분인 마츠다 테츠오松田哲夫는 1970년대 대표적 인문출판사 중의 하나인 치쿠마쇼보築摩書房에 입사해 '치쿠마문고'를 창간하고 『노인력』(아카세가와 산페이)을 펴내 치쿠마의 부도 위기를 넘기는 데 결정적인 역할을 한 편집자다. 노인이 되면 기억력이 감퇴하고 행동도 느려지는 등 노화 증상이 하나 둘 나타난다. 하지만 노인이 돼 자기 실력을 정확히 알게 되면 쓸데없는 일에 힘을 쓰지 않고 별것 아닌 일도 깊이 있게 꿰뚫어볼 수 있는 능력이 발휘된다. 이런 능력이야말로 진정한 노인의 힘이라고 역설하는 책이 바로 『노인력』이다. 이 책의 사례에서 드러나는 것처럼 그는 역발상으로 위기를 극복한 전설적인 편집자다.

36년 동안 400여 권의 책을 직접 편집한 편집자이자 2004년 11월에 출범한 전자책 회사인 퍼블리싱링크의 대표를 지내는 등 아주 특수한 이력의 소유자이기도 한 그는 『편집광 시대』『이것을 읽지 않았다면 편집을 논하지 마라』『인쇄에 미쳐』등의 저서를 펴냈다. 나는 디지털 시대에 책을 제대로 펴내려면 활판 인쇄 시대에서 디지털 인쇄로 넘어오는 여러 시기의 차이를 제대로 알아야, 소유하고 싶은 물성物性을 제대로 갖춘 책을 만들어낼 수 있을 것이라고 판단해 『인쇄에 미쳐』를 번역해 출간했다. 또 그의 편집자적 발상에 대한 글을 〈기획회의〉에 연재하기도 했다.

마츠다 테츠오는 『편집광 시대』에서 '편집자는 ○○다'라는 정의를 13가지나 열거하고 일일이 설명을 붙였다. 빈칸에 들어가는 항목은 독자, 수집가, 잡무 담당자, 서비스업, 교정자, 제작자, 디자이너, 영업자, 비평가, 작가, 학자, 기획자, 프로듀서 등이다. 편집자가 이런 일을 모두 할 수 있으려면 '만능인'이 되어야 할 것이다.

편집자는 시대의 창조적인 디렉터

나는 세 분 모두 한국의 편집자들을 만날 수 있게 도움을 줬다. 세 분은 각기 다른 시기에 내한해 그들이 갖고 있는 식견을 보여줬다.

나는 이런 편집자들과 잠시라도 함께 하는 것이 중요하다고 생각한다. 편집자는 단순히 직업인으로서가 아니라 세상을 이끌어가는 리더라고 보아야 한다. 이 분들이 아니더라도 "편집자라는 것은 시대의 창조적인 디렉터", "편집자는 기획력과 인맥이 말해주는 직업", "편집이란 개념은 출판보다 큰 의미", "편집자는 엘리트 혹은 프로페셔널한 직업", "편집자는 공간의 사제" 등 편집자의 위상을 대단하게 평가하는 말이 많다.

나는 편집자들을 매우 중시한다. 그래서 〈기획회의〉에 편집자들이 자신이 펴낸 책에 대한 경험을 털어놓는 '기획자 노트 릴레이'를 꾸준히 실었다. 30명씩의 연재물을 모아『책으로 세상을 편집하다』『책으로 세상과 소통하다』『책으로 세상을 움직이다』『책으로 세상을 꿈꾸다』등의 책을 펴냈다. 나는『책으로 세상을 편집하다』의 머리말에서 "이 책에 글을 쓴 사람들이 각자 책에 대한 생각을 한 권의 책으로 써주는 도약"을 꿈꾼다고 말했다.

실제로 책을 펴낸 사람들이 없지 않다. 〈송인소식〉과 〈기획회의〉에 글을 연재한 사람들이 책을 펴냈다. 이 책의 저자들인『편집자란 무엇인가』의 김학원,『편집자 분투기』의 정은숙,『기획에는 국경도 없다』의 강주헌,『만만한 출판기획』의 이흥,『편집에 정답은 없다』의 변정수,『정민영의 미술책 기획노트』의 정민영은 모두 이들 잡지에 장기간 연재한 글을 바탕으로 책을 펴낸 분들이다.

나는 이 여섯 명의 편집자를 모시는 강좌를 기획한 적이 있다. 이들은 각기 편집자가 알아야 할 모든 것, 편집자의 삶과 일, 번역서 기획을 어떻게 할 것인가, 출판기획의 방법론, 실력 있는 편집자의 에디터십, 전문출판기획의 노하우 등을 이야기했다. 이 책은 그때

강연한 내용을 바탕으로 다시 정리한 것으로, 몇 분의 글은 〈기획
회의〉에 연재하기도 했다. 출판기획이나 출판편집에 대한 책을 펴
낸 이들이 말하고자 한 바의 정수를 이 책에 담았다고 자부한다. 독
자는 비슷한 듯하면서 각자의 개성을 내뿜는 글들을 읽으면서 새
로운 비전을 찾아낼 수 있을 것이다.

'편집력' 은 누구나 갖춰야 할 미덕

디지털 혁명은 책의 생산에서부터 소비에 이르기까지 전 과정을
바꾸고 있다. 읽고 쓰는 방식의 변화는 텍스트 자체의 변화를 불러
오고 있다. 유통 방식이나 마케팅 패러다임의 변화는 책의 형식부
터 바꿀 것을 촉구하고 있다. 이와 같은 변화의 시대에 출판편집(기
획)자는 어떤 마음 자세를 가져야 할까? 본격적인 출판기획의 시대
를 선두에 서서 개척해온 기획자 여섯 사람의 생각을 들어보는 것
은 매우 의미 있을 것이다.

어느 영역에서나 기획, 편집, 디자인, 유통, 프로모션 등을 총체
적으로 이해하고, 사람의 재능을 알아볼 수 있는 안목과 투자에 따
른 수익을 정확하게 계산할 수 있는 능력을 갖추는 일은 중요해졌
다. 이를 요약하면 기획을 세우고, 사람을 모아, 형태를 만들 수 있
어야 한다. 책, 웹, 앱 어디서나 세 능력은 필수적이다. 이 책은 그런
능력을 갖추려는 사람들에게는 맞춤한 교과서가 될 것이다.

오늘날 하루가 다르게 폭발하는 정보를 분류하고 정리해 자신에
게 유용한 지식으로 만드는 '편집력'은 누구나 갖춰야 할 미덕이 되
었다. 이 책의 저자들은 그에 대한 저마다의 방법론을 알려주고 있
다. 따라서 출판 이외의 영역에서 일하는 사람이 읽어도 많은 도움

이 될 것이다.

기술이나 매체가 바뀌어도 그에 다른 기획과 콘셉트를 세울 수 있고, 수시로 새로운 감성의 상품을 찾아낼 수 있는 탁월한 감각, 투자자와 사람을 끌어모으는 행동력과 지칠 줄 모르는 도전정신을 발휘할 수 있는 편집자는 한 출판사의 수준을 뛰어넘는 존재가 될 확률이 높다. 출판사보다 편집자의 브랜드가 우위에 서는 일이 자주 발생할 것이기 때문이다. 앞으로 개별 프로젝트에 따라 수많은 스텝이 편집자를 중심으로 이합집산하거나 이종異種의 업체들이 콜라보레이션을 통해 개별 상품의 판매력을 키워나가는 일이 일반화될 것이다.

이 책들을 읽은 독자들이 세상을 주도하는 사람이 될 수 있기를 간절히 기원한다. 그리고 내가 기획한 강좌에 참여해주고 글을 다듬어주신 여섯 분의 저자에게 감사의 말씀을 전한다.

2012년 4월
한기호

차례

서문 '편집력'은 누구나 갖춰야 할 미덕 • 5
　　　한기호 한국출판마케팅연구소장

01 편집자의 모든 것 • 15
　　　김학원 휴머니스트 대표

디지털 환경 변화와 출판
미디어 혁명과 출판 생태계의 변화
서점의 변화 | 편집자의 변화 | 독자와 저자의 변화
차별성과 전문성, 그리고 네크워크와 파트너십 | 자신의 운동장을 갖는 것
파트너십에 기반한 리더십아 필요하다 | 일과 삶의 포트폴리오를 써라

:편집자가 편집자에게 묻다 • 44
독자와의 만남, 어떻게 준비할까 | 모든 이야기가 담겨 있는 편집일기
스테디셀러 기획에 필요한 전략 | 변화의 시대, 소통과 대화가 필요하다

02 편집자의 삶과 일 • 59
　　　정은숙 마음산책 대표

편집자로 산다는 것 | 스스로 묻고 답하는 데 길이 있다 | 한 권의 책은 여러 인간관계의 총합
기획 단계에는 선명성이 중요하다 | 편집자는 전문인인가, 만능인인가
스스로를 괴롭히지 않는 마음 공부 | 필자와 편집자는 '원고를 사이에 둔' 관계
필자의 세 유형 | 가능형 필자를 찾아서 | 삼세판이 필요한 이유
필자, 번역가의 가능성을 발견하라 | 지금 만난 필자와 영원할 수 있다

:편집자가 편집자에게 묻다 • 90
후회는 적게, 앞으로 나아가는 법 | 원고를 거절하고도 호의를 얻는 법
편집자와 디자이너의 소통법

03 번역서, 어떻게 기획할 것인가 • 103
　　　강주헌 번역가, 펍헙에이전시 대표

'좋은 책'이란 무엇인가
외서 기획을 위한 조건
주제별 책 찾기
디지털 시대의 출판

:편집자가 편집자에게 묻다 • 133
외서 검토시 고려할 사항 | 에이전시와 출판사의 상생 | 책을 파괴하라

04 출판 기획을 시작하기 위한 인사이트 10 • 141
이홍 리더스북 대표

인사이트 1. 자신의 업을 기록하는 것, 기획의 출발
인사이트 2. 좋은 책을 열심히 읽는 것, 기획의 바탕
인사이트 3. 책의 물성을 잘 아는 것, 기획의 본질
인사이트 4. 독자가 원하는 책을 만드는 것, 기획의 이유
인사이트 5. 유지형 기획과 파괴형 기획을 고민하는 것, 기획의 성패
인사이트 6. 소통에 능할 것, 기획의 힘
인사이트 7. 몰입하고 또 몰입하는 것, 기획의 자세
인사이트 8. 설득을 통해 결정권을 확보하는 것, 기획의 필수 요소
인사이트 9. 지식은 쌓는 게 아니라 꺼내 활용하는 것, 기획의 몸통
인사이트 10. 스스로 진보하는 에디터, 지속가능한 기획
상상력으로 가득한 에디터를 위하여

:편집자가 편집자에게 묻다 • 176
'좋은 기획'의 조건 | 비교우위를 찾아라 | 30%의 가능성을 모으는 지혜 | 편집자를 위한 책 읽기

05 출판 환경의 변화와 편집자의 삶 • 183
변정수 출판컨설턴트

출판편집자의 진화: '에디터'에서 '에디팅 매니저'로 | 한 사람 한 사람이 독립된 사업 단위
무한 노동 강요하는 정글의 법칙 | 직업이 아닌 삶의 방식 | 목마른 사람이 샘 판다
1인 출판, 거품이 꺼진 자리에는 무엇이 남았나 | '우물 안 개구리'조차 아쉽다

:편집자가 편집자에게 묻다 • 214
편집자적 재능 | 사회적으로 인정받는 가치를 생산하는 일

06 싱싱한 미술대중서 만들기 • 223
정민영 아트북스 대표

내가 겪은 국내 미술출판의 동향 | '한 지붕 두 가족'이 된 미술 단행본
'미대생'이라는 독자의 정체 | 무서운 '도판 저작권' 사용료 | 1957년, 그 이전과 이후
'도판 죽이기'에서 '도판 살리기'로 | '미술의 대중화'라는 화두
우리 미술출판의 흐름을 만든 책들 | 전문성과 대중성을 겸비한 '중간필자'
어떻게 발상을 전환할 것인가 | 에피소드는 필수다 | 책은 심리학이다
대중서는 예능이다 | 아이디어는 우리 주변에 있다

:편집자가 편집자에게 묻다 • 265
저자 안에 있는 것을 이끌어내기 | 일반 독자가 화집을 멀리하는 이유

찾아보기 • 275

01

편집자의 모든 것

김학원
휴머니스트 대표

1962년생으로 제주에서 태어났다.

월간 〈길을찾는사람들〉 기자, 전국노동단체연합 기관지 편집장으로

활동한 후 1992년 새길에 입사하며 출판계에 입문했다.

새길, 푸른숲의 편집주간을 지냈으며, 푸른역사의 설립에 참여,

편집주간과 대표를 겸임하였다.

2001년 휴머니스트를 창업하면서 전문 편집장의 육성에 초점을 두고

인문, 역사, 청소년, 어린이, 교양만화 등 5개 출판 부문에서

책임편집자 제도를 도입하여 300여 종의 교양서를 발간했다.

2007년부터 2년 동안 동아시아연구소 초청연구원으로 활동하면서

'동아시아, 미국, 유럽의 출판 환경과 시스템의 비교'와

'디지털 시대의 출판'을 주제로 공부했다.

2009년 8월 저서 『편집자란 무엇인가』를 출간하며 다시 책의 현장에 복귀하여
출판사 창립의 1차 목표인 분야, 부문, 세대에 기초한 교양서 1,000종의 발간과
100여 명의 전문 편집인 육성을 위해 매진하고 있다.

디지털 환경 변화와 출판

여기에는 출판 현장에 몸담은 지 10년차도 계시고 20년차도 계실 겁니다. 저 역시도 20년 가까이 되었습니다만… 여기 계신 분들도 앞으로 3~5년 안에 이전 20년의 변화보다 훨씬 더 큰 변화들이 출판계에 올 거라는 예감을 가지고 있을 거라 생각합니다.

훨씬 더 변화가 극심하고, 우리가 상상하지 못했던 일들이 많이 벌어지고, 우리가 아니라고 이야기했던 것들이 현실로 벌어질 수 있습니다. 그리고 또 한편으로 지금 맞이하고 있는 격변의 전환기 시대의 핵심이 뭐냐면 불확실성이거든요. 기존의 눈으로 보면 미래의 모든 것이 근본적으로 불확실하다는 겁니다.

불확실성의 미래와 함께 대두된 주제가 디지털 출판이고, 그와 맞물려 전자책이라고 하는 겉으로 드러난 이슈가 있었는데요. 어느 해외 출판잡지의 기사를 보니 2000년부터 현재까지 전 세계에서 출판과 관련된 약 5,000개가 넘는 컨퍼런스의 주제가 디지털 출판, 전자책과 직간접적으로 관련된 것이었다고 하더군요. 엄청나죠? 그만큼 수없이 논의되어왔던 디지털 환경에서의 변화가 앞으로 3년에서 5년 사이에 우리가 활동하는 출판이라는 운동장 내에서 구체적인 변화를 야기할 것이라고 하는 생각에는 거의 동의하는 것 같아요.

이 변화의 양상 속에서 어느 부분도 확실하지 못하다고 하는 것이 정답입니다. 불확실성 자체가 정답인 거죠. 바야흐로 우리가 직면한 격변의 전환기는 그 끝을 예측할 수 없는 아주 복잡한 터널과 같습니다. 다만 제가 말씀드리고 싶은 것은 그 변화 속에서 책을 만드는 편집자가 뭘 봐야하는지, 어떤 관점과 어떤 태도를 지녀야 하는지를 분명히 해야 된다는 것입니다.

일단 가장 경계해야 하는 것은 종이책이냐 전자책이냐 하는 이분법적인 시각이나 논의 양상입니다. 이런 이분법적인 눈으로 보면 우리가 그동안 만들었던 책들이 갑자기 책이 아니라 종이책이라는 것으로 다가와 느닷없이 구시대적인 것이 되어버리고, 반면에 전자책은 새로운 것, 뉴미디어의 상징인 것처럼 다가옵니다. 이러한 순간 이제까지 책의 사회문화적인 가치와 역할, 그 내용과 메시지가 기술의 진보에 의해 가려져, 책과 출판에 관한 그 모든 것들이 스스로 과거의 것으로 전락하고 그 자리에는 불안감이나 두려움이 대체해 방향을 잃게 됩니다. 이미 유럽이나 미국에서는 전자책이냐 종이책이냐의 논쟁은 수많은 컨퍼런스들을 거치며 10년 전에 정리되었습니다.

그런데 우리나라에서는 2010년에 MB가 쇼를 하듯이 전자책을 가지고 휴가를 갔다고 했는데요. 단말기가 뭔지는 밝혀지지 않았지만, 가져갔다는 전자책들이 대부분 원서거든요. 발표한 목록을 보니까 국내에서는 전자책으로 출시되지 않은 것이에요. 아마존의 킨들을 가져가서 전자책을 본다 하더라도, 출시되지도 않은 전자책을 본다는 건 어떻게 설명해야 하는 건지… 실제로 곳곳에서 벌어지는 양상을 보면 굉장히 퍼포먼스나 쇼 같은 요소들이 많아요.

미디어 혁명과 출판 생태계의 변화

출판의 거시적인 환경 변화는 이렇게 정리할 수 있습니다. 일단, 핵심적인 건 미디어 혁명입니다. 그리고 미디어 혁명의 핵심은 미디어 소비자들이 미디어의 발신자, 즉 주체가 되었다는 점입니다. 기존에 그들은 대중, 즉 매스였고 수신자였습니다. 공중파나 신문, 잡지를 통해서 공중전과 지상전으로 매스를 향해 뉴스와 정보를 살포한 것이 오래된 미디어, 즉 매스미디어의 시대였죠. 하지만 소셜미디어의 등장으로 미디어 수신자는 발신자가 되었습니다. 뉴스와 정보의 수신자가 발신자로 바뀌었을 뿐만 아니라, 그들 사이에 발신자와 수신자의 이분법 혹은 경계가 없어졌습니다. 오늘날 대중의 뉴스와 정보 소통 과정 자체는 하나의 사회화 과정이라고 할 수 있습니다. 그래서 소셜미디어로 불리는 겁니다. 한 개인이 사회에 메시지를 던지기 시작한 거죠.

오늘날 미디어 환경의 변화는 매스미디어에서 소셜미디어로가 아니라 매스미디어와 소셜미디어 두 가지의 융합 현상으로 설명할 수 있습니다. 이것이 우리가 목도하는 변화입니다. 이러한 변화 속에서 디지털이나 정보 혁명, 커뮤니케이션 혁명이 맞물리면서 지식기반 사회의 환경이 만들어집니다. 우리 사회는 정보기반 사회죠. 여기서 지식기반 사회로 반 발짝 가려는 지점에서 지식의 역할이 뭐냐 하는 질문들이 나오겠지요. 이런 거시적인 변화 속에서 출판 생태계도 변화합니다.

출판 생태계 역시 기술의 진보와 디지털 환경, 그로 인한 미디어 혁명과 커뮤니케이션 혁명의 흐름 속에서 수신자와 발신자 사이의 근본적인 변화를 겪습니다. 책을 중심으로 왼쪽의 지식 생산자, 즉 발신자의 역할을 하는 저자, 출판사와 오른쪽의 독자, 즉 수신자 사이의 북 커뮤니케이션 양상이 급변하게 됩니다. 기존에는 커뮤니케이션의 방향이 왼쪽에서 오른쪽으로 흘렀습니다. 독자보다는 저자 중심, 서점보다는 출판사 중심이었습니다. 생산자 중심이었죠.

이러한 전통적인 출판 생태계의 구조는 두 번의 격변을 맞이합니다.

1990년대 대중문화의 분출로 인한 독자들의 전방위적이고 주체적인 독서 행위와 패턴의 변화가 있었습니다. 2000년대에 들어서는 디지털 환경 변화로 인한 인터넷의 확산, 온라인서점의 등장으로 독자들이 책의 운명을 결정짓는 주체로 등장하면서 급기야 저자로 나서기 시작했습니다. 특히 디지털 환경 변화는 저자, 출판사, 서점, 독자 사이의 전통적인 소통에 결정적인 변화를 가져왔습니다. 온라인에서 저자와 독자가 직접 소통하고, 독자가 온라인상에서 책의 가치와 운명에 대해 결정적인 영향력을 행사하고, 책 구매자인 줄로만 알았던 독자들이 어느 날 저자로 등장하기 시작한 거죠. 일방에서 쌍방향, 쌍방향에서 경계 자체를 허무는 멀티 크로스 커뮤니케이션이 출판 생태계에서 이루어지기 시작했습니다.

저자, 출판사, 서점, 독자라는 전통적인 구조나 눈으로는 현재의 출판 흐름을 도저히 이해할 수 없는 환경이 만들어졌습니다. 앞에서 말씀드린 것처럼 '디지털 환경 변화와 미래의 출판'이라는 주제를 단순히 종이책과 전자책이라는 기술적이고도 표피적인 차원으로 보면 이러한 변화 양상을 들여다볼 수 없습니다.

서점의 변화

그동안 모든 독자들의 반응을 매개하는 것은 서점이었습니다. 독자들은 출판사가 아니라 서점과 소통을 해왔습니다. 이처럼 세계적으로 책만 파는 전문적인 스토어가 있다는 것은 출판 산업의 구조적인 특징 중 하나입니다.

독자적인 스토어가 존재하는 것이 세계적으로 두 개입니다. 책

하고 꽃입니다. 나머지는 자동차처럼 제조사가 자체적으로 판매유통망을 개척하든지 백화점이나 편의점처럼 여러 물건들을 판매하는 스토어들입니다. 그런데 서점은 책만 다룹니다.

근대 초기에 독자들은 출판사에 가서 책을 샀습니다. 서점이 급속도로 확산되기 이전에 출판사들은 일정한 지식문화의 중심 지역에 모여서 한편으로는 책을 만들고 한편으로는 책을 팔았습니다. 그러다가 서점이 확산되면서 출판사는 책만 만들고 독자들은 출판사가 아니라 서점에서 모든 책을 보고 샀습니다. 그래서 전통적으로는 출판사의 고객은 저자이고 서점의 고객은 독자였습니다.

이때부터 독자들은 서점에서 책을 사고, 책에 관한 거의 모든 것들을 서점에 요구했습니다. 오탈자가 있으니 바꾸어 달라거나, 읽어 보니 기대 이하여서 바꿔달라는 다양한 불평불만도 99.9% 책을 구매한 서점에 털어놓았습니다. 이렇게 서점이 점점 커지면서 책의 실질적인 구매자인 독자와 직접적이고도 밀접한 관계를 맺고 있는 자산을 바탕으로 출판사와의 관계 변화를 시도하기 시작했습니다. 독자를 배경으로 출판사, 저자를 압박하기 시작한 거죠. 그러다 디지털 환경 변화로 온라인서점이 등장합니다. 10년, 20년 독자와의 관계를 맺어온 서점들이 막 역방향의 주장들을 펼치려 할 때 온라인서점들은 불과 몇 년 만에 독자의 그 모든 것을 소유하게 됩니다. 독자의 모든 데이터들이 온라인서점에 자산으로 저장되고, 독자들은 서점에서 더 이상 누구를 통하지 않고 직접 찬사는 물론 혹평, 불평과 불만들을 마음껏 풀어놓으며 책의 운명을 결정하는 주체로 등장합니다.

언젠가 미국의 온라인서점 아마존 사장이 이런 말을 했습니다.

"당신네들 출판사는 책을 만드는 과정에서 한 번도 고객과 직접 대면한 적도 없고, 자기들의 책을 팔기 위해 서점을 만든 적도 없었다. 당신들의 고객인 독자에 대한 데이터나 정보를 갖고 있지도 못하다. 시장도 당신들 자의적으로 재단할 뿐, 한번도 체계적인 시장 조사를 해본 경험을 갖고 있지 못하다." 충격적인 발언이죠. 그런데 큰 맥락에서는 사실입니다.

정확히 기억이 나진 않지만 미국의 이른바 '빅6' 출판사 대표들이 참석한 디지털 시대의 미래 출판 관련 컨퍼런스에서 한 전문가도 비슷한 맥락의 이야기를 했습니다. "당신들은 오랫동안 당신들에게 이익을 안겨주는 독자를 당신들의 고객이라고 생각해오지 않았다. 당신들의 고객은 저자와 서점이었다. 출판사 마케터들에게 '당신의 고객이 누구냐?'라고 물으면 서점이라고 해야 맞고 에디터에게 물으면 저자가 나의 고객이라고 대답하는 것이 정답이다. 실제로 그렇게 생각해왔다."

맞는 말입니다. 실제로 서점에서 파는 책을 만드는 단행본 출판사는 그러한 구조와 환경에서 책을 출판해왔습니다.

편집자의 변화

출판을 둘러싼 기본적인 변화 양상을 살펴보았습니다. 이러한 변화 과정에서 출판의 범위, 접근법, 역할에 대한 새로운 방법론들을 찾아야 합니다. 이전에는 저자와 독자 사이에 편집자가 있었습니다. 그 매개의 역할을 편집자가 담당했고 주로 최초의 독자, 표본 독자의 시선으로 원고를 읽고 조언하고 편집했습니다. 그러나 지금은 저자가 독자를 먼저, 훨씬 더 넓고 직접적으로 만납니다. 인터넷에 연재를 하고 수십, 수백 건의 댓글에 응대하며 소통합니다. 일대일, 일대다의 커뮤니케이션에 능한 인지도 높은 저자들 중의 일부는 이미 소셜미디어의 세계에서 막강한 영향력을 가지고 있습니다. 이미 시대와 독자의 요구를 체화하고 있는 황석영이나 이외수 같은 소설가들이 인터넷 연재를 하며 댓글로 소통하고 트위터로 그 소통의 감각을 발휘하면서 저자 스스로 독자와 직접, 일상적으로 만나고 있습니다.

이런 환경에서 편집자들이 "선생님, 이건 독자의 눈으로 보면 이렇게 수정하면 좋을 것 같습니다" 이런 식으로 조언하는 게 적절한가요? 이전에는 맞았습니다. 왜냐하면 편집자는 관련 있는 다양한 책을 보고, 서점 담당자와 독자들을 만나며 독자의 오감으로 원고를 편집한다는 전제하에서 권위가 있었습니다. 저자와 독자를 매개하는 역할을 이야기할 때, 저자에게 어떤 눈과 기준으로 어떻게 조언을 할 것인지에 대해 말할 때 우리는 편집자의 역할의 배경을 독자와의 밀착한 관계 속에서 찾았습니다. 그러나 이 구조는 변했고 변하고 있습니다. 그 과정에서 편집자의 역할도 변해야 합니다.

도식적으로 말하면, 두 가지 양상으로 변할 겁니다. 독자의 눈으로 원고를 쓰고 편집하는 감각이 훨씬 발달하게 된 저자가 편집자의 역할을 대체하거나 편집자가 실무자로 전락하는 양상이 그 첫째입니다. 어느 날 자고 일어나 보니 저자가 달라진 겁니다. 편집자인 자신보다 훨씬 더 시장의 흐름, 독자의 요구를 읽는 감각이 뛰어난 겁니다. 두 번째 양상은 변화의 흐름을 읽고 편집자가 자신의 역할을 더 깊고 넓게 확장하여 저자와 독자의 직접적인 소통의 흐름을 보다 적극적으로 열어주는 것입니다.

휴머니스트에서 진중권의 『교수대 위의 까치』를 출간한 직후 2009년 10월에서 11월까지 2개월 동안 전국 투어를 했어요. 처음으로 미국식 저자 전국 투어를 했습니다. 한 지역에서 4~5개씩 총 87개의 특강 이벤트를 조직해서 적게는 80여 명, 많게는 400여 명의 독자 즉 청중이 모여서 두 달 동안 총 1만 5,800명의 독자와 얼굴을 맞대고 커뮤니케이션을 했습니다. 저자의 책을 이미 읽은 사람들이 대부분이었지만 새로운 독자들도 많았어요. 이 전국 투어를 계기로 저자는 만 명이 넘는 열성 독자들을 만났고 새로운 독자층을 만든 셈입니다.

지금은 독자들이 책을 혼자 읽으면서 상상하기보다 저자하고 직접 만나 이야기하면서 그 교감의 과정에서 자극받고 창조적인 것을 얻고자 하는 욕구가 강합니다. 책을 통해서 상호 커뮤니케이션하고 이전과 다른 뭔가를 체험하는 과정에서 얻고자 하는 것이 많아졌습니다. 큰 흐름에서는 저자와 독자 사이에 다이렉트 커뮤니케이션에 대한 니즈needs가 발생하게 된 거죠. 매스미디어 시대에는 저자가 독자와 대면할 수 있는 기회가 주로 언론, 방송이 중심이 되는 커뮤니케이션 채널이었기 때문에 대부분 출판사에서 저자 대신 책 릴리스하고 홍보하고 인터뷰 조직하고 다 했습니다. 그런데 지금은 어떻습니까? 저자가 독자를 직접 만나고 언론, 방송사도 직접 만납니다. 멀티 다이렉트 커뮤니케이션의 양상이 벌어집니다.

독자와 저자의 변화

이런 변화가 나타난 것은 독자에 대한 개념이 달라졌기 때문입니다. 저는 최근 1~2년 정도 출판이나 출판 생태계 내지 지식의 상호 소통 등 책을 통한 커뮤니케이션 프로세스의 변화 양상에 대한 신문이나 잡지 기사를 스크랩해왔는데요. 이 변화 과정을 가장 정확하게 표현한 기사를 봤어요.

〈뉴욕타임스〉 글로벌 문화면에 실린 기사였는데 일러스트가 우선 눈에 확 들어왔어요. 뉴미디어 시대의 독자를 여러 개의 손발을 가진 문어로 표현했는데 한 손에는 책, 다른 손에는 종이와 연필, 또 다른 손에는 노트북과 자판기를 들고 있었습니다. 귀에는 MP3 이어폰을 꽂고 음악을 들으며, 한편으로는 듣고 한편으로는 읽고 또 한편으로는 자판기를 두드리며 뭔가를 쓰고 있었습니다. 기사 중 일부도 생각납니다. "예전의 독자는 혼자 책을 읽지만 지금의 독자는 더 이상 혼자서 조용히 읽지 않는다. 뭔가를 들으며 읽고 뭔가를 보며 읽는다." 결정적으로 또 다른 것이 있었습니다. 그것은 바로 '지금의 독자는 읽으면서 뭔가를 쓴다는 것'입니다. 즉, 지금의 독자는 독자이면서 저자라는 거죠.

독자에 대한 이 개념과 정의는 디지털 환경과 미래의 출판을 이야기할 때 매우 중요하고도 근본적인 개념이 될 겁니다. 아울러 독자에 대한 근본적인 개념의 변화는 앞으로의 출판에서 매우 중요한 진화의 방향이 될 것입니다. 그냥 흘리거나 당연시하거나 무시해버려서는 안 되는 방향과 개념입니다. 출판의 어떤 변화의 방향과 초점이 담겨 있는, 미래 출판 방향에서 매우 시사적인 대목이기 때문입니다.

앞으로 우리는 독자와 커뮤니케이션을 하면서 독자와 저자를 하나로 볼 필요가 있습니다. 이미 1990년대 중반 특히 2000대 초중반 들어오면 전통적 개념의 저자 진영에서 올라온 저자들보다 독자

진영에서 올라온 저자들이 훨씬 더 많아요. 압축적으로 정리를 하자면, 저자와 독자 사이에 직접적이고 쌍방향적인 교류와 그 속에서 새로운 재창조의 과정인 읽기와 쓰기의 융합적인 교류 과정이 사회적으로 발생했다는 것입니다. 이전과는 분명히 다른 양상인 것이지요.

우리 사회에서 최근 벌어지고 있는 이른바 '인문학 바람'도 이 맥락에서 잘 들여다봐야 합니다. 인문학 바람은 '인문학 연구와 학문의 바람'도 아니고 '인문학 책 읽기'의 바람도 아닙니다. 표면적으로 우리의 인문학 바람은 인문학 '강의' 바람입니다. 인문학은 체계적으로 읽긴 어렵고 힘들지만, 인문학 석학들의 강연은 듣고 싶은 거예요. 골치 아픈 혼자만의 독서보다는 유명 저자나 대학의 교수들의 강의를 캠퍼스 밖에서 직접 들으며 뭔가를 얻고 자극받는 것을 선호하는 것이지요. 특히 4,50대는 대학 다닐 때 충족하지 못한 강의에 대한 미련도, 캠퍼스에 대한 향수도 담겨 있고, 대학과 군대를 다녀와 냉정하고 엄혹한 사회에 발을 들여놓은 2,30대는 대학에서 배우지 못한, 삶을 위한 인문학, 위안과 지혜로서의 인문학에 대한 기대감을 갖고 있습니다. 그 맥락에서는 앞서 말한 바대로 읽는 독서 행위의 사회문화적인 변화와도 관계가 있습니다.

이러한 강의의 커뮤니케이션 과정을 어떻게 다시 읽고 쓰는 창조적인 교류와 과정으로 전환시켜줄 것인가? 저자 입장에서는 집필과 창작의 동기, 과정, 어떤 점에서는 전체의 과정 자체가 새로운 변화 환경에서 재설계될 수 있고, 독자의 입장에서도 단순한 읽기가 아닌 직접적인 체험, 융합적인 창조의 과정을 통해 독자에 머무는 것이 아니라 스스로 창조하는 저자로서의 활동으로 나아갈 수 있는 새로운 환경이 가능하기도 합니다. 저자와 독자가 서로 다른 그림을 그리는 것이 아닙니다. 경계가 명확한 것도 아닙니다. 청중보다 한두 단계 높은 단상에서 설교하는 목사와 신도 사이의 명확한 경계는 이제 저자와 독자 사이에 사라졌습니다.

저자도 이제 홀로 고독한 방에서 창작하는 것을 점점 더 싫어합니다. 제가 대학 다닐 시절에 소설가 이외수는 볼 수 없었던 존재였습니다. 골방에서 도 닦는 소설가였습니다. 실제로 그런 소문이 있었죠. "이외수 선생은 표창을 던진다더라. 공중부양을 한다더라" 내지는 "무협지에 등장하는 사람들하고 대결까지 했다더라" 이런 이야기를 들었던 시대였어요. 그런데 지금 이외수가 어디에 등장해요? 트위터에 등장하고, 광고에 등장합니다. 광고에서 공중부양하잖아요. 창작 과정 자체가 오픈되어 있고, 독자와의 인터랙티브한 관계 속에서 이야기가 만들어지고 있습니다.

블로그 글쓰기도 마찬가집니다. 애초부터 자기의 창작 집필 공간을 공개합니다. 주방을 공개한 식당이 잘 되듯이 창작의 과정을 공개하기 시작합니다. 그것을 통해서 커뮤니케이션하는 흐름들이 존재합니다. 이게 대단히 진화한 형태로 발전할 거라고 봐요. 글쓰기가 변하고, 새로운 유형의 필자 캐릭터들이 등장합니다. 이미 미국이나 유럽에서는 저자, 독자, 발행인의 역할을 동시에 하는 사람들이 폭넓게 등장했습니다.

지금, 그리고 앞으로 전개될 디지털 환경과 출판의 변화 과정에서 출판사와 편집자들이 좀더 흥미롭게 관찰하고 연구해야 할 것은 종이책과 전자책만이 아니라 책을 둘러싼 저자와 독자 사이의 변화에 대한 것입니다. 그 과정에서 책의 개념과 역할에 대해 재정의하는 일들이 생길 것이고, 이는 출판과 출판사의 역할과 개념에 대한 재정의 과정으로 확장될 수 있습니다. 책의 겉모습만 보아서는 이러한 변화를 의식적으로 감지할 수 없습니다. 설혹 본다고 해도 문제의식이 없기 때문에 간과하거나 묵과해버릴 수 있습니다.

우리가 명심해야 될 것은 어떻게 우리가 좀더 적극적으로 저자와 독자 사이의 변화를 조직하고, 거기에서 부가가치를 올리고, 저자와의 관계도 좀더 밀접하게 가고, 그동안 극도로 소외시켰던 독자와의 관계를 형성할 수 있을까를 고민하는 것입니다. 그리고 그것을 통해서 책의 효용가치와 부가가치가 증가하는 지식기반 사회에서 어떻게 책을 매개로 한 부가가치를 확장할 것인가가 아마 우리의 기본적인 화두겠죠. 그리고 전자책의 시대가 오더라도 지속적으로 성장 가능한 출판 모델을 만들 수 있는 저자와의 새로운 관계를 어떻게 정립할 것인가? 이런 것들이 출판인에게 대단히 중요한 과제일 겁니다.

저자와의 관계, 그리고 저자와 독자의 직접적인 소통, 독자의 피드백과 데이터 축적에 대한 부분들을 어떻게 통합적으로 출판사에서 다시 정의하고 운영할 것인가가 제가 앞으로 3년에서 5년 정도 해보고 싶은 새로운 과제입니다. 물론, 구체적으로 하나씩 시도는 하겠지만 모든 게 다 도전적인 일들입니다.

차별성과 전문성, 그리고 네트워크와 파트너십

오늘의 한국 출판, 그 자체만으로는 참 암울해요. 겉으로 드러내지는 않지만 암울한 느낌은 지울 수 없어요. 이런 생각이 드는 건 우선 우리의 일상에서 책 읽는 독자를 보는 일이 눈에 띄게 줄어드는 현실 때문입니다. 요즘은 버스나 전철 안이나, 심지어 길을 걸어다니면서도 스마트폰에 눈길이 쏠려 있잖아요. 지하철 안을 평정했던 무가지 신문들이 어느 날 한 방에 철퇴를 맞았어요. 무가지가 전철 안에서 모든 일간지들을 무력화시켰는데 스마트폰에 무너졌습니다. 어쨌든 출판은 독자의 시선을 어떻게 책에 머물게 할 것인가, 우리가 독자의 눈을 책에 하루 동안 얼마나 붙잡을 수 있을 것인가, 이것이 핵심이잖아요. 그런데 독자의 시선들이 자꾸 딴 곳으로 향하고 책에 대한 주목도가 점점 떨어진다는 것은 정말 우울한 풍경입니다.

정작 암울한 것은 이뿐이 아닙니다. 그보다 더 심각한 것은 1990년대 본격적인 대중출판, 상업출판이 전면화된 이후 그 과정과 결과로 나타난, 특색과 전문성이 사라진 비슷비슷한 출판 문화, 환경입니다. 실제로 서점에서 책들을 둘러보면 거의 비슷합니다. 표지에 출판사 이름을 가리면 저자나 제목, 표지를 보고 출판사를 떠올릴 수 없어요. 그냥 출판사는 하나인 거 같아요.

편집 인력도 그렇습니다. 작년부터 제가 몸담고 있는 출판사를 본격적으로 리모델링하고 있거든요. 편집자들도 상당수 선발하고 인적 시스템도 새로 짜면서 기본 방향을 이전보다 전문화하고 있어요. 예를 들어 예전에는 역사 분야의 경력 편집자를 선발할 때 전공과 관계없이 역사책을 경험했거나 원하는 사람들을 선발했다면, 지금은 그중에서도 역사를 전공하고 역사출판에 경험이 있고 역사출판에서 비전을 그리고 싶은 사람들을 찾고 있는데 그런 눈으로 사람을 찾다 보니 정말 힘들어요. 공채로는 도저히 불가능하고 데리고 오는 것은 그 다음 문제고, 그런 역사 전문 편집자가 얼마나 있는지 그 현황을 알면 정말 놀랄 일입니다. 우리나라에 역사 전문 편집자가 몇 명이나 될까요? 1년에 역사 분야의 신간들이 수백 종 이상이 쏟아져 나오는데, 경험과 역량 있는 역사 전문 편집자는 열 손가락 꼽기 힘들어요. 중,고등학교 시절부터 역사에 관심을 가지고 대학에서 역사를 전공하며 역사책을 읽는 사람이, 편집자가 되어 역사책을 만들면서 문제의식을 가지고 역사책의 방향과 줄기를 고민하는 역사 전문 편집자는 정말 저자보다 찾기 힘들어요.

물론, 수습이나 초기의 팀장 이전 즉 어시스트 에디터 시기에는 이것저것 다 할 수 있어요. 저도 그랬거든요. 이 책도 내고, 저 책도 내죠. 하지만 일정 시기가 오면 자기의 분야나 성격, 방향 이런 것들이 있어야 합니다. 그게 반드시 있어야 출판 미디어의 핵심이자 본질인 보다 깊은 안목과 관계, 네트워크가 자신의 것으로 쌓여요. 일회적인 휘발성의 관계가 아니라 일정한 방향과 줄기가 있어야 합니다. 그러한 방향과 줄기, 분야와 저자층, 독자층이 하나의 눈에 보이지 않는 관계망을 만들어내고 그것이 축적되면서 유무형의 사회적 영향력을 갖게 되는 겁니다.

그런데 지금 한국의 출판은 어떤 식이냐면, 인문서 다 해요. 아무나 다 해요. 모든 출판사가 다 인문 출판사예요. 그리고 책 좀 좋아한다 하면 다 인문출판을 합니다. 그런데 막상 한 발짝 깊게 들어가 인터뷰를 해보면 뭘 하고 있는지, 무엇을 앞으로 하고자 하는지 알 수가 없어요. 출판사도 편집자도 전문성도 없고 차별성도 없고 미래 비전도 없어요. 그냥 당장 오늘 하루 열심히 해서 잘 벌자, 뭐 이런 식입니다.

"나는 앞으로 어린이 과학 분야에서 10~20년 동안 이런 일을 해보고 싶다." 이런 식의 꿈과 포부를 가진 편집자가 없어요. 출판사도 마찬가지입니다. 팔릴 것 같고 장사될 것 같으면 다 해요. 앞으로의 출판은 이런 식으로 하면 출판사도 편집자도 제 살길을 열어갈 수 없을 겁니다. 향후 3년에서 5년의 변화 양상을 고려하면 앞으로 몇 년은 출판사에게나 편집자에게 모두 매우 중요한 시기입니다. 이제까지 해왔던 방식과 비슷하게 이 책 저 책 마구잡이로 내거나 아니면 책을 옆집보다 좀더 잘 만드는 노력을 보태는 것으로 자기 역할을 한정한다면, 편집자에게나 출판사에게나 자기의 생존과 성장의 길이 안 보이는 시대가 될 거라고 봅니다.

자신의 운동장을 갖는 것

앞으로의 출판에서는 우선 자신의 운동장을 명확히 해야 합니다. 어디서 뛸 것인가, 어디서 놀 것이냐를 보다 차별적이고 전문적으로 분명히 해야 합니다. 마케팅 교과서에서 말하는 단순한 시장 세분화만이 아니라 다른 출판사, 다른 편집자와 구별하는 자기만의 방향과 색깔이 차별적으로 명확해야 합니다. 출판 마케팅에서 이른바 타겟을 정하는 것은 두 가지가 핵심입니다.

첫 번째는 어떤 저자, 어떤 독자와 보다 깊게 소통하고 관계를 맺을 것인지를 정확히 하는 것입니다. 예를 들어 경험과 역량을 가진 역사 전문 편집자가 20명쯤 있다고 칩시다. 역사 시장은 한국사 시장이 가장 커요. 한국사가 100이면 세계사가 50~60 정도 돼요. 그외 것들이 20~30 정도 되고요. 그러면 한국사 편집자가 최소한 열 명 정도 있어야 되겠죠. 1년에 자기가 할 수 있는 게 10~20종이고 한국사 분야에서 1년에 200~300종 나온다면 최소한 열 명의 책임

편집자가 있어야겠죠. 이 경우 어떻게 한국사 분야의 지식 네트워크가 만들어질까요?

우선 5년, 10년 한국사를 매개로 한 학계의 네트워크가 만들어지겠죠. 제가 푸른숲 주간으로 있을 때 역사전문 출판사인 자회사 푸른역사를 만들면서 3~4개월 동안 수십 명의 역사 분야 필진들을 만났어요. 그동안 역사 분야에서 주목할 만한 단행본을 냈던 사람들, 그 당시 이미 폐간되었던 〈역사산책〉이나 여전히 중요한 역할을 하고 있던 〈역사비평〉 같은 잡지에 발표했던 글들을 참고해서, 역사 분야의 주요 저자나 핵심 학자들과 몇 개월 동안 지속적으로 미팅을 했어요.

이러한 패턴의 기획은 지금도 하고 있습니다. 휴머니스트가 역사, 인문 분야에 이어 과학 분야를 준비하고 있는데 휴먼사이언스의 본격적인 기획에 들어가면서 과학 분야의 주요 필진들을 연이어 만나고 있습니다. 당장 신간 계약을 못 해도 인터뷰도 하고, 자문도 구하고, 정보도 얻으며 중장기적으로 네트워크를 만들어가는 거죠. 만일 한 사람의 편집자가 10년 넘게 한국사 영역에서 시대사, 인물사, 주제사, 문화사를 넘나들며 학계나 주변의 다양한 필자들을 만나고 소통하면서 책을 펴내고 역사학의 방향, 역사책의 방향, 역사 대중화의 방향에 대해 의견을 주고받으며 관계를 쌓아간다면 그거야말로 눈에 보이지 않는, 매우 중요한 역사 분야의 인적 네트워크가 되는 거죠.

또 한편으로는 캠퍼스 밖에서 강의하고 있는 필진들이 있어요. 다양한 형태의 답사를 하는 곳도 있습니다. 한국사와 관련한 교육 프로그램도 다양하게 있죠. 초,중,고등학교의 역사 교육 현장도 있어요. 역사 교육 현장은 역사 분야의 엄청난 운동장입니다. 그에 속한 모두가 네트워크의 대상이고, 책과 강의 내지는 여러 부분들이 조직될 수 있습니다.

방송 쪽에도 있을 수가 있겠죠. 역사 다큐라든가 역사 드라마도 있고 독립영화를 하는 사람들이 있겠죠. 다양한 방송, 언론, 저널 미디어 쪽에 역사 마니아와 직업적으로 역사를 하는 사람들이 있겠죠. 실제로 제가 보기에 역사 다큐와 드라마는 역사출판의 질적 발전과 그 과정에서 역사 분야의 저자나 학계의 학자들이 직간접적으로 관여하고 소통하면서 급격하게 발전되었습니다. 20년 전의 역사 드라마나 역사 다큐와 지금은 질적으로 다릅니다. 그것이 단순히 방송 기술의 변화만은 아닌 것이죠. 오래 전에는 역사학계에 있는 사람들이 역사 드라마나 방송을 전혀 거들떠보지도 않았죠. 시나리오 작가나 드라마 PD, 다큐멘터리 PD와 학계 사이의 인적 네트워크가 극히 취약했습니다. 그냥 자기네들끼리 만들었어요.

그러다 1980년대 말에 학자들이 쓴 본격적인 역사대중서들이 대거 선보이기 시작합니다. 본격적인, 제대로 된 역사 대중화의 시작이 역사출판에서부터 바람이 불었던 거죠. 한국역사연구회가 기획하고 집필한 『조선시대 사람들은 어떻게 살았을까』(2005), 사계절에서 나온 『한국생활사박물관』(총 10권, 2000~2004), 이덕일이 집필한 『사도세자의 고백』(1998)은 모두 이러한 맥락에 있는 중요한 성과들입니다.

그러면서 역사 다큐와 드라마, 교육 프로그램을 담당하는 방송사 작가나 PD들이 책의 저자를 찾고 관련 전문가를 인터뷰하고 이를 위해 책을 발행한 출판사나 편집자를 찾기 시작했어요. 실제로 제가 1990년대 초중반 때 편집주간을 하면서 전화를 많이 받았던 직업 중의 하나가 방송에서 일하는 작가나 PD들이에요. 자기네들이 이번에 뭐 하는데 특히 어떤 사람들을 인터뷰하면 좋은지, 어떤 사람이 관련한 전문 학자인지 궁금해합니다. 드라마도 마찬가지에요. 하나의 구체적인 리얼리티에서 실마리를 찾아 이를 토대로 내러티브를 만들기 시작합니다.

이러한 과정에서 역사 분야의 다양한 스태프들, 세부적인 전문가와 실무자들도 형성됩니다. 역사출판 분야에서는 역사 전문 사진가, 역사 전문 일러스트레이터, 지도나 그래픽 전문가들도 생겨나는 겁니다. 따라서 한 분야의 출판이 제대로 살아나려면 더 깊어져야 합니다. 그래야 인력도 더 깊어지고 세분화된 전문가들이 생겨나지요.

그런데 우리나라는 역사나 과학 분야 등의 일러스트레이션은 아직도 후진적입니다. 전문적인 편집자도 취약하고 전문 일러스트레이터나 사진가, 특히 지도 전문 디자이너나 편집자는 매우 취약합니다. 프랑스에서 기획하고 편집한 『르몽드 세계사』는 150명이 넘는 스태프가 만들었는데 그중 스무 명이 넘는 사람이 지도 그래픽 전문가들입니다. 세계의 가장 중요한 이슈들을 어떻게 하나의 지도에 입체적으로 보여줄 것인가, 정보를 어떻게 시각적으로 표현할 것인가, 하는 문제의식들을 역사 편집에서 보여준 역작입니다. 이 모든 것들이 전문가들이 있어서 가능했던 일입니다.

우리나라 역사 일러스트를 보세요. 원시시대에 등장하는 조상들이 우리 조상인가요? 책 속의 원시인들이 우리 땅에 살던 그 원시인 맞나요? 우린 원시인 그리면 다 비슷하게 그려요. 역사적인 리얼리티가 전혀 없죠. 머리 풀어 헤치고, 움막에 있는 것만 나옵니다. 과학 일러스트는 더 심해요. 우리나라 잡지나 책에 등장하는 과학 분야의 일러스트들이 대부분 해외에서 출판된 것들을 베낀 것입니다. 철학도 마찬가지에요. 철학 전문 편집자 있습니까? 제가 말하는 전문 편집자는 이른바 학술서 만드는 출판사만을 의미하는 것은 아니에요. 대중서도 전문가들이 만들어야 되는 거예요. 역사 대중서, 철학대중서, 과학대중서도 일반 독자의 시선을 염두에 두지만 전문가적인 안목에서 편집해야 하는 겁니다.

그런데 우리나라 단행본 출판에서는 전문가가 없어요. 아무나 막 하는 겁니다. 예를 들어, 단행본 출판 분야에서 지리 전문 편집자는 단 한 명도 없어요. 교과서나 참고서 출판에서는 있는데 단행본 출판계에는 없어요. 몇 년째 『살아있는 지리 교과서』(2011~)를 진행하고 있는데 아무리 뒤져봐도 지리 편집자를 단행본에서는 찾을 수 없었어요. 교과서, 참고서에는 있었는데 그 분야의 편집자들은 단행본을 잘 모르잖아요. 그러나 단행본 분야의 편집자들은 전문적으로 들어갈수록 취약해요. 과학도 마찬가지였습니다. 단행본 분야에서 과학 전문 편집자들은 민음사의 사이언스북스, 승산, 몇 군데 출판사에서 일하는 열 명 안팎의 편집자들이 전부입니다. 우리나라에서 1년에 나오는 과학책 종 수 보세요. 엄청나지 않습니까. 근데 전문 편집자는 열 명 남짓입니다. 그 열 명에서 우리는 과학출판의 어떤 희망을 읽을 수 있을까요?

지금은 책을 잘 만드는 편집자가 중요한 시대가 아니에요. 그건 이미 누구나 할 줄 아는 겁니다. 아무리 잘 만들어도 3개월, 6개월이면 다 따라합니다. 중요한 건 어떠한 방향을 가지고 끌고 갈 것인가에 대한 고민과 답변입니다. 앞서 말했듯이 우선 자기의 운동장을 명확히 하고, 그 과정에서 이 판의 방향을 대표가 제시해주는 게 아니라 에디터가 필드에서 논의하고, 찾고, 제시하고, 실제로 보여주는 것이 중요합니다. '역사출판 우리 이렇게 가야 된다, 청소년출판 이렇게 가야 된다, 어린이 과학 정말 문제 있다, 이렇게 가야 한다, 향후 10~20년 동안 100~200종의 신간을 내면서 어린이 과학만큼은 이렇게 확실하게 바꾸겠다.' 이런 문제의식과 방향을 가진 날선 편집자, 살아 있는 편집자, 의식 있는 편집자, 그런 문제의식과 방향을 예전처럼 매번 심각하게가 아니라 독자층과 시대상에 맞게 때론 명쾌하게, 때론 흥미롭게, 때론 유쾌하고 발랄하게 자신의 운동장을 이끌어갈 편집자들이 필요한 시대입니다.

책도 중요하고 종이책이냐 전자책이냐도 중요하지만 무엇보다 사람을 놓치지 말아야 합니다. 종이책이 됐든 전자책이 됐든 강의가 됐든 뭐가 됐든 하나의 지식을 매개로 한 커뮤니케이션과, 그것을 통해 가지고 있는 것을 드러내고 교류하는 과정에서 얻고자 하는 지식 생태계의 과정은 결국 사람이 왜 쓰고 왜 읽는가에 대한 시대적 갈증에서 시작하는 겁니다. 그래서 자신의 운동장을 갖는 것, 그 과정에서 얻고 쌓은 것이 한편으로는 책과 목록이면서 또 한편으로는 인적 네트워크입니다.

파트너십에 기반한 리더십이 필요하다

다음으로 중요한 것은 파트너십인데요. 내부 파트너십과 외부 파트너십이 동시에 일관성 있게 전개되어야 합니다. 실제로 저희도 창업 이후에 지속적으로 파트너십을 강조하면서 다양한 방식으로 훈련시키고 있는데요, 그동안 파트너십의 또 다른 표현인 리더십은 출판사에서는 대체적으로 사장의 전유물이었던 거 같아요. 리더십에 관한 책들도 대개 사장들이 즐겨 읽고 편집자나 영업자들은 별로 고민 안 하고 일만 열심히 해왔는데 실제로 현장에서 경험해보면 이 리더십, 파트너십 때문에 상처받고 고통받는 게 한두 가지가 아니거든요. 실제로 지금도 편집자가 출판사를 떠나는 결정적 이유 열 가지 중에 세 가지 이상은 상사나 사장 때문이에요. 사장이나 상사가 자기 일에 지나치게 간섭하고, 자기의 성과를 가로채고, 비전도 제시해주지 않는다는 등의 이유 때문에 회사를 떠납니다. 그 상사는 누굽니까? 바로 편집장, 영업부장입니다. 물론 사장이 제일 많지요. 여기서는 일단 편집자를 대상으로 하는 강의이니 편집장을 주로 이야기하겠습니다.

오늘날 현장에서의 리더십을 다른 말로 표현하면 파트너십입니다. 출판사로 치면 사장, 편집장, 영업부장, 총무부장 대략 이런 위치에 있는 사람들이 우선적으로 리더십을 가져야 할 사람들인데, 그들에게 필요한 리더십의 핵심은 파트너십입니다. 위에서 아래로의 지시형이나 한쪽에서 다른 한쪽으로의 일방형 소통은 모두 오늘날 리더십과는 거리가 먼 타입입니다. 일 속에서의 파트너십이 형성될 수 없기 때문입니다.

특히 편집장 중에는 아직도 구시대의 자기중심적 업무 환경에서 해왔던 식으로 업무 운영을 하는 사람들이 있습니다. 쉬운 예로 말수가 없다거나 말이 많다든지, 별 것도 아닌 일에 버럭 화를 낸다든지, 아무데서나 반말을 한다든지 하는 식의 개별적인 성향들이 실제 업무 현장에서 걸러지지 않고 노골적으로 드러나는 편집장들이 있습니다. 사장이 이런 식인 경우 더 극명하게 드러나는데 이런 개인적인 성격은 운동장에 들어서는 순간 버려야 합니다.

생각해보세요. 축구 선수가 운동장에서 실제 경기를 하는 도중에 옆 선수에게 패스해야 할 때 하지 않아서 나중에 감독에게 꾸중을 듣는다고 해봅시다. "저, 원래 패스하기 싫어요." 이렇게 말하면 됩니까? '내가 원래 말보다 손이 올라가는 성격이어서' '원래 말하기 싫어해서' '좀 까칠한 성격이어서' '성질은 내지만 뒤끝은 없는 성격이니' 뭐 이런 식으로 운동장에서 말하면 됩니까?

편집자는 운동장에 들어서면서 개별적인 성격은 버리고 전문적인 선수로서의 캐릭터를 개발하고 발휘해야 합니다. 그래서 편집장에 이르면 전문적인 개성이나 색깔로 드러나야죠. 추진력이 아주 강하다, 기획력이 뛰어나다, 교정교열이 아주 꼼꼼하고 완벽하다, 완성도를 아주 중요하게 여긴다, 원고에 대한 통찰력과 판단이 정확하다, 저자를 설득하는 능력이나 소통하는 능력이 아주 뛰어나 문제만 생기면 순식간에 해결한다, 뭐 이런 식의 평들이 뒤따르는 것이 정상입니다. 그런데 아까 말했듯이 '나 원래 성격이 까칠해서 말인데', 이런 식으로 나오면 어떻게 커뮤니케이션이 되고, 무슨 파트너십이 생기겠어요?

실제로 고집불통의 편집장들이 그래요. 뭐 얘기하면 "저 원래 싫어요." 그 환경에서 어떻게 파트너십이 만들어져요? 그러다 보면 출판사 안에서도 편집하고 마케팅하고 완전히 영역이 갈라지게 됩니다. 내부 통합 커뮤니케이션을 전제로 하는 통합마케팅은 물 건너가는 거지요. 시장 정보와 독자 정보는 많은 경우 영업부에서 나옵니다. 근데 현실에선 어떻게 벌어집니까? 편집부과 영업부가 서로 자존심 싸움하는 거죠.

영업부는 이렇게 말합니다. "그래, 너 책 잘 만든다. 근데 사실은 우리가 다 팔았다" 편집부는 말합니다. "우리가 책을 이렇게 잘 만들었는데, 안목이 없어서 팔지도 못한다" 이들은 운동장을 기를 쓰고 둘로 나누어 쓰고 있는 거지요. 지금은 운동장을 하나로 쓰는 게 흐름입니다. 공격수도 수비하고 수비수도 공격합니다. 그런데 개별적 성향 중심의 운영은 부서장의 자존심 대결로 이어져 실제로는 하나인데 따로따로 놉니다. 이를 연결해주는 편집장이 그 역할을 하지 않기 때문입니다. 그러니까 수비할 때 공격수는 먼 산 쳐다보고 있고, 공격할 때는 수비수가 넋 놓고 쳐다보고 있죠. 이게 현재 편집장과 마케팅 부장 사이의 관계예요. 이런 조건에서 어떻게 파트너십, 통합마케팅, 리더십들이 형성되겠습니까.

지금은 스텝, 편집자, 마케터 등 출판사 내부의 커뮤니케이션들이 어떻게 하나가 되어 서로 능동적으로 소통할 것인가, 하는 문제가 매우 중요한 업무 환경의 핵심입니다.

저희 회사는 기본적으로 회사의 정보나 커뮤니케이션을 인트라넷에서 쓰는 편집일기로 하는데요. 나중에 휴머니스트에 오시면 제가 보여드릴게요. 저희는 현장에서 어떤 생각을 가지고 일하는지 그때그때의 미팅이나 회의 과정이나 결과, 업무진행 과정을 시시각각 씁니다. 하루 두세 번 쓰기도 해요. 아침에 출근하면 인트라넷에 들어가서 다른 사람들이 쓴 편집일기를 봐요. 이거 보면 한눈에 출판사의 움직임들이 다 파악됩니다. 우리 회사의 지침은 딱 하나밖에 없어요. 수습 편집자 시절에는 1년에 500~700매, 편집장은 1,000매 내외, 주간은 그 이상 쓰는 겁니다. 그렇게 하면 1년에 한

번씩 각자의 책 한 권이 만들어집니다. 회사에 말하고 싶은 문제제기나 고충도 여기다 쓰면 가장 빨리 해결됩니다. 5~10분 안에 해결되기도 해요.

예를 들어 저희 출판사에 편집자로 입사한 친구가 있는데, 입사전에 우리 회사에서 강의 녹취 아르바이트를 했는데 그 비용을 일의 진행에 따라 몇 차례 나누어서 지급하기로 했나 봐요. 그런데 마지막 분을 못 받은 거죠. 아마 입사와 겹쳐서 잊은 거 같았는데 그친구가 입사하고 몇 개월 후에 어느 정도 회사 생활에 적응하고 나서 그걸 편집일기에 쓴 겁니다. 예전에 이런 일이 있었다 고 적었는데 그걸 총무팀장이 보고 지급하는 데 반나절 걸렸습니다.

제가 자꾸 축구 이야기를 해서 좀 그렇지만, 그렇게 필드에서 서로 통합적으로 의사소통이 되려면 내부의 정보 유통 구조가 유기적으로 짜여야 해요. 그리고 그 속에서 수평적인 구조가 아니라 다층적인 소통들이 만들어지고 일 처리나 논의들이 그때그때 필요한 사람들로부터 뭉쳐져야 합니다. "이 사안에 대해서 급하게 논의해야 되는데, 누구누구 참석해줬으면 좋겠습니다" "누구누구는 오늘 안 된다, 뭐 한다" 그러면 "이렇게만 모이겠습니다." 못 온 사람은 따로 개별적으로 의견을 구해서 다시 정리하는 거죠. 그리고 기존의 선배들로부터 가지고 왔던 하향적이고 수직적인 부분들은 우리 스스로 개혁해야 돼요. 그래서 후배들이 현장에서 다양한 소통의 공간들을 만들고, 자기 공간을 만들고, 그 과정에서 때론 컨설팅도 해주고, 서포트도 해주면서, 데스크도 봐줘야 해요. 때론 어떤 책 하나를 맡겨서 계속 뒷전에서 도와줄 수 있어야 하고요. 현장에서 발휘하는 편집자의 파트너십이란 편집장의 위치에서 보면 콩나물에 물주는 것과 같아요.

편집장들이 어떤 걸 못하냐면, 후려치거나 "가지고 와라" 해서 고치는 건 굉장히 잘 해요. 자기 실력 발휘하는 건 굉장히 잘해요. '저 사람 진짜 어떻게 저렇게 할 수 있지?' 이런 거 보여주는 건 잘하는데요. 콩나물에 물주는 걸 잘 못하는 거예요. 그 친구가 할 수 있도록 해주고, 도와주고, 가이드라인을 주고, 컨설팅해주는 건 잘 못해요. 때론 어시스트를 하는 게 데스크를 보는 것보다 중요할 때가 있어요. 그런 것이 콩나물에 물주는 겁니다. 콩나물한테 물어보세요. "너 어떻게 컸냐?" 하면 뭐라고 대답해요? "저 제 스스로 컸습니다." 그러죠. 콩나물시루에 구멍이 뻥뻥 뚫려 있잖아요. 언제 물 먹었는지 몰라요. 물 준 사람도 몰라요. 후배들을 그렇게 키워야 해요. 눈에 보이지 않게 계속 숨어서 도와주면서 그들이 올라올 수 있도록 가르쳐야 돼요. 제가 보기엔 그런 식의 새로운 형태의 파트너십들을 일상적으로 고민해야 합니다.

일과 삶의 포트폴리오를 써라

마지막으로 제가 하고 싶은 이야기는 저자와 독자의 잠재적인 열망, 갈증, 불만, 이런 것과 소통을 해야 한다는 것인데요. 사실, 눈에 보이는 건 빙산의 일각이에요. 물 위에 떠 있는 거니까요. 현재 움직이는 책들은 다 가시화된 것이고요. 여기서 뭘 발견해야 되냐면 그 속에 가지고 있는 잠재적인 갈등과 니즈, 소위 말하는 불평, 불만 이런 거예요. 예를 들어서 자기가 진짜 수학책을 만든다 하면 보다 근본적인 문제의식 내지는 그럼에도 아직 해결하지 못한 어떤 갈등에 대해서 착목을 해야 돼요. 그것이 출판이 다루는 책의 초점입니다. 방송이나 언론, 잡지들이 다루는 당장 시의적인 것에 휩쓸리지 말아야 합니다. 당장 나오는 것들에 막 휩쓸리는 일들이 출판의 일상이 되어버렸어요.

예컨대 『정의란 무엇인가』(2010)가 종합베스트셀러가 된 직후 몇 주 만에 정의에 관련된 책이 열 권이 넘게 나왔어요. 도대체 어떻게 그걸 준비했는지 모르겠어요. 나중에 보니까 비슷한 거나 다른 걸 준비하고 있었는데, 제목을 바꾸어서 낸 것도 꽤 있더라고요.

출판은 3년이 하나의 주기예요. 올해부터 기획을 하면 하반기부터 나오는 게 있고, 내년부터 나오는 게 있어요. 출판은 3년 단위가 한 사이클인데, 최소한 3년 단위로 자신의 일과 삶의 포트폴리오를 설계하세요. 한 회사에서 평생을 다하겠다, 이런 시대는 지나갔어요. 이 회사에 뭘 배우고 이 회사에 뭘 기여할 것인가, 그 과정에서 나의 차별성과 전문성, 그리고 비전을 찾아야 합니다. 무엇보다 나의 운동장을 가져야 합니다. 그 과정이 짧을수록 좋아요.

다양한 실무 경험 과정을 통해서 나의 운동장을 갖고 차별성과 전문성을 가질 수 있는 방향을 찾았다면 그때부터야말로 자신의 위치나 직책을 떠나 10년, 20년 중장기적인 선수 생활을 이어가야 합니다. 그러면 그 분야 최고의 편집장이나 주간 혹은 사장이나 대표를 맡으며 역량 있는 출판인으로 살아갈 수 있습니다.

출판은 머리로 하는 것이 아닙니다. 운동장에서 오랜 선수 생활을 하면서 저자들과, 동료와, 다양한 스태프들과, 서점 직원들과, 방송이나 언론 등 미디어 관련자들과, 독자들과 호흡하면서 뛰는 과정에서 차별성, 전문성, 방향, 문제의식이 드러나는 것입니다. 말이나 아이디어로는 하룻밤에 100종, 1,000종의 목록을 짤 수도 있습니다. 1주일 만에 출판사 건물 올리고 매출 100억 계산기로 두드릴 수 있어요.

힘들 때 이렇게 생각해봐도 좋습니다. 내가 만약 출판사를 차린다면 어떤 출판사를 차릴 것인가, 이런 프로젝트를 스스로 그려보면서 현장에서 적용해보는 거죠. 역사출판 편집자로 100종의 도서목록을 그려보는 겁니다. 과학 분야도 마찬가지지요. 목록과 함께 저자도 리스트업해보는 겁니다. 그들과 어떻게 깊은 관계를 맺을 것인지, 그 방법과 과정을 떠올려봅니다.

스태프들과도 마찬가지입니다. 내가 이제까지 일하며 경험한 과정에서 쌓인 문제의식들이 있습니다. 나라면 적어도 이렇게 하지 않겠다고 하는 반면교사도 있고 이런 것은 정말 본받을 만한 점이다, 라는 롤모델도 있고 이런 환경을 꼭 만들고 싶다, 하는 이상적인 상도 있을 겁니다. 그런 것들을 현장에서 적용하고 실천해보는 거죠. 창업 프로젝트를 쓰다 보면 더 차별적이고 경쟁력도 있고 전문성도 있으며 방향과 미션이 분명한 편집자, 편집장이 될 수 있을 겁니다.

편집자가

편집자에게
묻다

독자와의 만남, 어떻게 준비할까

Q : 저자와 독자가 직접 소통하는 자리를 많이 만들라고 하셨는데 그렇게 저자와 독자가 만나는 행사에서 편집자가 할 수 있는 역할이 어떤 게 있을지 궁금합니다. 책을 읽은 독자가 무엇을 궁금해하는지, 저자가 뭐라고 답변하는지만 보는 건 아니잖아요. 그 과정에서 뭔가를 발견하고 코멘트를 해줄 수가 있을 테고요.

A : 저자와 독자의 만남에는 여러 가지가 있어요. 강의를 기획할 수도 있고요. 강의를 기획하면 그 과정에서 보다 더 생생하고 구체적인 오디오 콘텐츠가 나오잖아요. 녹음을 하고, 청중의 반응도 체크하고, 그 과정에서 새로운 텍스트도 나올 수 있는 거죠.

제가 최근에 흥미롭게 읽고 있는 책이 『최무영 교수의 물리학 강의』(2008)거든요. 제가 물리학은 완전 초보인데 '과학의 아름다움'으로 시작하는 1부는 정말 재밌더라고요. 강의 중간 중간에 학생이 등장하는데, 아주 적절한 질문들이 들어가 있고, 어떤 경우에는 요즘 학생들의 말투로 "전 잘 모르겠는데요" 하며 툭 던진다든지, 사소한 것 같지만 현장감이 있어요. 그게 읽는 과정에서 생동감을 더해 주더라고요. 이런 생동감이 그냥 일상적인 집필의 산물이었다면 가능했을까요? 텍스트 그 자체에서 저자와 독자의 교감이 느껴지고 과정에서 편집자의 숨은 역할이 읽혀져요.

이런 식의 강의 프로그램으로 책을 낼 수도 있지만, 동영상 강의를 만들 수도 있죠. 특히나 우리나라 같은 경우 저자 전국 투어를 해보면 도시와 농촌, 서울과 지방 사이에 지식문화를 직접 접할 수 있는 기회의 간극이 너무 심해서 지방에 가면 독자들이 무척 환호해요. 예를 들어서 밀양, 양산에서 청소년을 위한 인문학 강의를 해보면 200~300명이 모여요. 물론 그곳 주변에 있는 대학,중,고등학교의 선생님들이 아주 의욕적으로 활동한 성과이기도 하지만 잠재적인 갈증이나 욕구는 상당해요. 독자의 수준은 차이가 없는데 저자와 직접 만나서 이야기를 듣고 질문할 기회가 너무 취약한 겁니다. 저자와 직접 만나고 질문하고 핸드폰으로 사진도 찍고 싶은데 그게 다 서울에 몰려있으니까요. 지방 가보면 분위기가 확 달라요. 이런 것도 편집자가 조직할 수 있는 겁니다.

또 초등학교, 중학교를 대상으로 한 철학 특강, 과학 특강 이런 강의를 직접 기획할 수도 있어요. 각 대학마다 내로라하는 명강의들을 찾아 다니면서 그 속에서 기획의 아이템을 얻거나 네트워크를 가질 수도 있고요. 편집자가 저자와의 관계를 맺는 과정에서 그 저자의 책이나 글을 읽는 것과 함께 강의를 듣는 건 대단히 중요해요. 대학의 정규 강의를 청강하거나 특강을 들을 수도 있죠. 또는 저자와의 대화에 참가해서 강의를 듣고 질문도 하는 거죠.

이런 과정은 저자와 소통하는 데 큰 역할을 하지만 부수적으로는 독자와의 소통을 위해서도 아주 좋은 현장이 돼요. 책의 형식이나 구성, 본문의 문체나 스타일을 스케치하는 데도 중요합니다. 입말을 살려 녹취를 풀다 보면 새로운 감각들이 올라오겠죠. 결국 그런 걸 통해서 강단과 논문의 틀에 굳어 있던 문법의 굴레를 벗어나는 계기가 될 수 있어요. 그러다 보면 선생들이 달라집니다. 캠퍼스와 학문 안에서 갇혀 있던 고체의 언어들이 액체로 바뀌는 거지요.

대중화는 그저 쉽고 재미있고 친절하게 글을 쓰는 스타일의 변화가 아닙니다. 학문적 깊이와 내공, 그 깊은 맛을 누군가와의 소통 과정에서 살려내는 거지요. 대상이 달라지니 말투, 글투, 표정과 몸짓이 달라져야 하는 건 기본입니다. 강의를 찾아 듣는 것도 필요하고, 강의를 직접 기획해서 조직하는 것도 필요해요. 휴머니스트에서는 자주 하는 일입니다.

'다시 민주주의를 말한다'라는 특강을 기획해서(물론 책을 전제로 한 기획이었죠) 〈오마이뉴스〉와 함께 진행한 적이 있습니다. 책의 목차가 곧 강의 프로그램이에요. 편집장과 담당 편집자들이 강의안을 다 짜고 12명 정도를 섭외해서 2개월 동안 강의를 했는데요. 강의 자체만으로도 흑자를 봤어요. 홍보가 부족했는데도 100명 가까운 수강생이 왔어요. 녹취를 해서 원고로 편집해 같은 제목으로 책을 펴냈죠. 2주 만에 초판이 다 나갔어요. 물론 그 과정은 생각보다 힘듭니다. 여러 가지 변수도 많고 책임기획을 맡은 편집장이나 편집자들은 당연히 매번 강의에 참석해 듣고 메모하고 살피는 과정이 필요해요.

앞서 말씀드렸지만 디지털 환경과 미래의 출판은 이렇게 보다 직접적이고 보다 멀티적인 현장 커뮤니케이션의 기회와 욕구가 증가하는 것이 하나의 흐름입니다. 편집자들이 이런 변화를 잘 읽고 움직여야죠. 활동 범위와 기회가 훨씬 넓어지고 다양해진 거죠. 흥미롭지 않아요? 최근 베스트셀러가 된 『정의란 무엇인가』도 강의에 기초한 거잖아요.

모든 이야기가 담겨 있는 편집일기

Q : 편집일기를 인터넷에서 쓰고 공유하신다고 했잖아요. 서운해하시는 분은 없어요?

A : 사내 인트라넷에 합니다. 전 사원이 실시간으로 다 보는 거죠. 서운해하는 사람은 없습니다. 이런 증상은 있죠. 초기에 입사하면 남이 쓴 건 열심히 봐요. 재밌잖아요. 우리의 현장 이야기가 다양하게 생중계되는데 정말 흥미로운 일 아닌가요? 반면에 자기가 쓰는 것에 대한 부담감이 있어요. 우리는 그것에 대해 터치하지 않아요. 대체로 한 달쯤 지나면 자연스럽게 합류하더라고요. 생각해보세요. 모든 사람들이 책을 만들고 파는 다양한 현장의 정보와 이야기들을 꺼내는데 나만 입 다물고 있을 수는 없잖아요. 스스로 말문을 열게 됩니다.

편집일기가 아닌, 얼굴 맞대고 하는 회의 자리나 다양한 만남에서 말하고 직접적으로 표현하는 것에는 개인적인 편차가 있습니다. 근데 인트라넷에서 편집일기로 소통하는 데에는 큰 편차가 없어요. 회의 자리에서는 나서기 싫어할 수도 있고, "원래 저는 말이 없어요" 이렇게 말하는 사람도 있잖아요. 웬만하면 저는 그런 것도 버리게 하는데요. 원래 말이 없는 사람은 집에 놔두고 오라고 그러거든요. 저자한테 의견을 묻는데 "저 원래 말이 없어서" 그렇게 할 순 없잖아요. 그런 습관들이 하루아침에 고쳐지진 않지만, 편집일기만큼은 빨리 고쳐져요.

대부분의 사람들, 특히 젊은 친구들은 대단히 다양하게 써요. 어떤 경우는 대화체로 쓰기도 하고, 장문의 일기를 쓰기도 해요. 주간이나 편집장의 독특한 캐릭터나 말투를 빗대어가면서 대화체로 하는 경우도 있고요. 하여간 굉장히 다양하게 써요. 저자와 만난 과정도 다양하게 쓰고요. 그렇게 일상적으로 쓰다 보니까 손도 풀리죠.

편집일기는 몇 차례 진화했어요. 지금은 검색이 가능합니다. 예를 들어 '진중권' '서양미술사'를 검색하면 관련 일기들이 다 떠요. 거기다 '선완규'를 치면 선 주간이 쓴 일기 중 진중권, 서양미술사 관련 일지들을 열람할 수 있습니다. 새로 입사한 사람한테는 매우 유용한 정보가 되지요. 처음에는 익숙하지 않지만 생각보다 아주 빨리 적응합니다. 저희는 입사 때부터 지금까지 해왔기 때문에 그것이 대단히 중요한 커뮤니케이션 채널이 되었어요.

큰 프로젝트가 걸려서 진짜 써야 될 때 못 쓰는 경우가 있긴 해요. 마감 때는 정말 정신이 없잖아요. 특히 저자가 여러 명일 때가 그렇죠. 오늘도 이 강의를 마치고 밤 10시에 마감하는 팀원들하고 술을 먹기로 했는데요. 경술국치 100주년을 기념해서 기획한 경술국치 관련 백문백답 단행본 프로젝트였는데, 여기에 참여하는 필자가 90명이 넘고 기획위원이 12명이고, 교정교열 보는 사람이 네다섯 명입니다. 이렇게 여러 명이 함께 하는 프로젝트들 있잖아요. 마감이 걸리면 그 과정을 써야 하는데 정작 중요한 시기에 쓸 시간이 없잖아요. 그런 경우에는 편집장이 안 쓰고 다른 편집자가 대신 그 과정을 보면서 스케치해주기도 합니다. 응원과 격려의 글들도 올라오고요. 어쨌든 마감이 끝나면 정리 일기들이 올라옵니다. 그게 사실상의 마감인 거죠.

이따금 휴머니스트 편집일기에 대해 궁금해하는 분들이 있어요. 가끔 보여주기도 합니다만, 그걸 모두에게 공개할 수는 없어요. 거기에 모든 다양한 느낌, 정보, 이야기들이 다 들어 있거든요.

내년이 휴머니스트 창립 만 10주년이 되는 해인데요. 1년에 책 한 권씩 열 권의 편집일기가 만들어진 셈이죠. 제가 2007년에 미국으로 떠날 때, 회사에서 환송회를 해주었는데, 후배 편집자들이 제가 7년 동안 쓴 편집일기를 매년 한 권씩으로 묶어 전부 교정교열 봐서 일곱 권을 선물해줬어요. 세 질을 만들어서 회사에서 한 질 보관하고 한 질은 제가 가지고, 또 한 질은 보관본으로 남겨두었어요. 모든 직원들이 도입부와 뒤표지에 추천사를 썼어요. 저한테는 그 이상의 선물이 없었지요. 마음 같아서는 10주년 때 영인본을 열 질 만들어서 배포하고 싶은데, 저자 관계나 모든 것이 다 들어가 있잖아요. 공개할 수는 없고 몇십 년쯤 지나서 묶으면 흥미로운 자료가 될 겁니다.

스테디셀러 기획에 필요한 전략

Q : 강의에서 말씀하셨듯이 출판 환경이 빠르게 변하고 있고 각종 미디어 채널을 통해서 정보의 소통이 빨라졌습니다. 예컨대, 10년 전만 해도 일본에서 뭔가가 유행을 하면 3년 정도 지난 후에 우리나라에 들어온다든가 했는데 이제는 거의 바로바로 흡수하지요. 그러다 보니까 출판 기획도 트렌드에 더 민감하게 되고 자극적인 것을 찾게 됩니다. 아까 강의하시면서 당장의 유행보다는 좀더 베이직한 것에 초점을 맞추라고 하

셨는데요. 현장에서 기획을 하다 보면 '콘텐츠는 좋지만, 이미 시장에서 포화상태'라는 표현을 많이 쓰거든요. 그랬을 경우에 기본적인 주제나 아이템을 찾을 때, 어떤 식으로 기획을 하고 어떤 식으로 구성을 해야 할지 헷갈릴 때가 있어요. 기본적인 것, 스테디한 것을 기획할 때 놓치지 말아야 할 게 있다면 무엇일까요?

A : 아주 좋은 질문입니다. 이른바 '스테디셀러'는 베스트셀러와는 또 다른 차원에서 기획, 편집, 마케팅 등 모든 출판 공정과 업무에서 신경 써야 할 점들이 아주 많습니다. 몇 가지만 말씀드려보지요.

베스트셀러 기획 과정에서는 당장의 시장 규모나 독자의 주목도, 트렌드가 매우 중요하잖아요? 한편 스테디셀러는 1년, 3년, 5년, 10년의 단기, 중장기의 사이클을 고려하기 때문에 어떤 주제인가와 함께 어느 분야인가도 매우 중요합니다. 해당 저자의 특정 주제가 어떤 분야에서 오래 자리 잡을 것인가를 고려해야 하기 때문에 서점의 분류나 도서관의 분류에서 중장기적으로 어느 분야에 자리 잡을 것인가를 생각해야 하지요. 시장 규모나 독자의 주목도 역시 당장의 상황만 볼 게 아니라 독자가 어떻게 꾸준히 늘어나고, 일정 주기로 신규 독자가 어떻게 재생산되겠는가 하는 문제도 중요하게 살펴보아야 합니다. 당장의 주목도와 폭발력은 어느 정도 예상할 수 있지만 3년 후, 10년 후는 예측 불가능하다면 스테디셀러 기획에서는 탈락의 조건이 되기도 합니다.

트렌드 역시 당장의 니즈도 중요하지만 잠재적인 갈증이 더 중요합니다. 머리 아파지죠? 그런 책의 기획이 가능하냐고 반문할 수도 있습니다. 스테디셀러 기획의 대표적인 예는 '제대로 된 입문서'의 기획을 들 수 있습니다. 인문 분야의 철학 시장을 살펴보면, 크게 서양철학과 동양철학으로 나눌 수 있는데 정말 다양한 철학서들이 있습니다. 그중에서도 스테디셀러들을 보면 아주 탄탄하고 개성 있는 입문서들이 많습니다. 깊이 있는『러셀 서양철학사』(2009)에서 흥미로운『처음 읽는 서양 철학사』(2007), 독특한 개성의『철학과 굴뚝청소부』(2005, 제2개정증보판)까지 철학 분야에서 확실하게 자리 잡은 철학입문서들은 모두 독자들한테 꾸준하게 사랑받는 스테디셀러입니다. 최근 10여 년 사이에 다양한 분야에서 입문서들이 활발하게 출간되었습니다. 그중에 내공과 개성, 매력을 가진 입문서들은 스테디셀러 기획의 대명사로 부상했습니다.

스테디셀러 기획은 편집의 측면에서도 남다른 고려가 필요합니다. 텍스트의 성격, 특징, 매력을 잘 살리는 편집이 기본입니다. 사실 출판의 편집은 지난 10년 동안 비약적으로 발전했지만 한편으로 보면 무원칙적으로 돋보이려고만 해온 결과 서점의 책들은 조미료를 잔뜩 집어넣어 만든, 그렇고 그런 음식들로 가득해졌습니다. 스테디셀러는 조미료를 걷어내야 합니다. 담백해야 하고, 꼭 있어야 할 자리에 꼭 있어야할 것들만 들어가야 합니다. 요즘에는 본문편집, 디자인이나 표지나 너무 비슷해졌어요. 본문도 옆집 따라하기가 습관화되었고 왜 그렇게 편집했는지 근거와 이유 없이 '그냥 잘 만들고 싶어서' 하는 경우가 많아진 것 같아요.

스테디셀러는 한 번의 편집으로 끝나지 않습니다. 책마다 다르겠지만 대략 3년마다 재편집을 고려해보아야 합니다. 글은 그대로 두고 표지와 편집만으로도 새로운 느낌을 살릴 수 있습니다.

  휴머니스트의 대표적인 스테디셀러인 『미학 오디세이』(총3권, 2003~2004)와 『살아있는 한국사 교과서』(총 2권, 2002, 2007)는 각각 한 번의 재편집을 거쳤습니다. 『살아있는 한국사 교과서』는 지금 대대적인 재편집을 거쳐 세 번째 판 준비를 하고 있습니다. 2003년부터 매년 독자층을 확대재생산하며 넓혀가고 있는 『박시백의 조선왕조실록』(2005~)은 처음에는 어린이 독자층을 겨냥한 『만화 조선왕조실록』으로 출간해 어린이 만화시장에 내놓았지만 그 시장에서 자리 잡는 데 어려운 점들이 많아 제목과 편집을 새로 하여 역사 분야에 내놓은 결과 오늘에 이르렀습니다. 이렇듯 스테디셀러는 편집의 측면에서도 출간 이후 지속적으로 그 과정을 살펴 관리해야 하고 일정한 시점에 이르면 재편집을 통해 장점을 새롭게 살려 생명력을 길게 유지하는 작업들이 필요합니다.

  스테디셀러는 마케팅의 측면에서도 일정한 유지와 연계 전략을 통해 독자층이 확대재생산될 수 있는 길을 열어주어야 합니다. 진중권의 『미학 오디세이』와 『서양미술사』가 만나 어떻게 독자층을 확장시킬 수 있는지 다양한 방안들을 세울 수 있습니다. 뒷날개에 관련도서를 소개해 독서를 이어가도록 안내하고 저자 강연이나 서점 전시, 이벤트를 통해 연계할 수도 있습니다. 베스트셀러는 폭발력을 갖는 한 종 한 종의 기획·마케팅이지만, 스테디셀러는 신뢰도 있는 한 종 한 종이 만나 교집합을 이루고 그 밑으로부터의 파급력이 발생할 수 있도록 관리해야 하는 기획·마케팅 활동입니다. 이러한 스테디셀러 기획이 성공적으로 이어지려면 지속적인 신뢰도가 매우 중요합니다. 어떤 책이 그 신뢰도를 얻어 스테디셀러가 되었다고 해서 그보다 수준이 떨어지는 책을 이어지는 목록으로 연계해서는 곤란합니다. 베스트셀러 기획에서 이따금 볼 수 있는 성공한 첫 책의 제목에 '2'를 달아 시리즈로 늘리는 식의 기획을 스테디셀러에 적용한다면 백전백패입니다. 오히려 앞 책이 받아온 신뢰도와 명성조차 잃어버릴 수 있어요. 스테디셀러는 말 그대로 꾸준한 관계 유지를 통해 이어집니다. 오랫동안 독자의 사랑을 받으려면 우선 실망시키지 말아야 합니다.

변화의 시대, 소통과 대화가 필요하다

Q : 강의 중에 아마존 사장이 출판사가 사라질 것이라는 말을 했다고 하셨는데, 이것에 대해서 어떤 생각을 가지고 계신지요?

A : 제가 아까 말씀 드렸듯이 미래 예측에 대해서는 불확실성, 즉 어느 누구의 예측도 정답이 아니라고 대답하는 게 정답인 것 같아요. 저는 제가 하는 일이 지금, 그리고 앞으로도 존속 가능하다고 믿으니까 이 일에 매진하는 겁니다. 그리고 현재의 방식만이 아니라 새로운 시도도 하겠죠. 그렇지만 아마존 사장은 출판사가 사라질 것이라고 믿는 거죠. 그건 해봐야 아는 겁니다. 하지만 제가 보기엔 아마존 사장의 그 말은 10여 년 전 빌 게이츠가 '10년 후 종이책 교과서와 책가방이 사라질 것'이라고 단호하게 주장한 발언처럼 설득력이 없어 보입니다.

미국은 이미 중,고등학생들이 학교, 도서관, 집에서 컴퓨터로 교과서와 다양한 참고자료, 숙제, 시험 등은 물론이고 교사의 다양한 지침까지 볼 수 있습니다. 미국 학교의 디지털화는 우리보다 몇 단계 앞서 있어요. 그러나 기존의 종이책 참고도서는 물론 종이책 교과서도 없어지지 않았고 책가방도, 락커룸도 없어지지 않았어요. 오히려 디지털화되어 매학기 읽어야 할 종이책 참고도서의 숫자가 늘었습니다. 교과서 역시 이전에는 한 부만 있어도 되었지만 디지털화와 함께 집에서도 항상 교과서를 보아야 해서 두 부로 늘었습니다.

출판사가 없어질 것이다, 교과서가 없어질 것이다, 책가방이 없어질 것이다… 이런 식의 단선적인 예측들은, 사실 기술의 발달이 인간의 역사와 삶, 문화를 어느 날 아침에 뒤집어버릴 것이라고 착각하는 기술 광신도들이나 미디어의 주목도를 높여 비즈니스의 효과를 노리려는 의도적인 주장들이 대부분입니다. 책가방이 없어지지도 않고 교과서의 필요성이 오히려 더 중요해졌다고 해서 빌 게이츠가 책임질 일도 없거든요. 글쎄요, 앞으로 50년 후 아마존이 어떤 모습으로 존재할지는 모르겠지만, 휴머니스트는 확실히 출판사로서의 역할을 여전히 하고 있을 겁니다.

Q : 출판 환경이 너무나 빠르게 변하고 있는데요. 이러한 현실에서 '편집자의 역할이란 무엇인가?'라고 질문을 할 때 가장 주안점을 두고, 가장 원초적으로 생각할 부분이 무엇인지요?

A : 핵심적인 게 뭐냐. 좋은 질문입니다. 제가 보기엔 전문성이에

요. 그 전문성의 실체는 매우 다양합니다. 전문성을 특정 분야에 대한 특별한 경험과 안목, 비전 등으로 편협하게 이해해서는 곤란합니다. 그건 20년 전 이야기입니다.

현장에서의 차별적인 경험, 안목, 역량과 함께 깊고 넓은 저자 네트워크가 더해져야 합니다. 저자와의 관계와 네트워크 역시 지금은 이전과 비해 아주 다양해졌어요. 길벗출판사처럼 웹사이트를 통해서 보다 체계적이고 조직적으로 독자와 네트워크를 형성하고, 이를 활용해 저자와 네트워크를 만드는 방법도 있어요. 길벗의 독자들은 출판사의 독자 베타 테스팅 프로그램을 통해 이미 저자로 간접 참여하는 셈이죠. 이런 식의 접근법은 20년 전에는 불가능하기도 했지만 상상할 수도 없었어요. 반대로 창비나 문학동네와 같은 경우도 있어요. 저자와의 밀접한 관계를 기반으로 독자와의 소통을 넓히는 방식이 있는 거죠.

지금은 편집자의 가장 핵심적인 역할이 무엇인가? 출판사가 존재해야 할, 혹은 존속할 수 있는 가장 핵심적인 이유와 가치가 무엇인가? 하는 질문에 대해서 고유한 가치와 역할, 즉 그들만의 차별적인 전문성을 이전의 시각으로 대답할 수 있는 시기는 아닙니다. 출판은 현장성이 중요하기 때문에, 현재의 지식문화 생태계에서의 실제적인 활동에서 저자 혹은 그들 집단이 가진 전문성의 실체를 파악하는 게 중요합니다.

그런 점에서 편집자도 출판사도 차별적인 전문성, 개성과 매력이 돋보이는 전문성을 확보해야 합니다. 극단적으로 말하자면, 저자는 세상이 아무리 험난하고 변화무쌍해도 이 변화를 따르거나 무시하고 유유히 자신의 이야기, 자신만의 지식세계를 펼치면 됩니다. 그러나 편집자나 출판사는 이러한 흐름들을 간파하고 부화뇌동하지 않으면서도 그 이면의 갈등들을 이어주고 풀어주는, 드러나지 않는 다양한 정중동의 활동들을 부단히 이어가야 전문성이 쌓일 수 있습니다.

변화의 시기이긴 하지만, 그럴수록 적극적으로 서로 소통하고 대화해야 합니다. 저는 개인적으로는 회사 내에서도 다양한 자리에서 편집자, 마케터, 디자이너들과 당장의 일들에 대해서만 아니라 서로 읽고 고민하고 토론해야 할 것들에 대해 자꾸 꺼내려 하는데, 늘 느끼는 문제지만 서로 업무에 바쁘다 보니까 토론하고 공부하는 문화가 사실 굉장히 취약해요. 그러다 보면 좀더 깊고 넓은 시야나 토론보다는 걸러지지 않는 소소한 판단이나 정보들이 우리를 더 좁게 만들기도 합니다. 지금은 사교나 친교, 정보의 교류 따위를 위해 일부러 모임을 만들 필요는 없을 거 같아요. 오히려 관련 분야나 부문들의 편집자나 편집장, 사장들 간에 깊은 논의들이 필요하고 그 과정에서 다양한 네트워크를 만들어나갈 필요가 있다고 봅니다. 예를 들어, 지금은 어린이 분야에서 새로운 지식 세계를 열어가야 할 시기라 관련 편집자들의 모임도 필요하고 좀더 세분화하면 어린이 과학 편집자들의 논의도 필요할 것 같아요.

책 내는 거에선 별로 이야기할 게 없는데 관계와 말주변이 좋아 친목 활동하면서 재미를 들이는 편집자나 편집장, 사장들이 있어요. 출판 현장에서의 실질적인 활동, 그리고 펴내는 책으로 자신의 차별성, 전문성, 개성과 매력을 펼쳐 보이는 출판인들이 많아졌으면 합니다. 그 과정에서 깊은 이야기들을 나누고 토론할 수 있는 건강한 소모임, 네트워크가 형성되길 바라고요. 아무리 출판시장이 힘들고 격변기라 할지라도, 경쟁이 심해지고 혼탁해진다 해도 그 안을 잘 들여다보면 우리가 눈여겨보고 귀 기울이고 만나볼 출판사, 편집자들이 상당히 많다는 점은 정말 희망적입니다.

02

편집자의 삶과 일

정은숙
마음산책 대표

27년차에 이른 편집자이자 마음산책 대표.
전주에서 태어나 이화여대 정외과를 졸업했다.
마음산책 대표. 현재 서울북인스티튜트 원장.
대한출판문화협회 홍보상무이사, IPA 서울총회 홍보간사,
한국출판인회의 대외교섭위원장 등을 지냈다.
1985년 출판계 입문, 고려원, 세계사 편집장, 열림원 주간을 거쳐
2000년 마음산책을 창업하여
오늘까지 책에 대한 고민과 사랑을 껴안고 살고 있다.
책을 만드는 것은 한 편의 시를 짓는 것과 같다.
시는 삶에서 나온다. 시인으로 살아야 시가 길어올려진다.
편집자로 산다는 것은
매 순간 원고를 가슴에 품고
시적 감각을 편집력으로 풀어내는 것이라 믿는다.

1992년 〈작가세계〉를 통해 문단에 데뷔한 후
시집 『비밀을 사랑한 이유』(1994), 『나만의 것』(1999)과
편집자 세계를 그린 『편집자 분투기』(2004), 『책 사용법』(2010)을 펴냈다.

편집자로 산다는 것

먼저 말씀드리고 싶은 것은 이 강의 제목 '편집자의 삶과 일'이 너무 거창하다는 거예요.(웃음) 이렇게 거창한 제목으로, 이 짧은 시간에 어떻게 강의를 할 수 있겠나 싶군요. 편집자의 삶을 이야기하려면 적어도 2박 3일 합숙을 하면서 우리가 왜 편집자로 사는지, 편집자의 삶이 무엇인지 말해야 하지 않을까요.

'편집자의 삶과 일'이란 제목으로 뭔가 이야기를 하자니 제가 아주 오래 묵은 편집자 같은데요, 저도 약 26년차인 편집자 생활을 항상 의식하고 살지는 못합니다. 현재 제 가족 중 한 분이 위중하셔서, 병원에서 큰 수술을 한 분을 오늘 간호를 하다 나왔습니다. 그런데 병원에서의 하루도 일상의 존엄성이 그대로 있더군요. 병원에서 지낸 경험이 많지 않은 제가 경황없이 움직이는 걸 본 어느 지인이, 간호를 하다 일상으로 바로 복귀하기는 힘들 거라고 걱정하시더군요. 병원에 있다 거리로 나와서 평범한 생활을 다시 영위할 때 적응하기가 힘들었어요. 그런데 제가 편집자라는 정체성은 이럴 때 더 강하게 느껴졌어요. 어쨌든 그 상황 상황이 모두 직장인으로서의 제게 주어진 요소라는 생각이 드는 겁니다. 그리고 '한 순간 한 순간이 나에게 존엄성으로 다가오는구나.' 이런 생각을 했습니다. 제 나름대로 편집자의 삶과 일을 떠올리면서요.

성실한 직장인이 모두 그렇듯이 삶과 일이 분리되어 있다고 생각하지는 않습니다. 선배님들 중에는 쉴 때 잘 쉬고, 일할 때 집중해서 해야 한다는 논리를 갖고 계신 분도 있지요. 하지만 대부분의 사람은 평소에도 직업적인 자기 정체성을 그대로 가지고 일상을 살잖아요. 그 정체성에는 직업적인 윤리라든가 가치관이 가장 중요한 부분을 차지하고 있기 때문에 분리가 잘 안 되는 거죠. 특히 편집자는 농담으로 '24시간 근무자'라고 말하는데, 이것은 과도한 노동을 일컫는 것일 수도 과도한 의미 부여일 수도 있고, 작업 자체를 즐기라는 뜻도 되겠지요.

제 나쁜 버릇 중 하나는 회사에서 제목회의를 한 날은 자기 전까지 그 제목들을 머릿속에 가동해 복기해보는 겁니다. 머리가 쉬면 좋으련만, 그게 잘 안 되거든요. 그런데 그 시간이 괴롭진 않아요.

저는 우선 제목회의 할 때 논의되었던, 교정지에서 꺼내온 키워드들을 떠올려요. 제목회의는 편집자들이 단지 시적인 영감을 받아서 하는 것이 아니라 교정지에 있는 말들 가운데서 뽑아낼 확률이 높기 때문에, 많은 키워드들을 가지고 서로 토론하면서 키워드들을 연관시켜 보고, 앞뒤로 형용사를 붙여보기도 하고, 명사끼리 이어보기도 하는 거죠. 그런 식으로 저는 자기 전까지도 제목회의를 했던 연장선상에서 혼자 브레인스토밍을 하는데, 그게 '난 아직까지도 일을 하고 있지. 아직도 제목회의에서 벗어나지 못했어'라는 생각은 잘 안 합니다. 나는 지금 조금 다른 세계를 즐기고 있다고 생각하는 거죠.

요즘 '일상 언어' 얘기를 많이 하잖아요. 문학의 기능, 문학 언어의 기능 이런 말을 할 때도 많고요. 우리가 보통 하루에 쓰는 일상 언어가 480자 정도라고 합니다. 그게 '밥 먹다, 자다, 만나다' 이런 단순한 것이라면 문학적인 언어는 훨씬 더 큰 세계를 보여줍니다. 문학이 절대로 삶의 우위에 있다고 말할 수는 없지만, 좀더 풍요로운 세계나 삶의 질에 있어서 다른 차원의 삶을 우리가 살 수 있도록 도와준다는 거죠. 제목회의의 연장선상에서, 잠자리에서 브레인

스토밍을 할 때 제 생각은 그런 거죠. 어쨌든 저는 밥 먹고 자고 일 상생활을 하지만, 또 다른 문학적인 삶을 살고 있다. 그렇기 때문에 내 삶이 조금 더 재밌어질 수도 있다는 생각을 합니다.

어떤 때는 밤에 상념에 잠겨 있다가 책 제목이 잘 나오는 경우도 있어요. 스태프 중에 더 좋은 제목을 뽑아내는 사람도 있겠지만, 저 나름대로 '이 정도면 제목이 참 좋겠다'라고 생각할 경우에는 먼저 관계자들에게 문자를 보내놓습니다. 이게 나쁜 버릇이죠. 다음날 아침에 봐도 되는데, 필자나 스태프들한테 먼저 보내놓는 거예요. 밤에 답이 오는 경우도 있지만, 대부분 늦은 저녁에 문자를 보내면 아침에 확인하게 되잖아요. 아침에 그걸 갖고 다시 대화를 하는 경우가 있습니다. 이 나쁜 버릇이 꽤 오래된 거예요. 제가 편집자가 아니었으면 갖지 않았을 버릇이라는 생각이 듭니다.

스스로 묻고 답하는 데 길이 있다

최우선 순위는 아니지만 편집자로서 제가 늘 생각하는 것은 바로 비전의 문제입니다. 저도 그랬지만, 후배들의 가장 큰 고민은 편집자로 살면서 일은 과도하게 하는데, 비전이 잘 안 보인다는 거예요. 편집자로 일한다는 게 무슨 영화나 드라마에 나오는 것처럼 이상적인 모습은 아니잖아요. 실제로 겪어야 할 현실적인 문제가 너무 많고, 무엇보다 출판시장이 너무 작아서 편집자로서 본래 생각했던 직업상이 잘 안 그려진다는 겁니다.

"견뎌야 되느냐? 견디면 좋은 날이 오느냐?"라고 많이 묻는데요. 저는 "왜 견디냐?"라고 답을 합니다. 비전 항목이라는 건 항상 자신한테 자문자답을 하는 거라고 생각합니다. 내가 왜 편집자를 하고 있는가, 도대체 어떤 책을 만들려고 하는가, 10년이나 20년 뒤에 내가 어떤 모습으로 살아가려고 이 일을 하고 있는가를 반드시 자문자답해야 합니다. 그에 대해 스스로 묻거나 답을 찾지 못하면 결국 피곤한 삶을 살 수밖에 없습니다.

책이라는 것을 살펴보면, 일단 원고는 저자 겁니다. 원고는 저자가 하고 싶은 말, 저자의 전문 분야의 독창성이 담기는 것이지요. 그리고 완성된 한 권의 책은 당연히 독자 겁니다. 책을 산 사람이 의미 부여를 하고, 필요한 사람이 샀기 때문에 독자 스스로 저자와 대화하면서 가치를 찾아가는 거거든요. 출판인, 편집자가 놓여 있는 자리는 그 사이의 매개자 혹은 일하는 과정의 공정을 장악하는 사람 정도인 것 같아요. 벌써 제가 스스로 폄하하는 듯한 말을 했는데요, 이는 사실 매우 중요한 자각입니다. 저자와 독자가 아닌 사람이 책을 만들고, 그 세계를 장악한다는 건 엄청난 일이거든요.

출판사 내부에서 회의를 한다는 게 뭡니까? 오너나 상급 선배한테 오케이를 받는 것일까요?

출판사 기획회의에서 프레젠테이션을 할 때는 기획안에 쓴 요소들을 다 짚어봅니다. 마음산책 같은 경우 그 요소가 일곱 가지 정도 됩니다. 저자명(1순위 2순위 3순위로 어떤 분이 이 주제를 썼으면 좋겠는가), 원고량과 원고의 형태(구술형이냐 에세이 형태냐) 이런 것을 발표할 거고요. 그 다음엔 유사도서의 분석이 있습니다. '새로운 것은 하늘 아래 별로 없다. 그렇지만 늘 새로운 책은 나온다'는 전제하에 우리가 만들려고 하는 책과 유사한 것들은 무엇인가, 그리고 어떤 맥락에서 우리가 새 책을 만들어야 하는가, 라는 지점에서 유사도서 분석을 반드시 넣으라고 합니다. 또한 출간에 따른 손익분기점 계산도 하라고 하죠.

이제 제가 주제를 두고, 약간 옆으로 새겠습니다. 책도 시장에서 파는 상품이잖아요. 그래서 출판사에서는 책 상품을 효율형 품목과 관리형 품목으로 나눕니다.

관리형 품목은 그 출판사가 손해볼 걸 뻔히 알면서 반드시 내야 되는 책이죠. 출판사의 철학과 부합하는 책, 존재 이유가 있는 책, 혹은 그 책을 냄으로써 이후에 관련된 시리즈로써 다른 책을 붙여 놓을 수 있는 책, 의미 부여를 해주는 책, 이런 책은 반드시 내야 되잖아요. 저희는 이런 경우 기획안을 따로 작성하지 않습니다. 왜냐면 손익분기점도 안 맞을 테고, 그런 책이라면 저자가 아주 분명할 거라는 거죠. 관리형 품목은 비교적 소수 독자가 읽는 그런 책입니다. 출판사 내부에서 합의가 되었든 아니든, 누군가의 열정이나 오너의 철학에 의해 이 책만은 우리 출판사에서 내는 것이 좋겠다, 브랜드 관리나 시리즈를 위해서도 내면 좋겠다 하면 내면 됩니다. 기획안을 쓰는 것은 효율형 상품의 경우입니다. 최소한의 손익분기점을 맞추기 위해서 어떤 노력을 해야 되고, 어떤 편집적인 요소를 가해야 하는 것에 대해 기획회의를 하고 기획안을 쓰는 겁니다.

다시 돌아가면, 기획회의에서 앞서 말한 일곱 가지 요소를 짚어 프레젠테이션을 하는 제안자가 담당 편집도 하게 됩니다. 당연히 출판사에서 최종 오케이 사인을 하는 사람은 오너겠죠. 오너가 가장 중요하게 생각하는 가치가 있을 겁니다. 적어도 경제적으로 손해 보면 안 된다든지, 이 저자가 다음 책을 또 낼 수 있는 저자인가를 중요하게 생각한다든지 하는 등 오너들이 우선으로 두는 가치들을 파악할 수 있을 거예요. 아무래도 편집자가 프레젠테이션을 할 때에는, 오너가 중요하게 생각하는 가치를 따라가게 됩니다.

만약 편집자가 오너 눈치를 안 보고 자신이 원하는 대로 그냥 밀고 나가겠다 하면 오너하고 계속 부딪힐 확률이 높겠죠. 본인이 괴로운 거예요. 당연히 이 출판사에서 나는 무엇인가를 되묻게 되겠죠. 기획안도 보류되고, 뭔가 진행을 할 때 다른 방법을 찾아보라고 계속 권유를 받게 되면, 본인도 스트레스가 많아집니다. 그러면 '나는 어떤 일을 할 수 있겠는가?' 하는 생각이 든다는 거죠.

좀 전에도 말씀드렸잖아요. 견디지 말고 이 출판사에서, 이런 출판을 통해서 내가 무엇을 할 수 있을까를 자문자답했을 때 자신과 잘 부합되는 가치를 찾기가 어렵다면 빨리 전직을 하는 게 좋습니다. 여기서 전직은 출판계를 떠나라는 의미도 포함될 수 있겠지만, 다른 장르를 찾아서 혹은 본인의 가치를 더 알아주는 출판사로 빨리 옮기는 걸 의미합니다. 왜냐하면 어떤 출판사든 개인에게 직장으로서 최고의 가치를 던져주지는 않잖아요. 본인 자신이 브랜드 아닌가요?

제가 항상 생각하는 것이 있는데요, 마음산책에 어떤 스태프가 있다면 그 스태프가 마음산책 직원이긴 하지만, 그 개인이 또한 브랜드라는 것입니다. 그 개인이 어떤 출판사에 간다… 가정으로 '몸산책'으로 옮겨간다고 해보죠. 그런 회사를 가면 당연히 브랜드의 한 지류도 옮겨가는 겁니다. 이때 몸산책과 마음산책이라는 출판사가 각각 잠재적으로 해줄 수 있는 건 뭐냐면 편집자 자신의 브랜드 가치를 구현할 수 있는 여건을 제공하는 거예요. 그래서 저는 마음산책 스태프들에게 마음산책에서 잘 맞지 않는 요소로 끙끙대고 견디지 말라고 말합니다.

제가 자꾸 비전에 대해서 말을 하는데요, 개별 편집자의 비전을 확립하는 것은 출판사가 해주는 것이 아닙니다. 어떤 출판사는 "우리는 휴가도 자주 주는 편이고, 교육에 관한 지원도 많다. 개인 비전 확립에 대해 직원들과 가치를 공유를 하고 있다."고 얘기를 합니다. 솔직히 고백을 하는데요. 경영자 노릇을 10년 하고, 편집자 노릇을 15년 넘게 한 제가 보기에는 정말 좋은 편집자나 좋은 출판 마케터라면 놓치고 싶지 않은 사람이 꼭 있습니다. 이는 무슨 말일까요? 좀 음미해보셨으면 합니다. 자신의 비전 확립을 빨리 하는 것이 좋고, 자신의 비전 확립에 도움이 안 되는 출판사에서는 빨리 전직을 하는 게 좋다고 말씀드리고 싶습니다.

한 권의 책은 여러 인간관계의 총합

편집자가 현실적으로 버거워하는 문제가 인간관계이지요. 편집자의 일 대부분이 필자와 스태프와의 관계에서 이루어지니까요. 1인 출판을 한다고 해도 거래처가 있고, 협력업체가 있고, 도움을 주고받는 프리랜서가 많을 겁니다.

우리나라 전체 출판종수의 30% 정도가 번역서인데요. 국내 필자 책이 70%라는 건 우리에게 필자가 얼마나 중요한가를 던져주는 수치입니다. '필자 문제만 해결되면 만사형통'이라는 말이 있을 정도죠. 아시다시피 단행본 출판에는 기획부터 편집, 디자인, 제작 이렇게 다양한 공정에서 필자와의 소통이 책의 완성도를 높이는 변수가 됩니다. 언뜻 생각하면 기획 과정에서는 필자와 아주 내밀하게 교감해서 설득도 하고 기획안을 제시해서 청탁하고, 그 다음 원고를 받으면 출판사의 몫이 아닌가 하고 착각할 수도 있지만,

이후 공정에서도 필자와의 소통은 절대적입니다. 마케팅 부분만 생각해도 사실 책을 팔기보다는 저자를 파는 것이 아닐까요? 가령 "오늘 아침 꽃을 주웠다"라는 메시지의 책이 있을 때, 어떤 저자가 꽃을 주웠다고 말하느냐에 따라 완전히 의미가 달라지잖아요. 영향력은 말할 것도 없고요. 출판의 전 공정에서 저자와 소통이 잘 되면 결과적으로 행복한 결과를 낳습니다.

기획안은 잘 썼고, 필자도 잘 설득했는데, 실제 책을 만드는 과정에서 뭔가 문제가 생겨 저자를 설득하는 것이 어려워질 경우엔 담당 편집자를 바꾸는 것이 낫다고 저는 생각합니다. 이렇게 얘기를 하면 또 나오는 말이 있습니다. 큰 출판사는 기획과 편집, 홍보, 마케팅을 분리하는 시스템을 갖추고 있지 않느냐고요. 기획 아이디어를 내놓고 여러 가지 요소를 감안해서 자신의 생각을 저자와 출판사 내부 인력에게 설득하는 기획자가 있고, 이후 입고된 원고를 편집하는 교정 전문 편집자가 있다고요. 그런데 책 중심으로 사고하자면 일의 공정은 절대 분리가 되지 않기 때문에 처음 기획안을 썼던 사람이 편집하고 마케터와 소통해서 마케팅까지 참여하는 것이 좋습니다. 큰 출판사에서는 효율성을 따질 수밖에 없는 시스템이기에 분리한다는 것이죠. 말씀드린 것처럼 책을 중심에 놓고 생각한다면 한 사람이 지속적으로 작업을 하는 것이 좋습니다.

또 다른 차원에서 한 출판사에 20년차 편집자가 있고 2년차 편집자가 있다고 칩시다. 20년차가 일을 진행하는 것과 2년차가 진행하는 것은 큰 차이가 있겠죠. 경험의 차이도 있을 테고, 가치관의 차이가 있을 테고, 기술적인 차이도 있을 겁니다. 노하우가 다를 테니까요. 그러나 출판사에서 책이 나오면 독자들이 "이건 2년차가 만들었다고 하니, 적당히 봐줘야 한다"라고 말하지 않습니다. 또 "20년차 거니까 그가 얼마나 잘 만들었을까" 이러지도 않습니다. 오로지 완성된 책으로 독자와 맞대응을 하는 겁니다. 출판사에서 책이 출고될 때는 당연히 편집자의 연차와는 상관없이 완벽한 책으로 제작되어 나가야 하지 않겠어요? 그러니까 출판사에서는 그 나름의 방법을 찾아야 합니다.

2년차 편집자의 아이디어가 더 좋을 수 있어요. 좌절한 경험이 적어서 주위 눈치 안 보고 더 좋은 아이디어를 낼 수도 있습니다. 그렇다면 그 사람이 일을 할 수 있도록 도와주어야 하는 거죠. 20년차 편집자의 경우 그 나름의 강점이 있는 것은 더 말할 것도 없구요. 책 중심으로 사고를 하자면 기획, 편집, 디자인을 나누는 게 무슨 의미가 있겠으며, 2년차 20년차가 기획안을 제출하는 것에 차별을 둔들 무슨 의미가 있겠습니까. 항상 책 중심의 사고를 할 수밖에 없다는 거죠.

제가 인간관계를 화두로 삼고 계속 얘기하고 있는 건데요. 여기에 인간관계의 핵심적인 요소가 있다는 것입니다. 2년차 편집자는 자기 목소리를 내기가 어렵잖아요. 다 선배들일 테고, 무엇보다 "너는 잘 모르겠지만, 내가 옛날부터 쭉 해온 방식이 있거든." 이란 말을 종종 들어왔을 테고요. 이러면 2년차는 선배들에게 기가 죽잖아요. 엄청난 경험이 있나 보다 하죠. 그런데 책을 한 권 만들 때마다, 매번 새로운 경험을 해야 합니다. 편집기술적인 노하우가 다를 수 있지만 아주 새로운 저자(같은 저자라도 원고가 새로우면 그분은 새로운 저자라고 생각해야 해요)와 새로운 얘기를 해야 합니다. 그러니 경험이 많다 해서 반드시 우위를 점할 이유는 못 되는 것이지요. 2년차 편집자가 목소리를 내게 하는 방법을 출판사는 연구해야 합니다. 20년차는 2년차에게서 배울 것이 뭐가 있는지를 생각해봐야 하는 거고요.

필자하고 잘 소통하는 사람, 자기 목소리를 현명하게 내는 사람이라면 좋은 편집자로서 자질이 풍부할 뿐만 아니라 앞으로 재밌고 좋은 작업을 많이 할 것이라고 믿어 의심치 않습니다.

기획 단계에는 선명성이 중요하다

우리는 살아가면서 모든 걸 선택할 순 없잖아요. 책 만들기도 마찬가지예요. 테니스를 치면서, 음악을 들으면서 진지한 대화를 할 수 없잖아요. 테니스를 치는 시간에는 그 시간이 인생의 가장 아름다운 때 것처럼, 그렇게 열심히 즐겁게 치는 겁니다.

편집자인 우리는 책을 만들 때 아주 작은 요소까지 고민하죠. 명조체로 할 것인가 고딕체로 할 것인가, 이것이 문제로다! 하면서 살아가죠. 그 사소한 디테일 때문에 회의를 하고 그래서 갈등도 생기거든요. 선택된 활자체라도 크기를 몇 포인트로 할 것인가를 놓고 계속 고민을 하죠. 언제나 어떤 것을 선택해야 하고, 어떤 것은 버려야 됩니다. 아, 이 '디테일함'의 연속인 하루하루를 마치 인생의 가장 밝은 날인 것처럼 받아들여야 합니다.

기획을 할 때는 디테일한 요소와 싸우는 편집 단계보다는 선이 굵고 선명한 결정을 해야 합니다. 이를테면 기획단계에서 부를, 책의 마지막 과정에서 정해지는 제목 이전에 임시로 부를 가제를 정할 때는 일단 부제형으로 하는 것이 좋습니다. 부제형 제목이라는 건 선명하게 한 문장으로 말하는 책의 콘셉트잖아요.

우리가 처음에 저자에게 기획안을 제안하고 청탁했는데, 그 안대로 원고가 들어오느냐? 아닙니다. 자기만의 방에서 원고를 쓰는 저자에게 기획안은 방향만 제시할 뿐이니까요. 기획안보다 미흡한 원고가 들어왔을 때, 또 그보다 넘치는 원고가 들어왔을 때, 어쩌면 처음부터 다시 기획, 편집에 대해 고민을 하게 되는 것입니다.

그러면 무엇 때문에 그토록 고심해서 기획안을 쓰고 프레젠테이션을 하느냐, 결과적으로 달라진 원고가 입고될 텐데요. 하지만 평가의 기준점이 있어야 되는 거잖아요. 우리가 처음 어떤 제안을 했길래 이 원고가 들어왔느냐, 그것이 중요한 지점입니다. 기획안은 완성된 책과는 또 다른 세계의 비밀스런 서류철로서 기획자의 인사고과 반영 자료도 되고 그 기획자의 이력도 되는 것이지요.

어떤 편집자의 기획안은 항상 기막히게 멋진데, 들어오는 원고가 늘상 문제가 있다거나 그래서 결과적으로 손익분기점을 못 넘긴다, 뭐 이런 평가를 듣는다고 합시다. 그러면 그 편집자의 기획안에 대해 스태프들은 불안해하겠지요. 기획안은 참 좋은데 실천력에 문제가 있다고 생각할 수 있습니다. 그런데 기획안이 그리 뛰어나진 않았지만 콘셉트는 분명하고, 어눌한 대로 저자를 잘 설득해서 훨씬 좋은 원고가 들어온 사례가 많아지는 편집자에 대해선 그 일의 방식을 우리가 빨리 파악할 수 있다는 거죠. 애초의 기획안대로 원고가 들어오거나 편집이 되는 게 좋겠지만, 안 그런 경우가 훨씬 많기 때문에 마침내 이런 사례들이 판단의 기준점이 되고, 그 스태프에게 위협이나 찬사의 토대가 된다는 겁니다.

편집자는 전문인인가, 만능인인가

출판에 대한 학습의 지속은 말할 필요도 없을 겁니다. 저는 개인적으로 '동아시아 출판인회의'라는 모임의 신입회원으로 2년째 활동을 하고 있어요. 동아시아 5개국의 출판사 대표와 편집자들이 모여서 1년에 두 차례 포럼을 여는 견실한 모임입니다. 지난번 마카오 회의에서 주요하게 다루어졌던 의제가 '편집자는 만능인인가, 전문인인가'였어요. 편집자는 공동의 세계를 공유하고 있잖아요. 일본 편집자든 중국어 편집자든 필자 이야기가 나오고 원고 이야기가 나오고 오탈자에 대한 말이 나오는데 어찌나 상황이 똑같은지.

일본의 이와나미 출판사 사장이었던 오츠카 노부카즈 선생님은 "우린 독자다. 원고를 읽는 첫 번째 독자다. 첫 번째 독자이기 때문에 원고를 잘 읽을 수 있어야 한다. 그러므로 전문성이 중요하지만 편집자의 자질이 더욱 중요하다."고 말씀하셨죠. 그러면서 이와나미에는 박사급 편집자들이 많다는 말씀도 하셨습니다. 가령 과학 전문 편집자가 있는데 그 사람이 전문 편집자로서 가장 뛰어나느냐 하면 그렇지 않다는 거예요. 그게 그들의 고민이라는 것입니다. 과학 분야의 원고가 들어왔을 때, 그 사람만큼 잘 읽어낼 사람이 없음에도 불구하고 편집자로서 자기 역량을 충분히 발휘하지 못한다는 거죠.

편집자적 자질은 만능인에 가까운 거라는 겁니다. 디자인에 능하고, 저자의 말에 귀를 잘 기울이고, 전체적인 편집 요소에서 독자가 가장 좋아할 요소를 찾아내는, 어쩌면 기능적인 것이 더 필요할지도 모르겠다고 말씀하시더군요. 저자가 쓴 원고, 그것이 작가의 문학적인 창작물이 되었든, 학자의 인문이나 과학적인 분야의 원고가 되었든 얼마나 전문성이 필요하겠습니까. 그 말을 알아듣고, 이해하고, 소통을 하려면 전문성에서 뒤떨어지지 않아야 한다는 게 우리들 공통의 결론이었습니다. 휴, 이건 뭐 전문적이기도 어려운데 만능인이라니…. 공부하는 학생의 자세가 아니라면 하루도 살 수 없는 것이 편집자의 세계가 아니겠습니까.

스스로를 괴롭히지 않는 마음 공부

복잡한 편집자의 세계에서 제가 계속 강조하는 마음 공부는 좀 전에 얘기한 인간관계와 관련하여 말씀드리고 싶습니다. 편집자는 출판사 스태프들에게서도 그렇고, 거래처도 그렇고, 홍보 매체의 기자한테도 그렇지만 무엇보다 필자한테 상처를 많이 받잖아요. 거절당하는 상황이 항상 있으니까요. 예를 들어 어떤 기자를 만나 자신이 만든 새 책의 의미를 정성들여 설명했더니 그때는 공감하는 듯했는데 나중에 기사 한 줄도 안 났다든지 하면 충격을 받지요. 심지어 우는 후배도 있더라고요. 자신이 무시당했다고 생각해서 말입니다. 아, 왜 신문사에도 사정이 있다는 생각을 하지 않는 거예요.

　또 우리가 만나는 대부분 필자들의 성격이 요상하다는 것은 다 아시죠? (웃음) 독특한 성격의 소유자들이 많기 때문에 편집자가 성실하게 전화를 하고 원고 일정을 확인해도, 어떤 필자는 그 점에 대해서 항의를 하는 경우가 있죠. 전화를 자주 하면 "왜 이렇게 전화를 자주 하느냐? 나 당신 때문에 피곤하다."고 말하는 분이 있는가 하면 어떤 분은 "왜 전화도 자주 안 하고 관심도 없으면서 마감 때 되니까 왜 원고 안 주느냐고 하나. 나한테 그동안 관심도 없었으면서." 이러는 분도 있다는 거죠. 그럴 때마다 대부분의 편집자들은 자신한테 문제가 있다고 생각하기 쉬워요. '내가 뭘 잘못했나?' 출판사 내부에서도 곤란한 지경에 처하잖아요. 필자하고 소통을 잘 못하면 내부에서는 어떻게 했기에 혹은 필자하고 무슨 일이 있었는데 그러냐고 합니다. 이것은 일과 관련된 능력이 부족하다고까지 치부되기 쉽거든요.

제가 항상 강조하여 말하지만 우리는 일 때문에 그들과 연락하는 겁니다. 필자나 기자는 물론, 거래처하고도 그렇고요. 그러니까 일이 거절당한 거지, 사람이 거절당한 것은 아니라는 겁니다. 우리가 그분들하고 사사로운 감정을 탐한 것은 아니잖아요. 최선을 다한 것 같은데 거절당하고 뜻이 통하지 않았을 때, 심지어 왜곡되어 전달되었을 때 너무 상처 받지 않을 것! 우리도 인간이니까 상처야 받을 수도 있겠죠. 근데 상처를 받지 않도록 스스로 마음을 계속 닦아야 된다고 생각합니다.

필자가 우선이에요. 그럴 수밖에 없어요. 좋은 원고를 받아야 하니까요. 편집자가 호기심과 애정을 갖고 즐겁게 진행하는 편집 일과, 필자가 너무 미운데 회사가 필요로 해서 하는 일은 다릅니다. 애정이 없는 일은 마음이 덜 가기 때문에 스스로도 괴롭고 결과적으로 책의 모양도 덜 난다고 생각합니다. 그런 의미에서 출판 작업을 하면서 마음 공부 하는 건 중요합니다. 좋은 수양의 태도를 갈고 닦고 있다고, 도의 길을 가고 있다고 생각하라고 권유하는 건 순전히 어렵게 그 길을 헤쳐온 선배 편집자가 하는 자기합리화의 '한 말씀'이라고 생각해주십시오.(웃음)

필자와 편집자는 '원고를 사이에 둔' 관계

기획 사례로, 필자에 관한 부분을 말씀드릴까 합니다. 편집자로서 늘 고민하는 사안이지요. 마음산책 같은 경우는 국내 필자가 80% 정도 되는 듯합니다. 편집자 후배들이 종종 묻곤 합니다. 필자들은 어떻게 섭외하는지, 필자를 만났을 때 어떤 얘기부터 하는 것이 좋은지, 기획 제안을 어떻게 하는지 등을요. 여기에 뭔가 특별한 노하우가 있을지도 모른다고 생각을 하는 것 같습니다만, 아무리 생각해도 그런 특별한 노하우는 없더라고요.

또 어떤 분은 "당신이 마당발이기 때문에 인맥관리를 편하게 해 가면서 기획하는 것이 아닌가?"라고 대놓고 묻더군요. 제가 마당발이라니요, 천만에요. 그 질문의 의미는 이를테면 같이 밥 먹고 차 마시며 필자의 계획과 현재 상황에 대한 속내를 끄집어내는 게 아닌가, 하는 것이겠지요. 실제로 이제 그런 식으로 할 수 있는 기획은 거의 없다고 생각합니다. 디지털 시대에도 여전히 필자와 일대일로 얼굴을 맞대고 논의하는 것이 소중한 미덕이지만, 좋은 인간관계에서 나오는 기획만으로는 한계가 있다는 거죠.

저는 심지어 필자와 친구가 되지 말라는 말도 합니다. 친구가 되면 그간 하기 어려웠던 말도 다 하게 되잖아요. 편집자로서 어려운 얘기, 삶의 얘기를 말이죠. 그러면 좋은 원고를 받을 수 있을 것 같은데, 의외로 그렇지 않아요. 서로를 잘 이해하고 있으면 오히려 불필요한 원고가 덤으로 생긴다고 할까요? 모든 인간관계가 그렇듯이 적당한 거리가 여기서도 필요한데, 제가 아는 필자들은 편집자가 친구가 아닌 좋은 서포터가 되어주길 원합니다. 필자한테 좋은 자문을 해주는 사람 말입니다. 즉 원고를 둘러싼 사회적 맥락, 출판 환경, 독자나 시장의 측면에서 전문적인 조언을 해주길 바라는 거지요. 우리가 언제나 잊지 말아야 할 것은 필자와 편집자는 '원고를 사이에 둔' 관계라는 겁니다.

다른 나라의 출판계 사정은 다른 듯합니다. 가령 일본의 유미리 씨가 쓴 산문집을 읽다 보면, 사생활이 고스란히 공개되어 사람들의 실명이 나옵니다. 미혼모가 된 과정을 일기체로 쓴 산문집에는 이런 대목도 있어요. 정확한 문장을 외울 순 없지만 "이사 가야겠다. 여기 사는 게 곤란하다. ○○○에게 연락해봐야지"라는 부분인데, 그때 ○○○는 바로 자신의 책을 담당한 편집자입니다. 일본에서는 편집자가 거의 생활 매니저 역할을 하거든요. 이사 가는 문제까지도 담당 편집자가 조언하고 정서적인 것까지 컨설턴트를 해주는 것이 일본에서는 관례입니다. 물론 유명 작가에 한정된 경우겠습니다만. 그래서 어떤 편집자가 출판사를 옮기면 자신이 관리했던 필자들은 거의 따라가게 되어 있어요. 편집자 파워가 거의 필자 파워인 거죠. 우리나라에서도 점차 그런 현상이 나타나고 있는데, 한국에서는 여태까지 어떤 필자가 "이사 가야겠다. 모 출판사 누구에게 연락해봐야겠다" 하는 경우까지는 못 봤습니다.(웃음)

필자의 세 유형

글 쓰는 사람들은 좋은 의미의 노출 본능이 있어 어떤 방식으로든 자신의 매력을 드러냅니다. 글이든 인터뷰든, 아니면 메모든 블로그든 계속 세상을 향해 뭔가를 흘려보내고 있습니다. 기획을 어떻게 할 것인가? 그건 결국 노출된 그 필자의 매력을 매체에서 발견하는 행위입니다.

매체라면 아날로그적인 종이매체 즉 단행본이든 잡지든 신문이든 전통적인 의미의 글들과, 블로그 같은 웹사이트가 있겠지요. 우리가 보통 기획 아이디어를 구체화할 때 주제 키워드를 검색어로 넣어서 웹사이트를 찾지 않습니까. 그때 걸려드는 필자들의 글이나 메시지가 있다는 것입니다.

기획할 때 보통 필자의 유형을 세 가지로 나눕니다. 그것은 검증형 필자, 가능형 필자, 잠재형 필자입니다. 검증형 필자란 저서를 이미 출간해본 필자입니다. 시장에 책이 나와 있어서 어떤 독자층과 소통했는지, 글쓰기 스타일은 어떤지 파악되는 필자이지요. 대부분의 출판사들은 검증형 필자를 선호합니다. 왜냐하면 안전하니까요. 말 그대로 '검증'되었으니까요. 이미 책을 내봤기 때문에 예측 가능한 부분도 커집니다. 판매부수나 수요도 예측이 가능하죠. 문제는 경쟁력이 있는 필자는 섭외가 너무 어렵다는 겁니다. 대다수 출판사에서 이 필자를 원하기 때문이죠.

가능형 필자란, 책을 낸 적은 없으나 어딘가에 글을 쓰고 있는 미래의 저자를 일컫습니다. 스스로 어딘가에 꾸준히 글을 발표함으로써 글쓰기로 세상과 소통하는 방식을 택한 사람들이죠. 그 발표 매체가 대중매체건 지극히 사적인 블로그건 상관없습니다. 한 사람의 독자로, 또 전문적인 편집자의 시각으로 책을 만들 만한 원고인지, 혹은 현재 글 쓰는 것 이외에 어떤 주제를 제안하고 책이 될 분량의 원고를 청탁할 수 있을지 판단하면 됩니다. 아직 검증은 되지 않았지만, 가능성을 확신하고 책을 기획하는 것이죠.

잠재형 필자는 글을 본 적은 없지만 필자로서 세상을 매혹할 메시지나 매력을 담뿍 품은 사람입니다. 이를테면 연예인, 스포츠 선

수, 특수 직업이나 특수 경험을 해본 사람으로서 할 이야기가 많은 사람이죠. 잠재형 필자의 경우 글에 대한 검증이 되지 않았기 때문에 샘플 원고를 꼭 받아봐야 하고, 아니면 대필 작가를 붙이거나 인터뷰 형식을 통한 구술 원고 방식을 선택해야겠지요.

가능형 필자를 찾아서

필자 발굴과 소통의 구체적 사례로, 박상미 필자의 경우를 말씀드릴까 합니다. 박상미 선생은 가능형 필자의 한 예입니다. 마음산책에서 2004년에 펴낸 『뉴요커』(2004)의 저자이죠. 제가 지금 사례 발표를 하는 것은 이 경우가 성공적인 결과를 내서만이 아니라, 그 섭외 과정과 이후의 필자 활동이 다이내믹하고 재미있기 때문입니다.

저와 일면식도 없었던 박상미 선생은 뉴욕에 살고 있는, 화가이자 패션업계 일을 하는 분이었어요. 블로그에 글을 쓰고 있었는데, 글이 참신하고 재밌었어요. 특히 예술 관련 포스팅이 늘 기다려질 만큼, 수준 높은 안목을 가진 분이었지요. 2003년 당시 마음산책은 줌파 라히리라는, 미국 퓰리처상 수상 작가의 신작 장편소설을 막 계약했을 때였는데 번역가를 구하려던 참에 지인에게서 박상미 선생의 번역이 훌륭하다는 이야기를 들었어요. 정작 번역서는 없던 때인데, 다른 작업을 통해 번역 실력을 알 수 있었나 봅니다. 그래서 박상미 선생에게 메일로 줌파 라히리의 신작 장편 『이름 뒤에 숨은 사랑』(2004)의 번역을 제안했지요.

메일을 주고받으면서 블로그에서 보았던 글 솜씨를 피부로 느꼈습니다. 작품의 이해는 물론이고 오랫동안 뉴욕에 살았기 때문에 뉴욕의 정서랄까, 이민자의 세계를 그린 『이름 뒤에 숨은 사랑』의 배경을 누구보다 잘 파악하고 있었어요. 무엇보다 미국 내 작가의 인지도나 현지 반응을 즉각적으로 알 수 있는 장점이 있었지요. 샘플 번역을 해달라, 줌파 라히리의 현지 매체의 서평 등을 보내달라는 등 요구사항을 많이 드렸는데요, 아주 사소한 메일에서도 예술가 감각을 지닌 채 성실하게 응해주셨습니다. 그때 느꼈죠. 박상미 선생은 번역뿐 아니라 집필을 해도 좋겠다고요.

이후 『이름 뒤에 숨은 사랑』 번역을 진행하면서 감동을 많이 받았습니다. 오역도 없고 소설의 품위를 한껏 높여주는 문장력이 편집자의 일을 수월하게 해주었습니다. 2004년 『이름 뒤에 숨은 사랑』을 출간하고 나서, 그간 메일을 통해 정이 듬뿍 든 박상미 선생에게 기획 제안을 했지요.

2001년 마음산책이 펴낸 박영택 교수의 『예술가로 산다는 것』의 뉴요커 버전을 내자는 제안이었어요. 지금이야 '뉴요커'라는 말을 일상적으로 쓰지만 당시만 해도 뉴요커라고 하면 스타벅스 커피를 들고 스니커즈를 신고 출근하는 자유로운 영혼의 이미지가 덧씌워져 거품이 많다는 느낌이었습니다. 뉴요커의 존재 방식이 무엇인지가 불명확했어요. 우리는 '뉴요커로 산다는 것'이라는 주제로 10명 정도의 뉴요커를 인터뷰해서 생활방식과 삶을 소개해달라고 했습니다. 박상미 선생은 자신이 뉴욕에 산 지 10년이 넘었고 많은 뉴요커를 만났지만 우리가 생각하는 이미지의 뉴요커는 없다며, 재미있는 책이 될 거라고 기대했습니다. 기획 제안을 받아들인 것이지요. 이분의 경우는 책을 써본 적이 없었기 때문에 오히려 생짜 기획거리에 용감하게 덤벼들 수 있는 힘이 있었습니다.

그래서 먼저 뉴요커 10명 리스트를 작성해보기로 했어요. 일반인도 좋지만 유명인도 넣기로 했어요. 이를테면 우디 앨런 같은 영화감독. 박상미 선생이 미국에서 사진 작업을 열심히 하는 뉴요커 친구를 인터뷰한 샘플 원고를 보내주었는데, 예상대로 대만족이었습니다. 이런 방식으로 9명을 인터뷰해주면 된다고 생각했습니다. 문제는 인터뷰이를 접촉하는 과정에서 난관에 부딪친 것입니다. 인터뷰를 요청하는 공식 메일에 답신으로 돌아온 맨 처음 질문은 이거였어요. "한국이라고? 매체가 무엇인가? 인터뷰어는 어떤 사람인가? 인터뷰료는 얼마인가?" 유명인이건 아니건 마찬가지였죠. 영향력 있는 매체도 아닌 단행본에 묶일 인터뷰 글, 아직 책을 한 번도 내보지 않은 인터뷰어를 내세우기는 어려웠습니다. 난항 끝에 결국 '뉴요커 인터뷰집'은 무산되었지요.

그러나 쉽게 물러설 수 없었어요. 이미 인터뷰했던 뉴요커 1인도 있었고, 스스로 뉴요커로 살고 있는 박상미 선생의 글은 좋은 기획거리였습니다. 우리는 박상미 선생에게 "당신도 뉴요커 아닌가? 당신이 겪고 보았던 뉴욕의 삶과 예술, 그리고 문화를 써주시라"고 했지요. 그래서 만들게 된 책이 『뉴요커』입니다.

가능형 필자의 특징상 편집자의 칭찬 섞인 조언이 많이 필요한 작업이었지요. 어떤 의미에서는 칭찬으로 입이 마른 나날이었습니다. "글이 참 좋다. 내용도 신선하고, 사진도 좋다. 그런데 이런 점에서 2퍼센트 부족하다" 하는 식으로 조언해서 반드시 2퍼센트가 보완되도록 했지요. 만약에 편집자가 매번 원고의 단점만 신랄하게 지적하면서 책을 만들려고 한다면 가능형 필자와는 신나고 재미있게 작업하기가 어렵습니다. 책을 처음 출간하는 필자에게는 단점보다는 장점을 더 많이 봐야 하거든요.

편집, 디자인 과정에서 필요한 이미지 작업을 위해 박상미 선생은 하루에도 몇 컷씩 사진을 찍어서 보냈어요. 책에 실려 있는 사진은 대부분 박상미 선생이 직접 뉴욕의 거리와 미술관에서 찍은 사진들입니다. 이 점이 제 사례 발표의 포인트입니다. 소통이 잘 되니까 필자가 모든 걸 걸어주었다는 것입니다. 만약 뉴욕과 뉴요커에 대한 사진 작업을, 누구를 섭외해 따로 했다면 그렇게 빠른 시간에 생동감 있는 이미지를 얻지 못했을 수도 있습니다. 글 쓰는 필자가 직접 원하는 이미지를 찍어 보내주니 호흡이 척척 맞아 들어가는 느낌, 일면식도 없었지만 멀리 뉴욕에 있는 필자와 거의 매일 생활한다는 기분 좋은 느낌이 있었지요. 이 기획의 선례가 되었던 박영택 교수의 『예술가로 산다는 것』은 예술가들 작업실을 찾아가 인터뷰하는 형식이었는데, 작업실 풍경을 잘 담기란 어려운 일이라 김홍희 사진작가를 섭외해서 동시 진행했었거든요.

사실 가능형 필자의 책은 출판사 입장에서 보면 검증형 필자의 책보다 위험 부담이 큽니다. 알려지지 않아서 홍보하기 어려운 필자와 책은 출판사가 온 힘으로 밀어붙여야 하잖아요. 신선함은 있지만, 출판시장에서 아무도 모른다는 것이 단점이 될 수 있습니다. 그렇기 때문에 사실 홍보 마케팅도 힘이 듭니다. 책 편집과 디자인에 출판사가 과잉 투자를 해버리면 출판사로서는 이런 책을 계속 내기가 어려워지지요. 그런데 다행히도 『뉴요커』는 양질의 사진 이미지를 필자가 제공했고 그 점에서 출판사로선 위험 부담이 없는 책이 된 겁니다. 이 책의 손익분기점은 2,500부 정도였습니다만… 자랑을 해도 될까요? 2만 부가 넘게 팔렸답니다. 와우! 그래서 박상미 선생과 첫 작업물은 성공적으로 남게 되었습니다.

삼세판이 필요한 이유

마음산책은 필자를 섭외할 때면 가능한 한 세 개의 타이틀을 지속적으로 내자는 제안을 합니다. 홍대 앞에서 카페를 차렸던 분의 실제 체험기를 2008년에 책으로 낸 적이 있어요. 『낭만적 밥벌이』라고요. 이 경우 잠재형 필자 사례로 삼을 수 있겠습니다. 글을 본 적이 없었거든요. 마음산책 사옥 코앞에 카페를 차린 사장님이 투고한 원고를 책으로 출간한 경우니까요. 기대를 하지 않은 상태에서 원고를 읽었는데, 프리랜서 카피라이터라 그런지 문장이 좋았습니다. 유머와 냉소가 매력적이었지요.

『낭만적 밥벌이』(2008) 계약서를 작성하면서 "세 번째 책까지는 우리와 작업하시죠. 그래야만 필자와 출판사의 시너지 효과가 있고 필자 이미지도 출판시장에서 확고해지니까요"라고 부탁을 했습니다. 그래서 세 번째 책까지 내겠다는 약속을 하게 되었지요.

잠재형 필자가 첫 책을 출간하고 반응이 좋았다고 다른 출판사로 옮겨 두 번째 책을 출간하면, 아마도 비슷한 콘셉트의 책이 또 나오거나 아주 엉뚱한 게 나올 확률이 있어요. 그러면 필자 이미지가 형성이 안 됩니다. 기념 삼아 책 한 권을 내고 말 것이 아니라면, 필자가 집필 지도를 그려야 합니다. 큰 그림을 갖고 첫 책과 이후 책들의 계획을 다소 추상적이나마 갖고 있어야 하지요. 『낭만적 밥벌이』를 낸 조한웅 선생이 두 번째 책 『독신남 이야기』(2008)를 내고, 그 다음에 『터닝포인트』(가제)를 언젠가 내게 되면 '마음산책과 조한웅'의 책 지도가 그려지면서 독자에게 인지도가 높아지고 어떤 특별한 이미지로 각인될 수 있다는 것입니다. 많을수록 좋겠지만, 그 독자 수가 얼마가 됐든 단 한 사람의 독자라도 이 지도를 인지하고 있다면 저는 성공이라고 생각해요. 그래서 조한웅 선생한 테 약속했지요. "당신 책을 앞으로 내가 세 권 이상 내게 될 것이다. 그러니 책의 운명을 함께하자." 이런 다소 격정적인 이야기를 나누었던 것입니다.

필자, 번역가의 가능성을 발견하라

다시 박상미 선생의 이야기로 돌아가겠습니다. 박상미 선생과 처음 작업한 『이름 뒤에 숨은 사랑』은 많이 팔리지는 않았습니다. 하지만 번역이 너무 좋아서 이 분하고 계속 작업을 해보고 싶은 거예요. 서로 소통이 잘 되고 대화가 원활하면, 책이 잘 안 팔릴 경우 서로 미안해합니다. 편집자 입장에서는 "좀더 많이 팔아서 필자 선생님께 기쁨을 안겨드렸어야 했는데"라고, 필자 입장에서는 "내가 번역을 해서 출판사에 누를 끼친 것 같다" 하고요. 근데 서로 소통이 잘 안 되면 "어쩐지 그 필자가 문제가 있었던 거야" "출판사가 처음부터 마음에 안 들었어"라고 말하기가 쉽습니다. 필자와 소통이 잘 되는 건 굉장히 중요하지요. 소통이 잘 되었다 해도 실제로 어떤 책이 아주 잘 팔리면 서로 자기 공으로 돌리는 부작용이 있긴 하더만요.(웃음) 서로 믿고 소통이 잘 되면 잘못된 경우에도 마음 깊이 애정이 솟아나기 때문에 그 다음 작업을 편안하게 할 수 있습니다. 첫번째 작업을 하면서 아쉬웠던 게 있잖아요. 그 아쉬움을 해소하면서 더 나은 방식으로 작업할 수 있다는 겁니다.

이후 박상미 선생과 번역서 『앤디 워홀 손안에 넣기』(2006)를 작업했지요. 편집자로서 저는 박상미 선생이 예술서나 여성성이 잘 드러난 문학작품의 역자로 특화되기를 바랐어요. 저자로서도 가능성이 컸지만 번역이 특히 좋았기 때문에 많은 번역서를 내기보다는 특화되어야 한다고 주장했죠. 여성성이 주제인 문학작품과 예술서에 관심이 많은 마음산책이 박상미 선생과 계속 작업하고 싶어서 욕심 부리는 주장일 수도 있겠지요. 어쨌든 『앤디 워홀 손안에 넣기』는 미국의 한 컬렉터가 경매를 통해 은발의 앤디 워홀 자화상을 사서 되파는 이야기예요. 이 책이 출간된 2006년은 우리나라에서 미술 경매시장이 만개하기 전이었어요.

이 번역서의 원서에는 어떤 그림도 없습니다. 그냥 글로만 이루어진 담백한 책이었어요. 글 솜씨가 있는 저자였는지, 그림 이야기를 다룬 책인데도 이미지 없이도 잘 읽혔지요. 읽어보면 재밌지만 독자는 책을 다 읽어보고 사는 건 아니잖아요. 읽기 전에 사고 싶게 만들어야 되는데 앤디 워홀 관련 책을 내면서 앤디 워홀 작품을 하나도 안 넣을 수 있나 싶어 이미지 비용을 산출해보았습니다. 저작권료가 너무 비싸서 사용할 엄두가 안 나더군요. 그런데 이 문제를 역시 번역가인 박상미 선생이 해결해주었습니다. 어떤 방식이었냐고요? 직접 앤디 워홀 작품이 걸려 있는 미술관을 스케치하는 풍경 사진으로 해결해주신 거죠. 그래서 원서보다 역동적인 예술서로 출간되어 손익분기점을 훌쩍 넘는 부수로 많은 독자와 만날 수 있었습니다. 번역가가 종종 구세주가 되어주는 사례입니다.

『뉴요커』의 성과로 한껏 고무된 마음산책과 박상미 선생은 번역 작업을 지속적으로 하는 가운데 두 번째 저작물을 준비하고 있었습니다. 2008년 출간된 『취향』이 바로 그 책입니다. 『뉴요커』는 필자의 첫 책이었던 까닭에 출간하는 동안 출판사가 필자에게 요구한 것이 많았지만, 두 번째 책은 최대한 저자가 원하는 방식으로 작업하고 싶었습니다. 박상미 선생은 화가이면서 동시에 뉴욕 패션 계에서 일했습니다. 그래서 패션 트렌드에 익숙하죠. 일찍이 부르 디외가 '구별짓기'를 논평했잖아요. 이제는 계급이 성향이다, 성향 이 계급이다, 이런 말이 있듯이 박상미 선생은 '취향의 문제를 이야 기할 때다'라고 생각한 듯했습니다. 예술적인 차원에서든 일상생 활에서든 취향의 문제를 글로 쓰고 싶다는 거예요. 추상적이고 쉽 지 않은 주제였지만 박상미 선생이라면 해낼 수 있을 것이라고 확 신했습니다. 산문을 통해 취향이라는 주제를 실재감 있게 드러낼 수 있을까? 걱정이 없진 않았지만 한 꼭지, 두 꼭지 보내주는 저자 의 원고를 보니 당연히 책의 이미지가 떠올랐어요. 의식주의 취향 에 관한 주제를 풀어나가는 방식이었지요. 가령 '나는 하얀색이 좋 다'고 할 때, 하얀색과 관련한 여러 가지 자료를 모으고, 하얀색과 관련한 이야기를 풀어내는 겁니다. 하얀색은 나에게 어떤 느낌을 주는가 하는 식의 개인적인 이야기까지 써낸 거예요. 극히 주관적 인 이야기인 거죠.『뉴요커』는 박상미 선생 개인의 이야기가 포함 되어 있지만 뉴욕, 뉴요커를 취재한 부분이 많아서 뉴욕 이야기로 다가옵니다.『취향』은 저자 브랜드로 팔아야 할 책이었어요. 저자 의 팬이 아니라면 공감하기 다소 어려울 정도로 사적이고 '하드'한 글이었습니다.

다소 마니아틱한 책이었기에 생각만큼 많이 안 팔렸습니다. 편 집 디자인에서도 과하게 멋을 부려 각주를 별색으로 처리했는데, 작은 활자체에 약한 별색을 입혀 읽기 어려운 지경이었습니다. 필 자에게 몹시 미안한 마음이 들었습니다. 첫 책보다 더 기대가 클 수 도 있었는데 말이죠. 이제 우리는 박상미 선생과 세 번째 책을 내게 될 것입니다. 첫 책의 성과와 두 번째 책의 아쉬움을 모두 풀어내더 많은 논의를 하면서 재미있게 일할 생각입니다.

지난해 박상미 선생은 우리나라에는 전혀 안 알려졌으나 미국 문단에서 칭송받는 노老작가가 있다고 소개하더군요. 그 작가, 제임스 설터의 단편을 한 작품씩 읽으면서 하루를 마감하고 있다면서요. 그의 작품을 한국에 꼭 알리고 싶다는 겁니다. 사실 세계적으로 유명한 상을 수상한 작가도 아니고 떠오르는 샛별 작가도 아닌 노작가의 생소한 작품을 번역서로 출판해도 좋을지 걱정이었습니다. 그러나 결국 박상미 선생의 샘플 번역 원고에 푹 빠져, 그 에로틱한 작품의 힘에 이끌려 당장 저작권을 확보했지요. 2010년에 출간된 『어젯밤』이 그 작품입니다. 공들인 번역 작업 이후 표지를 만들 때도 박상미 선생과 이메일로 소통을 했지요. 박상미 선생이 추천한 화가 던컨 한나의 작품 이미지를 구입해 표지 작업을 했습니다. 사실 잘 팔릴 거란 기대는 거의 없었지요. 그런데 참 묘한 힘으로 팔려나가더군요.

신형철 문학평론가의 평이 이랬습니다. "그림자에게 소매치기를 당한 기분이다. 우리에게는 이 책으로 처음 소개되었는데 이제야 읽게 된 게 좀 억울할 지경이다." 정말이지 대단한 칭송의 말을 들은 셈이지요. 출판사가 들어야 할 말이 아니라 번역가를 넘어선 기획자 박상미 선생이 들어야 할 찬사인 건 확실합니다.

지금 만난 필자와 영원할 수 있다

번역서에서도 번역가와 어떻게 소통하느냐에 따라 책 꼴이 달라지는데, 국내 저작물에서 소통은 더 말할 필요가 없겠지요. 인문서 기획을 위해 주요 필자가 될 학자의 연구실에 찾아가서 대화하고, 때론 강의를 듣고, 끊임없이 만나면서 책을 내는 방식이 있을 겁니다. 문단 작가들 경우는 한 출판사가 어떤 방식의 문학작품을 내려고 하는지 우선 큰 그림을 그려야 할 것입니다. 한 작가를 섭외하는 것도 중요하지만 앞뒤 맥락에서 문학 출판사의 성격 규정을 먼저 해야 하는 것이죠.

요즘 작가들 사이에서는 시와 소설 등 순수한 창작물이 아닌 산문집을 출간할 때는 출판사의 의견을 존중하는 분위기가 형성되어 있는 듯합니다. 기획안이 좋다면 절반은 성공할 수 있는 장르가 산문집입니다. 문제는 작가를 설득하는 게 어렵다는 거지요. 그렇게 어렵게 필자를 만나 첫 책을 냈는데, 결과가 언제나 좋지는 않잖아요. 확률로 보면 실패할 경우가 더 많겠지요. 그렇다고 금방 실망하면 안 됩니다. 처음에 좋아서 설득하고 작업했는데, 금세 주저앉을 수는 없어요. 다시 한 번, 조금만 힘을 보태면 두 번째가 더 빛을 발할 것이고, 조금만 더 힘을 보태면 세 번째가 더 좋을 거란 생각으로 나아가야 합니다. 첫 책의 성과만 따져 그 다음에 올 수 있는 아름다운 것들을 포기하지 말았으면 합니다.

일본은 지금 출판 불황이 오랫동안 지속되고 있고, 실제로 앓는 소리가 나오고 있습니다. 그렇지만 우리가 일본 출판계에서 먼저 배워야 할 것은 탄탄한 필자군을 확보하는 방식입니다. 가령 사회, 문화적으로 문제적 사건 사고가 났을 때, 늦어도 두 달 후에는 그것과 관련된 책들이 쏟아져 나와요. 여러 가지 각도에서 포커스를 맞춰서 말이지요. 책을 급조한 거냐 하면 전혀 그렇지 않아요. 프리랜서든 저널리스트 출신이든, 각 방면에 글을 쓰는 필자들이 널리 포진해 있어서 어떤 테마에 대해서든 당장 취재하고 뛰어들 수 있다는 겁니다.

사실 우리나라의 경우, 기획안이 아무리 좋아도 필자층이 얇기 때문에 성사되지 않는 경우가 수두룩합니다. 편집자들이 대부분 검증된 필자를 선호하는 것도 하나의 걸림돌이라고 할 수 있습니다. 저 자신부터 바꿔야겠지요. 또 저널리스트 출신들을 단행본 출판물의 필자군으로 널리 활용해야 한다는 것이 제 생각입니다.

저널리스트 출신의 필자가 단행본 분량의 원고를 쓰는 데에는 강점이 많습니다. 먼저 이들은 원고 마감에 강하죠. 또 언제나 눈높이를 일반 독자에 맞춰 대중적 글쓰기를 할 수 있어요. 그리고 원고에 필요한 자료의 취사선택을 정말 잘합니다. 버릴 것 버리고 취할 것 취하는 능력이 뛰어나지요. 무엇보다 편집자의 요구에 유연합니다. 데스킹에 익숙한 필자들인지라, 글에 대한 편집자의 평가에 잘 상처받지 않는 듯합니다.

앞서 말했던 오츠카 노부카즈 선생님은 조금 관점이 다른데, 이분 지론은 한 필자와 길게 가자는 거예요. 한 필자와 열 권씩 출간해보면 그 자체가 시리즈도 되고, 재밌는 일이 더 많이 벌어진다는 겁니다. 뭐 우리나라에서는 이런 스케일이 부러울 따름이지만요.

문학 출판의 경우 출판사가 문예지를 발행하고 있다면 기획하는 형태가 좀 달라지죠. 필자 발굴이 자연스럽게 매체 발표와 연결이 되니까요. 그런데 작은 출판사는 발표 매체가 없기 때문에 기획안을 들고 덤벼들어야 합니다. 그렇다면 편집자는 이런 생각을 굳게 해야 합니다. "지금 만난 필자와 평생을 함께 가겠다"라고요. 필자가 유명해지면 당연히 더 좋은 조건의 다른 세계로 갈 수도 있겠지만, 그건 필자 마음이고 편집자는 무조건 '이 선생님과 끝까지 가겠다. 한 권만 내놓고 보겠다는 식으로 선생님을 시험하지 않겠다'라고 마음먹으면 자세도 달라지고 원고 보는 눈도 좀 달라지지요. 이런 식으로 편집자는 자기 세계를 확장할 수밖에 없습니다.

편집자가

편집자에게
묻다

후회는 적게, 앞으로 나아가는 법

Q : 저자와 일을 하면서 취사선택의 문제에서 잘못되어 후회한 적은 없는지요?

A : 제가 몇 년 전 쓴『편집자 분투기』에 그 대목이 아프게 놓여 있는데요. 프로 기사인 장주주와 루이나이웨이 9단 부부의 사례를 들었지요.

저는 바둑을 전혀 몰라요. 당시 제가 얼마나 엉망이었는지, 부끄럽기 짝이 없습니다. 그때 저는 인터넷 매체에서 루이나이웨이의 인터뷰를 봤어요. 어떤 시인이 인터뷰를 했는데, 제가 완전히 그녀에게 반한 거예요. 루이나이웨이가 조국인 중국에서 쫓겨났어요. 세계적인 반상 철녀인 그녀가 쫓겨난 이유에서부터 이후 바둑을 둘 곳을 찾아 우리나라로 흘러오게 된 이야기까지 다 흥미진진했죠. 그녀의 남편인 장주주 기사의 사연도 재미있었고요. 세계 유일의 바둑 9단 부부가 우리나라의 바둑기사로 활동한다는 데에 끌렸습니다. 전에 이런 휴먼다큐 에세이를 출간해본 적이 있었는데, 일단 편집자가 반하면 잘된다는 것이 그때까지의 제 생각이었거든요. 저도 독자의 한 사람이니까 재미있는 이야기가 더 많이 있을 거라고 기대했어요.

그래서 루이나이웨이와 만나 대화하면서 중요한 얘기를 많이 들었는데, 문제는 바둑을 잘 아는 독자들은 그들의 삶에 대해서도 이미 잘 알고 있더라고요. 그리고 바둑을 모르는 사람들은 그 삶에 전혀 관심이 없는 거예요. 이들의 이야기가 신문에 나오면 '그 특이하게 생긴 커트머리의 반상의 철녀', 이렇게 생각을 한다는 거죠. 제가 일반 독자를 상대로 이들의 삶, 바둑 이야기를 책으로 펴낸 것이 『우리 집은 어디인가』(2003)입니다.

『끌림』(2005)의 저자, 이병률이라는 시인이 있어요. 이분의 사진들을 제가 좋아해서 『우리 집은 어디인가』의 이미지 작업을 부탁했지요. 부부 9단 기사의 집과 한국 기원, 그리고 공원 등을 다니며 여러 장면을 찍었더랬죠. 그 과정에서 필자 두 분과는 정도 많이 들었습니다. 이분들은 한국말도 잘해서 의사소통엔 무리가 없지만 글은 못 썼죠. 당시 이 문제를 어떻게 할 것인가, 대필 작가를 쓸 것인가 하는 문제를 고민했습니다.

그러던 참에 중국에서 본인들이 낸 책이 있다고 해서 검토해보니 거기에 많은 요소가 있더군요. 그러면 이걸 먼저 번역해서 원고의 기본 틀을 만든 다음에 우리가 인터뷰를 해서 자서전으로 내면 되겠다고 생각했어요.

우리나라에서는 고스트라이터, 대필 작가를 인정하지 않는 분위기가 있지요. 진솔하게 풀어놓은 자전적 이야기가 육성으로 들려야 하는데, 대필 작가의 손을 거쳤다고 하면 꾸민 글이라고 여기는 풍토잖아요. 이 분위기가 조금씩 달라지고 있긴 하죠. 예를 들어 『김대중 자서전』(2010)이라고 하면 누가 쓴지 다 알잖아요. 〈경향신문〉의 김택근 논설위원이 쓴 것을 알지만, 당연히 김대중 전 대통령의 목소리 그대로를 듣잖아요. 지금은 이 정도는 됐는데, 그때만 해도 그게 큰 고민이었지요.

번역 원고에 저희가 보충을 해서 『우리 집은 어디인가』를 냈어요. 이때 발생한 문제점이 여러 가진데, 하나는 나름 정직하겠다고

'번역'이라는 말을 거기에 쓴 겁니다. '루이나이웨이 지음' 하고 '전수정 번역'이라고 표기했지요. 지금 생각하면 일러두기나 판권에만 번역자 표기를 했어도 무리가 없었을 텐데 책 표지에 옮긴이를 표기하고 나니 뭐, 이 책은 완전히 번역본이 됐습니다. 우리는 실제로 그들이 사는 집에 수시로 찾아가서 인터뷰를 하고, 사진을 찍고, 다큐멘터리를 만든 건데, '옮김'을 표지에 기록하면서 순식간에 번역서가 돼버렸다는 거죠.

다음으로는 제목의 문제인데요, 그분들은 바둑을 둘 '집'을 찾으러 전 세계로 다닌 거잖아요. 또 바둑 용어에도 '집'이 있고요. 그래서 중의적인 뜻으로 정한 것이 『우리 집은 어디인가』. 아, 얼마나 좋은가. 이 제목을 지어놓고 스스로 만족해서 어쩔 줄 몰랐죠. 그런데 웬걸요. 서점에서 주문이 오는데, 그 제목을 제대로 말하는 사람이 하나도 없더군요. "나의 집은 어디인가"라고 하지를 않나. "집은 누구인가"라고 하지를 않나, 한 번에 외워지지도, 감도 안 오는 제목이었더라고요. 바둑에 '복기復棋'라는 단어가 있잖아요. 차라리 명백하게 인생을 복기한 거니까 '복기'라고 했으면 오히려 쉽고 강력한 게 독자의 뇌리에 박혔을 텐데, 하는 생각이 뒤늦게 들었습니다. 제목이 너무 약했다는 거죠.

마지막으로 바둑을 모르는 제가 편집했다는 것, 이게 가장 큰 문제였습니다. 원고에 '팻감', 이런 바둑 용어가 나오면 저는 잘 모르니까 거기에 주를 달았어요. 그런데 책이 나온 후에 이런 부분에 대해 혹평을 들었습니다. "이거 누가 편집했느냐? 유치해서 읽을 수가 없다." 으, 지금 생각해도 과잉친절의 주석이 아니었나 싶습니다.

바둑을 알았다면 전문 바둑 용어 외에는 주를 달지 않았을 것이고, 바둑을 아는 사람들에겐 뻔한 바둑 상식 같은 것도 뺐을 겁니다. 대신 좀더 새로운, 한국에서의 이야기들을 많이 넣었을 테지요. 중국에서 쫓겨나 한국에 받아들여지는 과정은 이미 많이 알려진 이야기이기 때문에 축약을 했을 거고요. 요컨대 제가 바둑계에 대해 몰랐기 때문에 전체적인 균형감각을 상실했다는 겁니다. 어쨌든 그 모든 요소들이 그때그때 저를 흥분하고 감동하게 만들어서 열정적이 되긴 했습니다. 표지 이미지도 바둑판의 형태로, 참신하다고 생각하면서 만들었는데 참패를 했지요. 그럼에도 루이나이웨이, 장주주 부부하고 보낸 시간은 저한테 많은 영감을 주었어요. 후회한다고 그 시간들의 아름다운 기억이 사라지는 건 아니더군요.

책이 출간된 후 평가회의를 할 때 편집 요소에서 잘못 취사선택했다고 느끼는 점이 있지요. 이건 어느 베스트셀러 시집 제목처럼 '지금 알고 있는 걸 그때도 알았더라면'의 심정입니다만, 후회하기 시작하면 앞으로 나아갈 수가 없기 때문에 쉽게 후회하진 않아요. 그때 반성하고 다시 잘못을 범하지 말자고 하고 맙니다. 다음에는 나아지면 되지, 하고 반성하면서 늘 앞으로 가는 거죠.

저희는 편집자문위원이 따로 없지만, 모니터링이 가능한 몇몇 가까운 분들에게 수시로 자문을 구합니다. 예를 들어 해외 도서를 검토할 때 현지 반응에서부터 책 상호간에 지닌 아주 미세한 차이라든가 이런 것을 해당 언어권 전문가인 선생님들께 종종 여쭙는 것이죠. 보수랄 것도 변변히 못 드리는데, 그 분야 박사급인 그분들은 대부분 금세 아는 것들이어서 흔쾌히 중요한 의견을 내주시죠.

책을 낼 수 있느냐 하는 점보다는 책을 내면 안 되는 점만큼은 확실히 알려주신다고나 할까요.(웃음)

표지 작업을 할 때도 그렇습니다. 출판사 내부에서는 원고에 너무 몰입해 있고, 그 세계에 너무 빠져 있어서 우리가 하고 있는 것이 다 옳다고 생각하는 경우가 많습니다. 가인쇄된 표지를 들고 서점에 나가 MD들에게 보여주면 설명을 다 하지 않아도 금세 잘된 점과 이상한 점을 지적하지요. 디자인의 완성도라는 차원이 아니라 독자에게 전달될 정보 차원에서 정확한 지적인 거예요. 우리는 원고를 너무 오래 들여다보았기 때문에 오히려 상식적으로 중요한 내용을 간과하는 경우가 많거든요.

표지 이미지와 카피를 보고 왜 이런 요소가 필요했나를 스스로 묻고 답할 때 비로소 독자의 시각을 갖게 됩니다. 그래서 주위에 도움을 청할 수 있는 사람은 언제나 있어야 하고, 거기에 귀 기울일 수 있는 정도의 여유는 갖고 있어야겠다는 생각을 저는 많이 합니다.

마음산책 블로그에 신간 제목에 대한 고민을 올린 적이 있지요. 모니터링을 위한 포스팅은 아니었는데도 독자분들이 솔직한 댓글을 달아주셨습니다. "이 제목이 좋을 것 같다" "이러이러한 느낌이 온다" 하는 식의 의견이 우리에겐 큰 도움이 되었습니다.

원고를 거절하고도 호의를 얻는 법

Q : 미국에 계신 필자와 전혀 만나지 않고도 메일로 소통하시면서 일을 한 내용을 잘 들었습니다. 그런데 출판사에 투고되는 원고와 기획안들 있잖아요, 그런 것

들 가운데 공식적으로 거절해야 하는 것이 태반인데, 거절하는 것도 편집자들에게는 큰 '일'입니다. 대표님 나름대로의 원고 거절법이 있나요?

A : 기분 좋게 거절하는 방법을 말씀하시는군요. 어떤 필자분이 블로그에 썼더군요. 출판사들은 아무래도 정보를 공유하는 듯하다며, 자신의 기획안에 대해 거절하는 내용이 거의 모든 출판사가 비슷하다고요. "기획안을 잘 받았습니다. 흥미로운 기획안이라 생각하지만 저희 출판사의 역량 부족으로 이 원고를 낼 수가 없습니다." 원고의 단점을 별로 지적하지 않는다는 거죠. 출판사 입장에선 어차피 출간하지 않을 원고이기 때문입니다. 잘못을 지적한다는 것은 출간을 전제로 하는 거잖아요.

마음산책도 마찬가지입니다. 거의 매뉴얼화된 '거절 문안'이 있지요. 마음산책에는 소설, 시 원고가 많이 투고됩니다. 투고하는 분들은 원고에 대해 코멘트해주기를 바라시지만 우리 입장에서 잘잘못을 말하기 어렵지요. 우리가 출간할 것인가 말 것인가를 결정하는 것이지, 문학상 심사위원이 아니니까요. 편집자 중에는 원고에 애정이 넘쳐서 충고 내지 조언을 해주는 사람이 있어요. 이를테면 "구성이 허술하고 캐릭터가 모호하고…" 이렇게 말하면, 정말 큰일 납니다. 그런 지적은 투고자에겐 매우 중요한 문제라서 반드시 다음 질문이 잇따라 들어오지요. "어떻게 고칠까요?"라고요. 그러면 그 편집자는 각오해야 합니다.(웃음)

출판사에 하루에도 몇 건씩 메일로 투고되는 원고와 기획안들에 대해 우선 성실하게 답해야 합니다. 잘 받았다는 답변, 이후에 거절하는 답변. 투고자 역시 우리 출판사의 중요한 독자란 생각을 잊어서는 안 됩니다. 우리 출판사에서는 이 원고의 콘셉트를 잘 살려내기 힘들다, 하고 출판사의 성격을 설명해야 하지요. 아무리 종합 출판사라고 해도 출판사마다 제각기 색깔이 있잖아요. 그래서 서점에서 책을 보면 '이 책은 마음산책 거 같다, 사계절 거 같다, 학고재 거 같다'는 등 느낌이 있어야 오히려 더 호응도가 높아지거든요. '이거 왜 마음산책에서 나왔지?' 이러면 곤란하다는 거죠. 그렇기 때문에 당연히 거절할 때는 출판사의 색깔과 선호 장르에 대한 이유를 댈 수밖에 없습니다. '우리 출판사보다 다른 출판사가 더 잘 낼 수 있을 듯하다, 우리로서는 이런 책에 크게 관심이 없기 때문에 포기하지만, 다른 데서는 관심을 갖게 될 것'이라고 말을 합니다. 실제로 그게 맞고요.

여유가 있다면 콘셉트가 맞을 것 같은 다른 출판사명을 언급하는 것이죠. 직접 연결해주는 일은 극히 부담스럽지만요. 가령 예술서를 내는 출판사가 많잖아요. 우리가 추천하는 데는 거의 같아요. "시공사, 아트북스 어떨까요?" 아마도 그쪽으로 문의가 가겠죠. 그쪽에선 나름대로 대응하겠고요. 그러다 어느 순간에 어떤 편집자 눈에 띄면 출간될 수도 있는 겁니다. 원고도 인연이니까요. 잘 거절하는 방법은 예의를 갖추고, 명확하게 의사표현을 한 후 바로 우리 문제로 환원하는 겁니다.

방금도 말씀드렸지만, 투고 원고의 필자는 곧 독자입니다. 출판사 메일 주소를 알아내서 원고를 보낼 정도로 관심 있는 독자가 연락을 해온 건데, 그 좋은 기회를 바쁘다는 이유로 무한정 묵묵부답

하는 것은 직무유기라고 생각해요.

전에 어떤 출판사 홈페이지를 보고 크게 실소를 터뜨린 적이 있었어요. "저희는 이메일을 자주 확인하지 않으니까 원고 투고 후 전화로 꼭 확인해주십시오." 우와, 이렇게 공지를 올렸더라고요. 메일이야말로 출판사 비즈니스에서 가장 쉬운 소통 방법인데요. 그게 투고 원고든 출간 도서에 대한 어떤 식의 의견, 피드백이든 간에 독자의 의견이기 때문에 정말 감사해야 한다고 생각해요. 조금이라도 귀찮다고 생각하면 안 됩니다. 이 독자가 어떻게 움직일지 모르거든요. 이것은 무슨 계산법에 의해서, 의식적으로 그렇다는 것이 아니라 실제로 고마운 일입니다. 원고까지 보냈을 땐 그분은 출판계에서 많이 움직이실 분이에요. 언제나 글을 쓸 것이고, 책으로 출간되지 않아도 성격상 책은 많이 사 보는 독자일 확률이 높죠. 거듭 말씀드리지만 그 독자한테 잘 하는 게 참 중요합니다.

문학 작품인 경우 거절하기가 가장 힘들어요. 왜냐하면 우리가 원고 보는 시간이나 역량이 부족함에도 작가 지망생들은 자신의 작품에 대해 어떤 코멘트든 듣고 싶어 하거든요. 어디가 부족하냐면서요. 이럴 때는 정말 안타깝지요.

편집자와 디자이너의 소통법

Q : 편집자로서 디자이너와 소통하는 것이 참 어렵습니다. 편집자가 어떻게 디자인 공부를 해야 하는지, 또 디자이너와의 소통법을 말해주셨으면 합니다.

A : 제가 처음 출판사에 입사했을 때가 떠오르네요. 그때 제게 필자

의 의미는 평소에 책으로만 알던 분이 우리 사무실을 왔다 갔다 하시는 것, 그냥 살아 있는 감동 그 자체였죠. 그런 감동 말고 또 하나의 신기한 점은 디자인을 어떻게 하느냐에 따라 원고가 완전히 달라 보이는 것이었어요. 당시 출판사의 잡지팀에 근무하고 있었는데, 디자인팀과 대화를 할라 치면 주로 이런 말을 들었지요. "당신은 모르겠지만, 그게 말처럼 되는 게 아니에요." 그러니까 추상적으로 원하는 콘셉트를 설명하는 편집자에게 실무 차원에서 디자인 구현이 어렵다는 뜻도 되고, 또 '너는 디자이너가 하는 일을 모르겠지만' 하는 의미이기도 했지요. 그때 저는 초보임에도 불구하고 이런 의문이 들었어요. '내가 왜 모른다고 디자이너는 단정을 지을까? 본인이 미술을 전공해서?' 아마도 그때 디자이너는 편집자를 원고를 읽고 교열하는 담당자로만 생각했겠지요.

우리가 책을 읽는다고 하지만, 사실 눈으로 보는 거잖아요. 저는 비주얼 요소만이 아니라 여백과 활자체 배열, 흔히 레이아웃이라고 부르는 모든 것이 디자인 감각이라고 생각했어요. 편집자가 디자인 감각이 없으면 도대체 원고를 어떻게 책의 판면에 반영한단 말입니까.

디자인팀에서는 제가 초보니까 대화하기 어려웠을 거예요. "이렇게 해주세요." 그러면 왜 안 되는지보다는 그냥 안 되는 것이라는 결론이 먼저 던져졌지요. 그때부터 '디자인 공부를 해야겠구나' 싶었지요. 그런데 그게 생각한다고 공부가 되는 건 아니잖아요. 좋은 방법을 알려드리자면… 디자이너 선배한테 '잘하면' 다 알려주더군요.(웃음) 밥 먹을 때 물어보고, 틈틈이 좋은 책들을 보고는 여쭤

어보았지요. 외국 도서전에 가면 브로슈어, 팸플릿을 몽땅 챙겨오고요. 거기엔 책 표지가 엄청나게 실려 있으니까요.

저는 원고, 콘텐츠에 관한 모든 것이 다 디자인 요소라고 생각합니다. 그래서 자꾸 '디자인, 디자인' 강조를 하죠. 마음산책 편집자들에게도 참고자료를 살 때, 책 말고 미술전시 도록이나 잡지를 많이 구하라고 합니다. 얼마 전 펭귄출판사의 역사에 관한 책이 나왔지요. 펭귄출판사의 엠블렘인 '펭귄'이 어떻게 진화했는지, 그 디자인 역사를 한눈에 볼 수 있는 책이었어요.

다른 나라의 좋은 표지만 들여다보는 것으로도 큰 도움이 됩니다. 눈으로 계속 들여다보면, 눈으로 계속 공부하다 보면 언젠가 눈이 트일 날이 온다고 생각해요. 다른 출판사, 특히 다른 나라의 잘된 표지, 본문 디자인을 잘 들여다보면 많은 비밀이 보입니다. 그렇게 공부를 하면서, 디자이너하고 소통할 때 그냥 피상적인 이야기 즉 "밝지만 가볍지 않은 느낌" 같은 추상적인 표현이 아니라 자신이 생각하는 콘셉트가 구현된 자료를 갖고 가는 거죠. "내가 이 화보를 봤는데, 이 짜임새가 너무 좋더라" 하는 식으로 구체적인 이야기를 하게 되고, 그럼 디자이너도 이 편집자가 기술적인 건 부족할지언정 대화를 잘하려고 노력하는구나 하고 느끼게 돼요. 그렇게 함께 책 만드는 동지애를 다지게 되지 않을까요.

그러지 않고 자꾸 '디자인은 디자이너에게'라는 방식으로 금을 긋다 보면 편집자로서 결핍감, 아쉬운 점이 많이 생겨요. 저는 디자이너들한테 또 이렇게 말합니다. "당신의 예술 작업물로 이 책을 만드는 것이 아니다. 원고 콘셉트가 있고, 그것에 따라 편집자와 논의해서 디테일하게 작업하는 것이다." 가령 표지 시안을 내놓은 디자이너가 그 작업의 의미를 설명하지 못하면 전 어느 정도 가짜라고 봅니다. 편향된 생각일지 몰라도 저는 문학작품도 창작자가 문학론을 전개할 수 없는 시와 소설은 가짜라고 볼 정도로, '론論'이 있어야 된다고 생각합니다. 이야기가 있어야 하고, 논리가 있어야 해요. 디자이너도 "왜 이렇게 했습니까"라고 물었을 때, 설명할 수 있어야 합니다. 우리가 그 논리에 설득당하면 만사 오케이인 거죠.

편집자도 스토리텔링이 돼야 합니다. 당신이 만든 책에 대해서 설명을 하라고 했을 때 나름대로 작업 방식과 원고의 이해에 대한 이야깃거리가 있다면 완성도 높은 책이 될 가능성이 큽니다. 그렇게 스스로가 이야기를 갖고 있지 않으면 그 책의 편집 방향은 길을 잃기 때문이죠. 그래서 디자이너가 됐든 편집자가 됐든 작업의 '이유'가 있어야 한다는 거예요. 어떤 디자인에서 선을 그어도 그냥 심심해서 그었다고 할 수는 없잖아요. 독자가 척 봤을 때 모를 수도 있지만, 적어도 작업을 함께하는 편집자와 디자이너에게는 서로 통하는 이야기가 있어야 합니다.

물론 출간된 책을 보고는 독자는 마음대로 해석해도 됩니다. 선이 있어서 싫다고 할 수도, 선이 있어서 더 좋다고 할 수도 있는데 그래도 좋다는 거죠. 그건 독자의 몫이니까요. 이렇듯 책은 생물이에요. 독자들이 우리가 해석하는 대로만 봐주지는 않습니다. 그러나 어쨌든 합목적성(이론)과 이야기, 이런 것을 강조하고 싶습니다.

03

번역서,
어떻게 기획할 것인가

강주헌
번역가, 펍헙에이전시 대표

한국외국어대학교 불어과를 졸업하고,
같은 대학원에서 석사 및 박사 학위를 받았다.
프랑스 브장송 대학교에서 수학한 후
한국외국어대학교와 건국대학교 등에서 언어학을 강의했으며
펍헙에이전시PubHub Agency 대표로
2003년 '올해의 출판인 특별상'을 수상한 바 있다.
현재는 전문번역가로 활동하며
'펍헙 번역그룹'을 설립, 후진 양성에도 힘쓰고 있다.

『기획에는 국경도 없다』(2009),『번역은 내 운명』(2006, 공저) 등의 책을 썼으며,
『실패한 교육과 거짓말』(2001),『촘스키, 누가 무엇으로 세상을 지배하는가』(2002),
『이슬람 미술』(2003),『문명의 붕괴』(2005),『일상, 그 매혹적인 예술』(2009),
『강점』(2009),『주석 달린 월든』(2011),『아프리카 방랑』(2011),
『유럽사 산책』(2011),『밤의 도서관』(2011) 등 100여 권의 책을 번역했다.

강의를 시작하기 전에 아주 유명한 출판사 창업자의 말을 인용해보려 합니다. 어떤 출판사 사장의 말인지 알면 아마 깜짝 놀랄지도 모르겠습니다.

"자크, 나를 이해해주게. 자네만큼이나 나도 우리 회사를 지금처럼 키워준 것들에 애착이 있네. 하지만 앞으로도 이런 품격을 유지하려면, 젊은 작가들을 계속 발굴해서 어려운 책들을 발간하자면 지금은 조금 양보해야 한다는 결론을 얻었네. 자네가 상업적으로 실패할 것이 뻔한 원고를 내게 가져와서 내게 출간 허락을 받는다면 자네는 기쁘겠지. 하지만 그때마다 회사는 손해를 보아야 하네. 우리가 이런 식으로 출판을 계속하길 원하나? 그럼 상업적으로 손해본 책들, 오랫동안 팔아야 겨우 손익분기점을 맞추는 책들을 무엇으로 메울 건가? 이익이 나는 책을 팔아서 메꿔야 할 것이 아닌가! (…) 자네 같은 작가들을 위해서 내 체면을 버리겠네. 나를 희생하겠네."

"내가 누구도 이해하지 못하는 시인들의 시집을 출간할 수 있는 것은 '세리 누아르Série Noire' 덕분이다."

두 구절 모두 프랑스 문학의 기준을 제시했다고 평가받는 갈리마르 출판사 사장, 가스통 갈리마르가 남긴 말입니다. 처음에 인용한 구절은 가스통 갈리마르가 NRF출판사라는 이름으로 활동할 때 이른바 '모험소설'을 시도하자, 그에 항의하던 당시 잡지 〈NRF〉의 주필 자크 리비에르에게 한 말입니다. 두 번째로 인용한 말은 2차대전이 끝나갈 무렵, 가스통 갈리마르가 당시에는 품격이 한참 떨어지는 (싸구려) 범죄소설을 기획해서 번역해 출간하는 '세리 누아르'를 성공한 후에 회상한 말입니다.

'좋은 책'이란 무엇인가

우리는 흔히 책을 '문화상품'이라 합니다. 다른 상품들과는 품격이 다르다는 뜻이겠지요. 이렇게 말하는 이면에는 책은 어떤 식으로든 보호받고 지원받아야 할 상품이란 의미가 담겨 있을 겁니다. 하지만 여기에는 형평성의 문제가 있습니다. 출판사 책을 독자의 문화의식을 함양하기 위한 상품이라 말하듯이, 일반 상품을 제조하는 기업들도 소비자의 욕구를 충족시켜주기 위해 상품을 만든다고 말할 테니까요.

그래도 정신과 관련된 상품을 물리적 욕구와 관련된 상품과 비교할 수 있느냐고 화를 낼 사람도 있겠지만 정신이 몸보다 우월하다는 원칙이 반드시 성립하는 걸까요? 백번 양보해서 이 원칙을 인정해서, 문화상품을 만드는 출판을 지원하고 보호하기 위한 기금이 있더라도 과거의 경험에 비추어볼 때 그 기금이 투명하고 공평하게 분배될 거라고 생각하는 사람이 몇이나 될까요? 결국 문화상품을 만드는 사람이든 일반 상품을 만드는 사람이든 궁극적인 목적은 똑같을 겁니다. 수단은 다르지만 목적은 돈을 벌기 위한 겁니다. 이를 부인해서는 안 됩니다. 솔직해져야 책에 대한 엄숙주의에서 벗어날 수 있을 테니까요.

책에 대한 생각이 바뀌어야 합니다. 번역서에 대한 생각도 바뀌어야 합니다. 아까운 외화까지 들여서 수입한 번역서는 '좋은 책'이어야 한다는 기본 전제가 바뀌어야 합니다. 책은 문화상품이기 때문에 '좋은 책'이어야 한다는 전제도 문제가 있습니다. 앞에서 인용한 두 구절을 좀더 깊이 파고 들면 번역서가 출판계, 더 나아가 문화계에 미치는 영향을 짐작해볼 수 있습니다. '좋은 책'을 쓰는 저자에게 출판의 기회를 주기 위해서라도 독자의 욕구에 부응하는 책을 찾아내는 것이 기획자의 책임이고 의무입니다.

앞에서 인용한 '세리 누아르'는 처음에 번역서로 꾸며졌습니다. 갈리마르 출판사에서 이 시리즈를 기획한 마르셀 뒤아멜이 영국의 '범죄소설'를 대거 수입해 번역해 소개한 덕분에 프랑스에서도 범죄소설을 본격적으로 쓰는 작가들이 탄생하는 발판이 마련됐습니다. 범죄소설들이 처음 번역되어 프랑스에 소개될 때, 순문학 작가들은 그런 소설을 경멸했습니다. 또 자크 리비에르는 갈리마르가 가스통 르루의 소설을 출간했다는 이유로 "그런 쓰레기 같은 책을 왜 출판했나!"라고 항의했습니다. 지금은 가스통 르루의 소설을 쓰레기라고 폄하하는 출판사는 없습니다. 범죄소설을 하찮은 장르문학이라고 말하는 출판사도 없습니다. 오히려 프랑스 아마존뿐 아니라 프낙Fnac의 도서분류에서도 범죄소설은 순문학과 동등한 위치를 차지하고 있을 정도입니다(우리나라 온라인서점의 도서분류에서 범죄소설은 소설〈장르소설〈범죄소설로 하위분류돼 있습니다). 이처럼 당시에는 평가받지 못하던 책들이 장기적으로는 새로운 저자층을 폭넓게 개발하는 데도 큰 역할을 합니다.

따라서 '좋은 책'이란 개념도 바뀌어야 합니다. 예외도 있겠지만 좋은 책은 잘 팔리는 책일지도 모르겠습니다. 많은 독자에게 읽혔다는 건 그만큼 독자에게 사랑받았다는 뜻일 테니까요. 고전이 꾸준히 팔리는 이유가 무엇이겠습니까? 고전이니 읽어야 한다는 주변의 압력만으로 지금까지 고전이 출간되는 걸까요? 개인적으로 얼마 전에 다시 읽었던 제인 오스틴의 『오만과 편견』은 여전히 재밌었습니다. 개인적인 취향 문제라고 할 수도 있겠지만 고전이 고

전인 이유는 스테디셀러가 될 만한 조건을 갖추기 때문일 겁니다. 일시적으로 잠깐 팔렸다가 죽어버리는 책도 '나쁜' 책은 아닐 겁니다. 적어도 일정한 기간 동안 독자에게 사랑받았다면 그 기간 동안에는 '좋은' 책이었다고 생각해야 합니다.

내가 이렇게 책에 대해 길게 얘기한 이유는 외서를 기획할 때 '좋은 책'이란 강박관념에서 벗어나라고 말하고 싶기 때문입니다. 허접한 책을 만드는 데 아까운 종이를 낭비할 수 있느냐고 반문할 사람도 있겠지만, 이제는 책을 종이로만 만드는 시대는 아닙니다. 전자책으로 만들면 되지 않겠습니까? 전자책으로만 책을 만들면 돈이 안 된다거나 광고하기 힘들다고 말씀하시면 안 됩니다. 이렇게 말하려면 책은 '문화상품'이라는 말을 다음부터는 절대 입에 담지 마십시오. 문화상품을 만들면서 돈부터 생각해서 되겠습니까.

기획에서 필요한 조건 중 하나가 '상상력'이라고 생각합니다. 상상의 날개를 마음껏 펴려면 머리가 자유로워야 합니다. 그래서 '좋은 책'이란 강박관념에서 벗어나라는 겁니다. 우리 독자의 눈을 사로잡을 책을 찾기도 버거운 데 거기에 강박관념까지 더해지면 쓸 만한 책이 찾아지겠습니까. 책에 대한 얘기는 뒤에서 다시 언급할 예정이므로 이쯤에서 번역할 책을 찾기 위한 조건과 방법에 대해 살펴보기로 하겠습니다.

외서 기획을 위한 조건

개인적인 생각으로 외서 기획을 위해서는 몇 가지 필요한 조건이 있습니다. 첫째는 열정이고, 둘째는 상식이며, 셋째는 상상력입니다. 또 하나를 덧붙인다면 끈질김입니다. 하지만 상식과 상상력은 열정만 있으면 보충할 수 있습니다. 끈질김도 마찬가지입니다. 열정이 있는 사람이면 목적을 위해 끈질기게 추구할 테니까요. 아무런 상식과 상상력이 없는 사람도 열정이 있으면 됩니다. 그 열정으로 상식부터 쌓기 시작하면 될 테니까요. 열정을 어떻게 갖느냐고요? 새로운 책을 찾는 과정을 재밌게 받아들이면 되지 않을까요? 재미 없는 걸 어떻게 재밌게 하겠느냐고요? 그럼, 상식을 늘리려고 노력하십시오. 상상력, 아니 창의력을 키우려고 노력하십시오. 그럼, 중간치는 할 수 있을 겁니다. 그런 노력을 하기 싫다고요? 그럼 기획을 하지 마십시오. 딴 일을 알아보는 게 더 나을 겁니다.

요즘 세상은 노하우know-how 시대가 아니라 노웨어know-where 시대라는 건 다 아실 겁니다. 물론 나에게 필요한 것을 알고 있으면 좋겠지만, 이제는 내가 뭐든 다 알아야 할 필요가 없습니다. 나에게 필요한 지식과 정보가 어디에 있는지 알면 됩니다. 구글에 들어가 키보드만 두드리면 나에게 필요한 정보가 소나기처럼 쏟아집니다. 그 무수한 정보에서 나에게 정말 필요한 것을 골라내는 데는 경험이 약입니다. 처음부터 좋은 성과가 있기를 기대하기는 힘들 겁니다. 그래서 열정과 끈질김이 필요하다고 말한 겁니다.

미디어(신문과 잡지)를 주시하라

상식이 없는 사람도 신문과 잡지에서 기획에 필요한 정보를 구할 수 있습니다. 가장 편한 방법은 해외 특파원이 간혹 소개하는 해외 신간일 겁니다. 게다가 요즘에는 몇몇 신문에서 주말이면 각국에 파견된 특파원들이 번갈아가며 그 나라의 흥미로운 신간을 소개합니다. 신문에 소개되는 정도의 양이면 내용이 어느 정도 파악되지만, 더 정확히 알려면 에이전트에 부탁해서 그 책을 구해 읽어 봐야 할 겁니다(혹은 번역가에게 검토를 부탁해야 할 겁니다). 하지만 모든 출판사의 기획자가 그 신문을 읽을 테니 시장성이 있다면 치열한 선인세 경쟁을 벌여야 할 겁니다. 이런 경쟁을 벗어나서 신문이나 방송 등에서 기획의 실마리를 얻는 방법을 없을까요?

며칠 전 신문에서, 한 철학박사가 주식시장을 비난하며 "한탕주의가 판칠 때 (중략) 다시 성실이 답이다"라고 말한 구절을 봤습니다. 요즘 정치판에도 그대로 적용되기에 충분한 말이었습니다. 마이클 샌델의 『정의란 무엇인가』가 한바탕 열풍을 불러일으켰듯이, '성실'이란 개념도 궁금합니다. 그래서 '성실이란 무엇인가'라는 콘셉트를 주제로 삼습니다. 이 콘셉트로 적합한 책을 찾아 나섭니다.

기획자가 자신이 생각한 콘셉트에 맞는 책을 찾을 수 있는 보물창고는 아마존닷컴과 위키피디아입니다. 아마존닷컴은 익숙하지만 위키피디아는 생소하다고요? 그럴 겁니다. 하지만 위키피디아 영어판을 보셔야 합니다. 기획자라면 영어를 읽을 줄은 알 테니까요. 위키피디아를 사용해보면 알겠지만 아마존닷컴보다 훨씬 나을 때가 많습니다.

여하튼 다시 본론으로 돌아가서 '성실'을 찾아봅시다. 이른바 키워드로 찾는 방법입니다. 아마존닷컴에서 'sincerity'를 타이핑해보십시오. 가장 먼저 소개되는 책이 라이오넬 트릴링Lionel Triling의 『성실과 진정성Sincerity and Authenticity』입니다. 앗! 그런데 1972년에 발간된 책입니다. 무려 40년 전이어서 시의성이 있을까 의심스럽습니다. 책소개를 보면 성실의 기원성과 도덕과의 관계 등을 다루었다고 합니다. 저자인 트릴링은 우리나라에 전혀 소개되지 않은 작가이지만(이 부분은 교보문고 온라인에서 확인할 수 있습니다), 브리태니커 백과사전에도 소개될 정도로 대단한 문학평론가였습니다. 시의성을 확인하기 위해서 아마존의 서평을 확인합니다. 요즘에 쓰인 서평이 있는지 살펴봅니다. 이번에는 위키피디아에서 'sincerity'를 타이핑해보십시오. 우앗! 아리스토텔레스의 『니코마코스 윤리학』과 더불어 트릴링의 『성실과 진정성』이 소개되고 있습니다. 이쯤이면 어떤 책인지 검토해볼 필요가 있지 않을까요? 다른 출판사와 경쟁하지 않고 그럴듯한 책 한 권을 구했습니다. 물론 처음에 생각했던 내용과 다를 수 있겠지만 그 과정에서 지식과 상식을 쌓았습니다. 그것이 언젠가 기획의 자산이 될 겁니다.

미디어는 기획자를 새로운 책으로 안내하는 길잡이입니다. 물론 책을 찾아내는 과정은 길고 험난할 수 있습니다. 그래서 열정과 끈질김을 강조했던 겁니다. 여하튼 신문에서 눈에 들어오는 구절이 있으면 한 구절이라도 허투루 넘기지 마십시오. 그 구절을 키워드로 요약해서 집요하게 추적하십시오. 그것이 기획의 답입니다.

주변 상황에 촉수를 뻗어라

우리가 현재 살아가는 세상의 현상에서도 재밌는 책을 기획할 수 있습니다. 요즘 트위터를 하지 않는 사람이 거의 없습니다. 트위터 그 자체도 흥미로울 수 있지만, 요즘에는 돈이 화두인 걸 부정할 수 없습니다. 그럼 트위터로 돈을 버는 방법을 생각해볼 수 있을 겁니다. 상상력이 부족해서 여기까지 생각해내지 못해도 상관없습니다. 일단 열의만으로 아마존닷컴에 들어가 검색란에 'twitter'를 치면, 자동완성기능으로 관련된 구절들이 줄줄이 나타납니다. 그것들을 읽어내면 됩니다. 아마 'twitter'를 치면, 방금 우리가 생각해낸 주제에 가장 가까운 'twitter marketing'이 뜰 겁니다. 이 구절을 클릭하면 많은 책이 화면에 나타납니다. 오른쪽 구석에 보면 'sort by'가 있고, 그 옆에 'relevance'가 있습니다. 관련성이란 뜻입니다. 판매순으로 보려면 'popularity'를 선택하면 되고, 출간일순으로 보려면 'publication date'를 선택하면 됩니다. 흥미를 당기는 책이 있지 않습니까? 그 책을 선택해서 대강의 소개를 읽어보십시오. 그리고 에이전시에 그 책을 구해달라고 부탁하십시오.

연습 삼아 하나를 더 해보겠습니다. 세계 금융위기로 양극화가 더욱 극심해지자 '월가를 점령하라'는 구호를 앞세운 시위가 전 세계에서 벌어졌습니다. 혹시 이 구호를 아마존닷컴에서 검색해본 적이 있습니까? 구호를 그대로 제목으로 삼은 책이 2011년 11월에 정말로 출간됐습니다. 미국 출판사들도 우리 출판사들과 마찬가지로 시의성 있는 책을 신속하게 출간합니다. 비슷한 콘셉트를 지닌 다른 책들도 많습니다.

한 걸음 더 나아가봅시다. 왜 '월가를 점령하라'는 구호가 있었을까요? 결국에는 세계화를 반대하는 겁니다. 양극화의 심화가 세계화 때문이라고 생각하는 사람이 많습니다. 그럼 반세계화 antiglobalization라는 키워드가 만들어집니다. 이 키워드를 아마존에서 타이핑해보십시오. 여기에서는 '관련성'보다 '출간일'을 선택하는 게 좋을 겁니다. 시의성을 반영하는 책을 구하고 있으니까요. 따라서 어떤 키워드를 어떤 관점에서 접근하느냐에 따라 분류에서 적절한 항목을 선택해야 합니다. 그래야 조금이라도 수고를 덜 수 있습니다.

상식을 늘려라

정확히 말하면 상식의 수준을 넘어 출판인으로서 지녀야 하는 건 전문지식일지도 모르겠습니다. 하지만 출판인의 입장에서 보면 상식일 수 있습니다. 예컨대 소설을 주로 출간하는 출판사에서 일한다면 매년 10월, 11월에 주목해야 합니다. 이른바 3대 문학상이라는 노벨문학상, 영국의 맨부커상, 프랑스의 공쿠르상이 그 즈음에 발표되거든요. 물론 좀더 발 빠르게 움직이려면 맨부커상과 공쿠르상의 1차 후보작과 최종 후보작이 발표되는 여름부터 관심을 가져야 할 겁니다. 이를 위해서는 각 문학상의 공식 웹사이트(www.themanbookerprize.com와 www.academie-goncourt.fr)를 참조하면 됩니다.

상식과 기획의 관계는 키워드를 결정하는 문제와 직결됩니다. 앞에서도 말했듯이, 실질적인 책을 찾는 창고가 아마존닷컴과 위키피디아라고 할 때, 미디어와 주변 상황이 아닌 경우에 어떤 방향에서 책을 찾을 것인가는 각자의 머릿속에 담긴 기본적인 상식이 큰 역할을 하기 때문입니다. 하지만 이 문제도 열성만 있으면 얼마든지 극복할 수 있습니다. 문학에 대한 상식은 문학개론을 읽으면서 보충하고, 철학에 대한 상식도 철학개론을 읽으면서 보충하면 되니까요. 말은 쉽지만 실천하기는 힘들다고요? 분명히 말하지만, 공짜 점심은 없습니다. 땀을 흘리지 않고는 보람 있는 열매를 딸 수 없습니다. 내가 일찌감치 탈서울해서 시골에서 엄청나게 넓은(?) 텃밭을 가꾸면서 배운 교훈입니다.

그래도 상식은 평소에 쌓아두는 게 낫습니다. 예컨대 선진국의 도서 출판 현상에 대한 지식도 상식입니다. 다시 아마존닷컴과 교보문고 온라인서점의 도서분류를 비교해볼까요? 거의 비슷하지만 특별한 차이가 하나 있습니다. 바로 '전기와 회고록Biographies& Memoirs' 항목입니다. 우리나라 온라인서점에는 '전기'가 독립된 항목으로 존재하지 않습니다. 전기에 대한 인식의 차이에서 비롯된 결과일 수 있습니다. 우리는 어린 시절에 읽은 위인전 때문이지 전기에 대한 인식이 그다지 높지 않은 것 같습니다. 전기를 위인전이라고 생각하는 걸까요? 아니면 위인전의 주인공은 언제나 탄생 과정이 극적으로 묘사된 때문일까요? 여하튼 전기에 대한 인식이 유럽이나 미국과는 다른 듯합니다. 일례로 『체 게바라 평전』(2005)의 원전이 출간된 프랑스에서는 이 책을 분명히 '전기'로 분류하고 있지만, 우리나라에서는 '평전'이란 이름으로 바꿔놓았습니다. 유럽에서는 전기가 일종의 자기계발서입니다. 어쩌면 자기계발서로 전기만큼 좋은 책도 없을 겁니다.

여기까지 생각하면 다음 단계에 필요한 상식은 '어떤 사람'을 소개할 것이냐는 문제가 남습니다. 죽음과 거의 동시에 전기가 발간되면서 주목을 받았던 스티브 잡스에 버금가는 사람으로 누가 있을까요? 체 게바라는 저항의 인물로서 전 세계인의 아이콘이었던 까닭에 우리에게도 그의 평전(혹은 전기)는 베스트셀러를 넘어 스테디셀러로 자리 잡았습니다. 다른 분야에서 이런 인물은 없을까요? 만약 이에 대한 상식이 전혀 없거나 도무지 감이 잡히지 않으면 아마존의 도움을 받습니다.

먼저 아마존닷컴의 검색에서 '책Books'을 클릭해서 이동한 화면에서 상단의 '고급검색Advanced Search'를 클릭합니다. 약간 복잡한 화면이 나타나지만 다른 항목들은 무시하고 왼편 아래의 '주제Subject'에서 '전기와 회고록'을 선택하고, 분류에서 '베스트셀링Bestselling'

을 선택합니다. 요즘 미국에서 킨들판이 대대적으로 팔리기 때문에 '판형Format'도 선택항목 중 하나입니다. 킨들판까지 포함해서 전체를 보려면 '전부All Formats'을 선택하고, '하드커버Hardcover', 페이퍼백까지 포함하려면 '종이책Printed Books'을 선택한 후에 '검색Search'을 클릭하면 현재 판매량 순서대로 전기물이 펼쳐집니다. 그럼 미국 독자들이 관심을 갖는 인물들을 알게 됩니다. 영국 아마존도 거의 비슷합니다.

국민소득에 따라 생활방식이 달라진다는 것도 상식입니다. 우리 국민소득이 1만 달러를 넘어 2만 달러에 가까워지면서 애완동물로 개를 키우는 가정이 폭발적으로 증가했습니다. 덩달아 개와 고양이에 관련된 책들이 쏟아져 나왔습니다. 또 전에는 없어서 못 먹던 시대를 벗어나자 다이어트 열풍이 불었고 그에 관련된 책들도 연이어 출간됐습니다. 이제 국민소득이 2만 달러를 넘었습니다. 2만 달러를 넘어 3만 달러에 접근하면 생활방식이 어떻게 달라질까요? 우리보다 먼저 앞서 간 나라들에서 배울 수 있습니다. 2만 달러를 넘어서면 사람들이 말(馬)에 관심을 갖기 시작한다고 합니다. 실제로 외국 출판사의 카탈로그를 보면 말에 관한 책이 의외로 많습니다. 이것도 상식이라면 상식일 겁니다.

다른 관점으로 책에 접근하라

상상력은 다르게 말하면 창의력 혹은 창조력입니다. 창의력은 무無에서 유有를 만들어내는 게 아닙니다. 엄밀하게 말하면, 유에서 유를 만들어내는 겁니다. 내 개인적인 생각일지 몰라도 창조는 없습니다. 진화나 변화가 있어 새로운 것이 나타나는 겁니다. 창의력은 이 과정에 개입하는 인간의 능력일 뿐입니다. 기획에 어떻게 창의력이 개입할 수 있을까요?

학창시절 미술 시간이었습니다. 미술 선생님은 우리반 60명 학생을 운동장으로 데려나갔고, 학교 풍경을 그리게 했습니다. 조건이 있었습니다. 양손의 엄지와 집게가 직각으로 이루도록 세운 후에 사각형을 만들고, 그 사각형 내에 들어오는 풍경을 그리라고 했습니다. 따라서 하나의 학교 풍경을 그리지만 우리가 그리는 풍경화 60장은 모두 달랐습니다. 사각형 내에 들어오는 풍경도 달랐지만, 예컨대 나무 한 그루가 보이는 각도도 달랐습니다. 바로 관점이 핵심입니다. 관점에 따라 똑같은 물체가 달라 보입니다. 달리 말하면, 창의력은 관점을 달리하는 겁니다.

그럼 어떻게 해야 관점을 바꿀 수 있을까요? 가장 극단적인 방법이 가장 간단한 방법일 수 있습니다. 책에 대한 생각을 극단적으로 바꾸는 겁니다. 우리는 책이라 하면 '제본된 책'만을 생각합니다. 하지만 글로 쓰인 모든 것이 책이라 생각해보십시오. 이렇게 생각할 때 가장 먼저 떠오르는 게 잡지입니다. 물론 잡지까지 생각해내는 과정이 어려울 수 있습니다. 또 잡지를 책으로 바꿔가는 방법을 생각해내기도 힘듭니다. 더구나 잡지를 책으로 바꿔 출간하기 위해서는 해외 출판물 에이전트의 비상한 노력도 필요합니다. 따라서 출판사가 그런 기획을 했더라도 에이전시의 전폭적인 지원이 필요합니다. 하지만 에이전시를 설득하고, 해외 잡지 출판사를 설득하는 것도 기획의 한 부분일 수 있습니다. 기발한 생각일 수 있으니까요. 해외 잡지사도 잡지를 잡지로만 팔 생각을 했지, 단행본으로 저작권을 수출할 생각은 전혀 못 했을 테니까요.

이쯤에서 의문이 생깁니다. 잡지는 시의성을 지닐 텐데 단행본으로 출간할 수 있겠느냐고요. 그럼 시의성과 관계없는 잡지를 찾으면 되지 않겠습니까. 가장 대표적인 예가 우리나라 〈과학동아〉 같은 과학잡지, 특히 아동용 과학잡지입니다. 이런 잡지들은 대부분이 매호 어떤 과학적 개념을 특집으로 꾸밉니다. 따라서 재밌는 개념만을 선택해서 계약할 수 있고, 시리즈를 쉽게 꾸밀 수도 있습니다. 더구나 해외 잡지사가 계속 똑같은 형태로 잡지를 발간하기 때문에, 시리즈는 '살아 있는 시리즈'로 존속시킬 수도 있습니다. 재밌지 않습니까? 그런 예가 있냐고요? 휘슬러 출판사에서 발간한 『사이언싱 오디세이』 시리즈입니다. 물론 자체적으로 워크북을 만들어 덧붙였지만, 본문은 미국 〈오디세이 매거진Odyssey Magazine〉을 바탕으로 한 것입니다. 경험적으로 보면, 잡지는 단행본보다 훨씬 저렴한 선인세로 계약할 수 있습니다.

구글에서 적당한 키워드를 넣고 검색해보십시오. 지금도 이와 유사한 과학잡지들은 얼마든지 발견할 수 있습니다. 순전히 만화로 꾸민 잡지도 있습니다. 그야말로 "두드려라. 그럼 열릴 것이다."라는 말이 딱 떨어집니다. 문제는 관점을 어떻게 바꿔서, 어떤 방향으로 책을 보느냐는 것입니다. 말로는 쉽지만 실행에 옮기기는 어렵다는 걸 인정합니다. 하지만 상상력의 부재로, 창의력의 부재로 이런 생각 자체를 못 하는 것은 아닌지 돌이켜보기 바랍니다.

내친김에 좀더 상상력을 발휘해봅시다. 요즘 흔히 듣는 말이 '위안'입니다. 힘든 세상에서 마음에 위로를 주는 책을 찾는 출판사가 많습니다. 아마존을 뒤지면 이미 출판된 책들만이 눈에 띕니다. 그렇다고 구글에서 '위안consolation'을 검색해도 흥미를 끌 만한 것들이 없습니다. 여기에 상식과 상상력을 더해서 범위를 좁혀갑니다. '무엇으로부터' 위안을 얻을까요? 요즘에는 인문학이 유행입니다. 그럼 '인문학'을 뜻하는 단어를 더합니다. '인문학에서 얻는 위안'이 될 겁니다. 우리가 말하는 인문학은 '휴머니즘'이기도 하고 '문학'이기도 합니다. 문학까지 상상이 이어지면 자연스레 '시詩'와도 관련지을 수 있습니다. 또 철학에서 얻는 마음의 위안도 생각해볼 수 있을 겁니다. 이렇게 범위를 좁혀가면 눈에 띄는 책들이 틀림없이 모니터에 나타날 겁니다.

지금까지 외서기획을 위한 몇 가지 조건들을 살펴보았습니다. 내 개인적인 생각으로 여러 조건 중에서 가장 중요한 것은 끈질김입니다. 앞에서 말했듯이, 상식과 상상력은 '노웨어'로 보충할 수 있습니다. 하지만 끈질김과 열의는 주변에서 강요한다고 가능한 것이 아닙니다. 물론 끈질김과 열의가 있다면 상식과 상상력이 있는 남보다 쉽고 빠르게 갈 수는 있을 겁니다. 따라서 끈질김과 열의가 있다는 전제하에서, 이제부터는 구체적인 주제로 들어가 조금은 쉽게 원하는 책을 찾아가는 방법을 살펴보기로 하겠습니다.

주제별 책 찾기

솔직히 말해서 인문서적과 정치서적은 상식이 많이 필요합니다. 이 부분도 여기에서 예로 든 방법을 적용하면 그에 필요한 기본 지식을 얻을 수 있을 것입니다. 요즘 출판 상황을 보면 여전히 자기계발과 소설이 강세입니다. 따라서 자기계발과 소설을 중심으로 기획을 말해볼까 합니다.

　물론 해외에서 유명한 저자의 신간을 찾아내는 건 그다지 어려운 일이 아닙니다. 그 저자들의 신간이 출간되면 에이전시에서 우리 출판사들에게 어김없이 알려주니까요. 그런 신간들 중에서 옥석을 가려내는 일이 어렵기는 합니다. 우리나라에서 이미 베스트셀러가 된 책을 쓴 저자의 신간이라고 반드시 베스트셀러가 되는 것은 아니니까요. 대표적인 예가 『시크릿』(2007)의 저자 론다 번이 새로 썼던 『시크릿 더 파워』(2011)일 것입니다. 소설에서도 『다빈치 코드』(2004)의 저자, 댄 브라운의 신간 『로스트 심벌』(2009)은 그만한 재미를 보지 못했습니다. 따라서 유명 저자의 신간이 가능성은 높겠지만 100퍼센트 베스트셀러가 보장되는 것은 아닙니다.

　반대로 미국이나 유럽에서는 유명해도 우리나라에서는 별로 알려지지 않는 작가를 처음 소개해서 상당한 성과를 거둔 자기계발서적도 많습니다. 이런 책들을 찾아내는 안목이 필요하겠지요. 예컨대 지금은 우리에게도 꽤나 유명해진 브라이언 트레이시는 『내 인생을 바꾼 스무 살 여행』을 통해 2002년에 처음 소개됐을 겁니다. 성공과 여행을 접목시킨 관점이 돋보였습니다. 기획자는 이런 새로운 시도를 높이 평가해서 무명 저자인데도 불구하고 이 책을 선택했을 겁니다.

　한때 스토리텔링을 이용한 자기계발서적이 유행했습니다. 아마 스펜서 존슨의 『누가 내 치즈를 옮겼을까?』(2000)가 출발점이 아니었을까 싶습니다. 우리나라에서 스펜서 존슨이란 저자나, 스토리텔링식의 자기계발서적이 이 책을 통해 처음 소개된 것은 아닙니다. 스펜서 존슨은 이 책을 쓰기 전부터 '1분 시리즈'로 미국에서 유명했고, 이 시리즈에 속한 책들이나 그 이후에 출간된 책들은 거의 모두가 같은 형식입니다. 그런데 왜 과거에 발간된 '1분 시리즈'는 별다른 주목을 받지 못했는데 『누가 내 치즈를 옮겼을까?』는 폭발적인 인기를 누렸을까요? 사후에 분석하는 건 이런저런 이유를 만들어낼 수 있습니다. 이런 사후약방문은 누구라도 할 수 있을 겁니다. 또 유명한 저자의 책이라면 누구나 주목할 겁니다. 별로 알려지지 않았더라도 새로운 관점에서 접근한 책! 책은 문화상품이라고 하니, 비록 자기계발서적일지라도 독자에게 세상을 새롭게 보는 눈을 뜨게 해주는 책! 이런 책을 어떻게 찾아내야 할까요?

정답은 없습니다. 하지만 나는 이렇게 생각해봅니다. "자기계발서적의 역사는 어떻게 될까?" 이 질문에 대해서는 2005년 〈기획회의〉(28호)에 기고한 적이 있습니다. 그 역사에 대해서는 그 글을 참조해주길 바라며 여기에서는 자기계발에 대해 좀더 깊이 알고 싶은 사람, 또 그에 관련된 대표 서적을 알고 싶은 사람을 위해서, 그런 정보를 찾아내는 방법을 언급하도록 하겠습니다.

먼저 위키피디아(영어)의 검색란에 'self-help'라고 타이핑해보십시오. 그야말로 개념의 역사가 고대 그리스부터 시작되며 헤시오도스의 『노동과 나날』부터 언급됩니다. 역사를 읽어보면 우리 귀에 익은 사람들의 이름과 대표작, 예컨대 벤저민 프랭클린 → 카네기 → 제임스 앨런 → 나폴레온 힐과 그들의 대표작들이 언급됩니다. 게다가 자기계발서적에 대한 비판도 눈에 띕니다. 정치풍자가 크리스토퍼 버클리가 "자기계발책으로 부자가 되는 유일한 방법은 직접 그런 책을 쓰는 것이다."라고 자기계발서적의 한계를 지적합니다. 하지만 독자들이 그런 책에서라도 위안을 받고 싶어 하는 걸 어떻게 하겠습니까? 우리가 역사 이외에 주목해서 봐야 할 항목은 '참고See also'입니다. 낯선 개념어들이 많지만 눈에 쏙 들어오는 개념어들이 있습니다. '신사고운동New Thought Movement', '개인계발Personal Development', '긍정심리학Positive Psychology', 그리고 '소피스트'입니다. 설득과 관계있다는 걸 안다면 소피스트도 상당히 매력적인 주제로 다가올 겁니다.

먼저 '긍정심리학'을 클릭해보십시오. 긍정심리학이란 이론이 어떤 분야에 적용되는지 목차에 일목요연하게 정리가 되어 있습니다. 우리에게 관심 있는 분야는 직장일 겁니다. 목차에서 '직장에서in the workplace'를 클릭합니다. 설명이 시작되기 전에 '직장에서의 긍정심리학Positive Psychology in the workplace'을 따로 다룬 항목이 있음을 알 수 있습니다. 바로 그 구절을 클릭해서 그 항목으로 넘어갑니다. 이 항목을 읽어보면 눈에 익은 이름이 많이 눈에 띌 겁니다. 행복과 긍정심리학을 연결시킨 마틴 셀리그만, 『몰입의 즐거움』으로 유명한 미하이 칙센트미하이가 대표적인 예입니다. 다른 저자들의 이름도 있습니다. 여기에서 밝히지 않더라도 그들이 어떤 책을 썼는지 확인하는 열의가 필요합니다.

이번에는 '신사고운동'을 봅시다. 역시 역사를 읽어야 합니다. 긍정적 사고, 개인의 힘, 창조적인 시각화 등과 같이 친숙한 개념도 언급되지만 인력이나 생력生力처럼 희한한 개념도 언급됩니다. 특히 신사고운동을 주도한 세 종교 집단을 눈여겨봐야 합니다. 전부가 지금 미국의 자기계발을 주도하는 흐름의 뿌리들입니다. 특히 '이 땅에서도 잘 먹고 잘 살 수 있다'는 걸 젊은이들에게 가르친 유니티교가 중요합니다. 신사고운동을 주도한 작가들의 목록을 클릭하고 찬찬히 읽어보십시오. 거의 전부가 저작권이 소멸된 저자들이고, 이미 우리나라에 적잖게 소개된 저자들이 있을 겁니다. 이들의 책들 중에는 아직 소개되지 않았지만 시의성을 가진 책들이 많습니다. 특히 미국이 대공황과 그 이전의 작은 공황들로 인해 젊은이들이 실업으로 고통받던 시대에 신사고운동이 최고조에 올랐고, 저자들이 그 시대에 가장 활발하게 활동했다는 점을 고려하면, 그들의 책에서 지금 우리 젊은이들에게 희망의 메시지를 전해줄 만한 책을 찾아낼 수 있을 겁니다.

내가 신사고운동의 역사에 주목하는 이유는 바로 기독교라는 뿌리 때문입니다. 예부터 기독교는 리더십에 대한 연구가 많았습니다. 또 교회라는 집단을 끌어가는 데 필요한 자질들과, 신도들을 가르치는 방법에 대한 연구가 많았습니다. 그 연구들이 기독교 출판사를 통해 발표됐습니다. 리더십의 대가로 알려진 존 맥스웰은 목사였습니다. 요즘 들어 우리나라 출판사도 기독교 서적에 관심을 갖기 시작했습니다만, 거의 10년 전인 2003년에 출간된 앤디 앤드루스의 『폰더 씨의 위대한 하루』도 미국에서는 기독교 출판사에서 출간된 책이었습니다. 자기계발서적의 흐름을 미리 읽어내려면 미국 기독교 출판사들의 홈페이지를 부지런히 드나드는 것도 요령일 것입니다.

이때 구체적인 책만을 보지 말고 책의 흐름도 보세요. 예컨대 기독교 출판사들은 성경을 바탕으로 인간이 살아갈 방향이나 방법에 관련된 책을 꾸준히 출간했습니다. 그럼 이렇게 생각해볼 수 있을 겁니다. 독자는 기독교 신자만 있는 것이 아닙니다. 일반인을 대상으로 한다면 문학과 철학의 고전에서 배우는 삶의 교훈이 있을 겁니다. 요즘의 화두인 인문학과 자기경영과 딱 맞아떨어집니다. 이런 책들을 어떻게 찾을 수 있을까요? 아마존닷컴으로 가십시오. 거기에서 'life lesson from literature/classics' 라고 타이핑해보십시오. 흥미진진한 책들이 많을 겁니다. 자기계발서적에 대한 실마리는 기독교 출판사에서 얻을 수 있습니다. 솔직히 말해서 미국이나 영국 출판사에서는 철학에서 삶의 교훈을 얻는 방법을 진지하게 다룬 책을 기대하기 어렵습니다. 이런 책들은 프랑스에 훨씬 많습니다. 언젠가부터 프랑스에서도 자기계발에 관련된 책들에 주목하기 시작했습니다. 프랑스 출판사에도 관심을 갖기 바랍니다.

소설

어떤 소설에 주목해야 할까요? 유명 소설가들은 이미 기존 출판사들에서 꾸준히 발간하고 있기 때문에 그들의 저작권을 확보하기는 어렵습니다. 또 그들의 신작을 기존 출판사가 아닌 다른 출판사에서 발간하는 것도 우습고, 상도덕에 어긋나는 것처럼도 보입니다. 그럼 외국에서 활동하는 신생 작가들의 동향과 신작을 어떻게 파악할 수 있을까요? 또 새롭게 떠오르는 신진작가들은 어떻게 알 수 있을까요?

일단 앞에서 말한 대로 세계 3대 문학상 중 노벨상을 제외한 맨부커상(영어권), 공쿠르상(프랑스어), 뷔히너상(독일어, www.deutscheakademie.de/preise_buechner), 세르반테스상(스페인어)의 후보들에 주목할 필요가 있습니다. 이 상들의 공식 웹사이트를 방문하면 1차 후보작들, 2차 후보작들이 차례로 발표됩니다. 그런 후보작들에 주목하면 어떨까요? 참고로 맨부커상은 일반적으로 매년 7월에

1차 후보작, 9월에 최종 후보작이 발표됩니다.

영국에서 발간되며 100년 이상의 역사를 지닌 문학잡지 〈그란타Granta〉도 주목할 만합니다. 우리도 잘 아는 빌 브라이슨와 살만 루슈디, 아룬다티 로이, 스티븐 킹, 노벨문학상을 수상한 도리스 레싱, 솔 벨로 등이 기고자로 활동하는 유명한 잡지입니다. 이 잡지에서는 1983년부터 10년 단위로 재밌는 명단을 발표합니다. '주목받는 젊은 작가 20인'이란 명단입니다. 처음에는 영국과 영연방국가들의 작가만 뽑았지만, 1996년부터는 10년 단위로 '미국에서 주목받는 젊은 작가 20인', 2010년부터는 '스페인어권에서 주목받는 젊은 작가 20인'을 발표합니다. 1993년의 영국 명단에서 소개된 이언 뱅크스 같은 경우에는 우리나라에도 벌써 7권의 소설이 소개됐습니다. 특히 영국에서는 지금까지 이 명단에서 소개된 작가 중 13명이 맨부커상을 이미 수상했거나 최종 후보에 올랐다고 합니다. 2007년 미국의 명단에 소개된 케빈 브록마이어의 소설도 우리나라에 이미 소개됐습니다. 내년이면 〈그란타〉에서 네 번째로 '영국에서 주목받는 작가 20인'을 소개합니다. 여하튼 지금까지 소개된 명단을 보고 싶으면 위키피디아(영어)에서 'Granta Magazine'을 확인해보십시오. 그럼 언어권별로 일목요연하게 잘 정리돼 있습니다.

세계 3대 문학상 이외에도 많은 문학상이 있습니다. 국가에 따라 다르지만 처녀작만을 대상으로 수상자를 결정하는 문학상도 있고, 범죄소설, 청소년문학 등 분야별로 다양한 문학상이 있습니다. 국가별로 어떤 문학상이 있고, 각 문학상이 어떤 위상을 지니는지 알고 싶으면, 역시 위키피디아를 이용하면 됩니다. 여기에서 'List of literary awards'를 타이핑해보십시오, 엄청난 자료가 국가별로 정리돼 있습니다. 또 여기에서 안내하는 대로 국가별 문학상으로 이동하면 분야별 문학상 및 문학상의 위상까지 확인할 수 있습니다. 항상 말하지만, 이제는 나에게 필요한 정보가 어디에 있는 알면 모든 일을 상대적으로 쉽고 효과적으로 처리할 수 있습니다. 이런 정보 창고를 하나씩 알아가는 것도 결국에는 상식입니다.

이번에는 다른 관점에서 접근해보겠습니다. 이제 유럽과 미국과 FTA를 체결하면서 저작권 보호 기간이 50년에서 70년으로 연장되었습니다. 하지만 개정된 법이 발효되기 이전에 사망 후 50년이 지난 작가의 경우에는 여전히 50년이 적용되는 걸로 알고 있습니다. 여하튼 문학에서는 여전히 우리가 주목해야 할 작가의 작품이 번역되지 않은 경우가 많습니다.

씁쓰레한 일화 하나를 소개할까요? 예전에 대학에서 강의할 때 내게 배웠던 제자 하나가 찾아왔습니다. 프랑스 문학 전공자로 발자크를 전공했습니다. 그런데 남편을 따라 일본에 가게 됐습니다. 남편이 일하러 나가면 심심해서 동네 도서관을 찾았다고 합니다. 발자크 전공자여서 일본어 실력도 더 향상시킬 겸 발자크 작품을 찾아보았습니다. 그런데 이게 웬일입니까? 발자크 전공자여서 발자크의 웬만한 작품은 알고 있었지만 생소한 작품도 있더랍니다. 일본어로 번역되며 제목이 바뀌었을지도 모른다고 생각하고 더 자세히 뜯어보았습니다. 그가 몰랐던 작품도 의외로 많았습니다. 하기야 100편이 넘은 장단편을 쓴 작가이니 모를 수도 있었겠지요. 그 제자의 말을 듣고 나도 발자크가 우리나라에서 얼마나 번역됐나 조사해보았습니다. 정말 번역된 작품이 소수에 불과했습니다. 옛날 프랑스어로 쓰였지만, 개인적으로 띄엄띄엄 읽을 수 있었던 해학적인 작품집『익살스런 이야기 100편』(흔히 골계담이라고 불립니다)도 번역돼 있지 않았습니다. 이처럼 옛 작가 중에서도 흥미로운 작품을 찾아낼 수 있을 겁니다.

어떻게 하면 옛 작가들의 그럴듯한 작품, 즉 요즘에도 읽힐 만한 작품을 찾아낼 수 있을까요? 물론 유럽 각국의 문학사와 미국 문학사를 적당히 안다면 그런 상식을 기반으로 조금씩 확대해가면 되겠지만, 그런 지식이 전혀 없는 사람도 이제부터 시작하면 됩니다. 가장 좋은 방법은 유럽 문학사를 읽으면 되겠지만, 가장 좋은 방법이 가장 효율적인 방법은 아닙니다. 가장 효율적인 방법은 남이 깔끔하게 정리한 것을 읽고, 거기에서 시작하는 겁니다. 요즘 기획자는 그런 무기를 찾자고 나서면 무궁무진하게 찾아낼 수 있습니다. 끈기와 열정이 있느냐가 문제일 뿐입니다.

여기에서는 가장 간단한 방법 하나를 소개하겠습니다. 역시 위키피디아에 가십시오(물론 영어를 대충이라도 읽을 수 있다는 전제하에서 말하는 겁니다). 검색란에 어떤 단어를 타이핑해야 할까요? 그렇습니다. '문학사'를 치면 됩니다. 문학사를 영어로 번역할 수 없다고요? 네이버 사전의 '영어사전'에서 한글로 '문학사'라고 쓰면 영어 표현이 나옵니다. 'history of literature'입니다. 이 표현을 위키피디아 검색장에 쓰십시오. 그럼 고대부터 20세기까지 깔끔하게 정리된 문학사가 화면에 나타납니다. 이 정도는 읽어도 되겠지요? 위키피디아에서는 '현대문학Modern literature'이 18세기부터 정리됩니다.

18세기로 가보십시오. 그럼 '18세기 문학'이라고 별도의 항목이 있습니다. 이 단어를 클릭하면 18세기 문학이 일목요연하게 정리돼 있습니다. 18세기 유럽문학의 대강이 소개되고, 연도별로 대표작들이 소개됩니다. 당시 등장한 소설들의 장르가 눈에 띕니다. 서간체소설, 감상소설, 고딕소설 등입니다. 고딕소설을 클릭해보십시오. 민음사의 '환상문학전집'에도 소개된 호레이스 월폴의『오트란토의 성』부터 고딕문학의 설명이 시작됩니다. 그 밖에도 우리나라에 이미 출간된 많은 작가의 이름에 눈에 띌 겁니다.

고딕소설만이 아니라 탐정소설(추리소설), 공포소설, 연애소설 등 온갖 장르의 소설을 먼 옛날부터 역사를 꿰뚫어가며 찾아낼 수 있습니다. 요즘에도 통할 만한 소설들이 많습니다. 정말 눈물 없이는 읽을 수 없는 중단편도 적지 않습니다. 내가 지금 중단편이라고 말한 부분에 주목해야 할 겁니다. 그 이유는 뒤에서 다시 설명하겠습니다.

다른 출판사에서 이미 시작했기 때문에 새롭게 기획할 만한 옛날 소설은 없다고 생각하십니까? 대학 시절로 돌아가보십시오. 학사 논문이나 석사 논문을 처음 쓰려고 할 때 어떤 생각이었습니까? 쓸 만한 주제는 모두 선배들이 써서 더 이상 쓸 것이 남아 있는 것 같지 않았습니다. 하지만 결국에는 써냈습니다. 특히 석사 논문은 더더욱 그랬던 경험이 있을 겁니다. 마음을 단단히 먹고 새로운 장르를 찾아내십시오. 그리고 그 장르가 이미 출간됐는지 확인해보십시오. 내가 누누이 말했지만, 참고자료는 읽는 만큼 새로운 것이 보입니다.

디지털 시대의 출판

출판에도 이른바 디지털 시대가 닥쳤습니다. 디지털 시대라는 말은 오래전부터 우리 입에 오르내렸지만 출판의 개념까지 바꿀 정도가 된 것은 아이패드 같은 디지털 기기의 등장 덕분입니다. 단순히 전자책의 활성화를 말하는 건 아닙니다. 우리네 출판사의 전자책에 대한 생각은 아직 미국이나 영국 정도는 아닌 듯합니다. 프랑스의 수준과 비슷한지 모르겠습니다. 전 세계에서 거의 동시에 출간된 『스티브 잡스』(2011)를 출간할 때 전자책도 동시에 출간했더라면 어떻게 됐을까요?

이러한 변화속에서 독서의 방법도 바뀐 듯합니다. 긴 글을 읽어내기 힘겨워하는 독자들이 많습니다. 물론 긴 호흡의 글도 너끈히 읽어내는 독자들도 여전히 존재할 것이므로 그들을 위한 책이 필요하지 않겠느냐고 말할 수 있겠지만, 긴 글을 읽어내지 못하는 독자까지 포용하는 방법을 구상하면 더욱 좋지 않을까요?

요즘 영국의 흐름을 보면 디지털 시대를 맞아 출판계가 변해가야 할 방향을 짐작할 수 있을 듯합니다. 하나는 디지털 시대에 출판계를 위해서나 독자를 위해서나 단편소설의 부활이 예상된다는 것입니다. 분명히 말하지만, 단편소설집이 아니라 단편소설입니다. 달리 말하면, 단편소설집도 오프라인과 온라인을 통해 판매하겠지만, 디지털 시대를 맞아 단편소설을 낱개로 판매할 수 있을 겁니다. 편집된 원고를 디지털화하는 데 비용이 얼마나 드는지 모르겠지만, 단편소설을 활성화하는 방법이 될 수 있을 겁니다. 이렇게 되면 단편소설의 기획 방향이 달라집니다. 한 작가의 단편소설 모음도 괜찮지만, 주제별로 단편소설을 모으는 방법도 있을 겁니다. 또 우리에게 멀었던 제3세계 작가들의 단편도 소개하는 기회가 될 겁니다. 이럴 경우에 저작권 확보의 어려움이 있을 겁니다. 따라서 한 주제로, 예컨대 '행복'을 주제로 10편의 단편을 소개하겠다는 계획보다, 한 편씩 차근차근 붙여가는 방법도 생각해봄직합니다. 이럴 경우에 저작권이 소멸된 작가들의 발굴은 더더욱 힘을 받을 수 있을 겁니다.

내가 앞에서 저작권이 소멸된 작가들의 중단편에 주목하라고 말했던 이유도 여기에 있습니다. 다시 발자크를 예로 들면, 발자크가 쓴 중편이나 단편 중에는 사랑과 이별을 주제로 한 최루성 소설이 의외로 많습니다. 발자크를 필두로 '로맨스' 단편소설들이 완성될 수 있지 않을까요? 또 미스터리소설이나 공포소설의 역사를 보면 의외로 단편이 많습니다. 현대작가의 경우에 저작권을 확보하기 어려우면 약간은 손쉬운 작품에서부터 시작해도 되지 않을까요. 저작권이 소멸된 주옥같은 단편소설을 모아놓은 곳도 있습니다. www.classicshorts.com/author.html을 방문해보십시오. 우리가 자주 들어보았던 유명 작가들(모두 저작권이 소멸된 작가들입니다)의 이름이 많습니다. 조지 오웰, 오 헨리, 기 드 모파상, 마크 트웨인, 에드거 앨런 포, 잭 런던, 버지니아 울프 등의 단편소설 155편을 모아놓은 사이트입니다. 이 사이트를 직접 방문해서 둘러보십시오. 저자별로 모아놓은 흥미로운 단편들도 많이 찾을 수 있습니다.

이와 관련해서, 하나의 주제에 대한 여러 인사들의 강연록을 모아놓은 책도 주목해야 하지 않을까 싶습니다. 강연을 단위로 온라인을 통해 판매할 가능성이 있을 테니까요. 꼭지별로 판매된 수요가 종이책으로 연결될 가능성이 없다고 할 수 없을 겁니다. 적절한 예인지 모르겠지만, 프랑스 만화책의 경우가 그렇습니다. 프랑스에서는 2010년부터 해적판 만화책이 온라인에서 활개 치며 나날이 클릭수가 올라갑니다. 그 이유가 프랑스 만화책 베스트 100 중

절반 이상이 전자책으로 판매되지 않기 때문이란 진단이 있습니다. 하지만 이상하게도 해적판의 클릭수가 증가하는 만화책은 종이책의 판매부수도 증가하는 상관관계를 보입니다. 이런 현상이 우리나라에서, 또 다른 장르의 책에서는 적용되지 않을 것이라 단정 짓기는 힘들지 않겠습니까.

2012년은 찰스 디킨스의 탄생 200주년이 되는 해입니다. 2011년 말부터 영국에서는 "디지털 시대에 출판계가 디킨스에서 무엇을 배워야 하는가?"라는 주제가 화두입니다. 그 이유는 간단합니다. 출판계가 디지털 시대에 맞서는 전략을 과거에서 배울 수 있기 때문입니다. 디킨스 시대는 운송과 커뮤니케이션에서 혁명이 일어나기 시작하던 때였습니다. 오늘날로 말하면 테크놀로지 혁명과 비슷합니다. 디킨스는 당시의 새로운 커뮤니케이션 수단이던 전보와 우편을 십분 활용해서 자신의 작품을 팔 방법을 생각해냈습니다. 그리고 과감히 실행에 옮겼습니다.

우리는 디지털 시대를 맞아 어떻게 해야 할까요? 책이란 개념도 변해가고 있습니다. 독자가 책을 보는 방법도 변해가고 있습니다. 이런 시대에 우리는 책에 어떻게 접근해야 할까요? 책은 여전히 '문화상품'이며 고매한 상품이라는 틀에 갇혀 지내야 할까요?

살림살이가 어려워지면서 책을 구입하는 사람들이 줄었다고 합니다. 출판의 불황 이유를 경제 사정에 돌리지 않고, 온 국민에게 '책'이 아니라 '글'을 읽게 하는 방법을 고민해야 할 거라고 생각합니다. 그 출발점은 책에 대한 인식의 변화여야 할 겁니다. 손님을 기다리는 택시 기사도 태블릿 PC에서 재밌는 글을 읽는 세상이 온다면, 그 책이 지금 기준에서 무척 허접한 글이라 하더라도 정말 좋을 것 같습니다.

또 디킨스는 연재소설을 썼습니다. 두꺼운 책을 한꺼번에 내놓고 독자들의 선택을 기다리지 않았습니다. 주간 단위로 연재소설을 썼습니다. 지금으로 말하면 한 장章씩 독자에게 소개했고, 독자의 궁금증을 유발했습니다. 『위대한 유산』을 쓸 당시에 10만 부 가량이 팔렸다고 합니다. 굉장하지 않습니까? 내가 어렸을 때도 우리나라 일간지들도 연재소설로 판매부수의 증가를 유도했습니다. 과거의 방법이라고 무시할 것은 아닙니다. 위에서 말한 대로 단편소설이나 중편소설로 실험해보면 어떻겠습니까?

또 하나, 중요한 사실이 있습니다. 디킨스는 민중의 언어로 글을 썼다는 점입니다. 달리 말하면, 말투가 민중의 언어였다는 겁니다. 지식인인 체하려고 하지 않았습니다. 민중이 실제로 쓰는 어법을 그대로 살려냈습니다.

영국에서는 디지털 시대를 맞아 출판계가 어떻게 변해야 하는가에 대한 진지한 논의들이 벌어지고 있습니다. 물론 우리 출판계도 어딘가에서는 이런 고민을 하고 있을 겁니다. 불황이 계속되면서 출판이 어려워지고 있다고 합니다. 출판진흥기구를 만든다고 합니다. 전자책을 활성화하고, 출판문화산업 관련 조사연구를 하며, 출판산업의 해외진출을 지원한다고 합니다. 물론 출판계를 도와준다고 하니 거부할 건 없습니다. 그런데 출판계의 위기보다 더 심각한 것이 독서인구의 감소가 아닐까 싶습니다.

먼저 독서 인구의 확대를 고민해야 하는 게 아닐까요? 책을 멀리하는 사람들이 책에서 무엇을 원하는지 아는 것이 먼저 해결돼야 할 것 같습니다. 만약 그들이 간행물윤리위원회에서 유해간행물로 분류하는 책을 원한다면 어떻게 하지요? 오프라인에서는 그런 책을 사기가 쑥스러웠지만 온라인에서 얼굴을 팔리지 않고 살 수 있습니다. 그런 책을 팔아 '좋은' 책을 만들 수 있지 않을까요. 내가 앞에서 가스통 갈리마르를 인용했던 이유가 여기에 있습니다.

편집자가

편집자에게
묻다

외서 검토시 고려할 사항

Q : 이런저런 방법을 통해 찾은 타이틀을 실제적으로 는 외서검토서에 의존해서 출간을 결정해야 하는 경우가 있습니다. 출간의 근거가 되는 객관적 정보를 최대한 모을 수 있는 방법에는 어떤 게 있는지, 검토자와 효과적으로 소통하려면 어떻게 해야 할지 궁금합니다.

A : 정보를 모을 수 있는 방법은 두 가지로 나눌 수 있습니다. 아직 책으로 발간되지 않은 경우에는 에이전시가 제공하는 자료밖에 없을 겁니다. 그러나 만약 저자가 이미 여러 권의 책을 쓴 사람이면 구글만 검색해도 그 저자가 어떤 풍의 책을 쓰는지 충분한 정보를 구할 수 있습니다. 하지만 책의 내용은 다릅니다. 누구도 읽지 않은 책을 누가 서평을 썼겠습니까. 따라서 에이전시에 받은 책을 면밀하게 검토하는 수밖에 없을 겁니다. 검토자를 잘 선정해야겠지요.

반면에 기존에 출간된 책이라면 책에 관련된 정보를 얼마든지 구할 수 있습니다. 역시 구글에서 책 제목만 타이핑하면 됩니다. 그럼 미국이나 영국의 온라인서점 리스트가 줄줄이 뜨고, 신문에 서평이 실린 경우도 찾아낼 수 있습니다. 만약 신문 서평을 찾기 힘들면 전문 서평 사이트가 많습니다. 여기에서 그런 사이트를 일일이 열거하기 힘드니까 팁만 알려드리면, 구글에서 'book review site'라고 타이핑해보십시오. 전문 서평 사이트들이 많다는 걸 실감할 수 있을 겁니다. 영국에서, 미국에서 운영되는 사이트들입니다. 어쩌면 이런 사이트가 독자와 직접적으로 연결되니까 신문 서평보다 더 효과적으로 활용할 수 있을 겁니다.

최종 결정은 출판사가 해야겠지만 검토자 의견도 무시할 수는 없을 겁니다. 그 책을 읽은 사람일 테니까요. 그렇다고 지금처럼 출판사가 검토비를 아끼면서 검토자에게 무작정 많은 것을 요구하기는 힘들 겁니다. 그래도 번역하는 사람들은 대부분 착하니까 출판사의 질문에 성실히 답해줄 겁니다.

무엇보다, 난이도나 전문성을 파악해야겠지요. 과연 우리 독자들이 소화할 수 있는 내용이냐는 겁니다. 둘째로는 문체일 겁니다. 그래야 번역으로 충분히 소화할 수 있느냐를 알 수 있을 테니까요. 그 밖에도 사소한 것들이 많을 겁니다. 저자의 정보 전달 능력과 관련된 것이겠지만 글을 끌어가는 재미도 있어야 할 거고요. 이 부분에 대해서는 출판사 분들이 나보다 더 잘 알 것 같습니다.

에이전시와 출판사의 상생

Q : 에이전시(통상적인 의미에서)와 출판사 간 관계는 앞으로 어떻게 변화할지 혹은 변화해야 할지에 대한 의견을 듣고 싶습니다. 선인세 경합이나 인세보고에 얽힌 문제들을 포함해서요.

A : 상생관계가 되면 좋겠지요. 에이전시를 해본 경험으로 말하면, 먹고 살기 위해서 저작권 에이전시를 한다면 참 힘들겠구나 생각합니다. 물론 출판사도 힘들겠지요. 그러니까 괜찮은 책이 나타나면 다수의 출판사가 달려들고, 거기에서 에이전시는 조금이라도 선인세를 올려서 수입을 보충하려 들 겁니다. 또 정확히 말하면, 에이전시는 외국 출판사 대리인이기 때문에 외국 출판사에게 선인세

를 조금이라도 더 주면 사랑받겠지요.

에이전시와 출판사 간의 관계도 결국 인간관계인데 앞으로 어떻게 변할 거라고 내가 무슨 수로 예측하겠습니까? 다만 이런 식으로 변하면 좋겠다는 바람은 있습니다.

사업자와 소비자의 관계라고 할까요? 물론 에이전시가 독점적인 물건을 팔지만, 모든 출판물에 대해서 출판사를 고객 대접을 해주면 좋겠습니다. 물론 지금도 출판사를 고객 대접을 한다고 하겠지만, 어떤 물건에나 적정 가격이란 게 있지 않겠습니까. 일부의 책만 문제시된다는 것도 알고 있지만, 그 일부 때문에 항상 시끄럽지 않습니까. 해외 출판사가 더 많이 받아내라고 하면 에이전시가 정도껏 하자고 해외 저작권자를 설득하면 정말 아름다운 그림이 그려지지 않을까요? 고객은 왕이라고 하지 않습니까. 물론 이 말이 거짓말이란 걸 압니다. 하지만 소비자는 그렇게 알고 있습니다. 이른바 문화상품을 거래한다는 출판계만이라도 이 말이 진실이라고 지키면 얼마나 좋겠습니까.

여기에는 출판사의 각성도 필요합니다. 물론 출판사도 면밀한 계산 끝에 선인세를 결정할 겁니다. 선인세로 얼마를 주었든 그 출판사를 응원해주는 마음을 가졌으면 좋겠습니다. 그래서 그 출판사가 성공하면 박수를 쳐줍시다. 그런데 그렇지 못한 이유가 뭘까요? 지나친 베스트셀러 쏠림 현상 때문에 다른 책들이 팔리지 않을까 걱정하는 걸까요? 그럼 이런 쏠림 현상을 해결할 방법을 생각해내는 게 더 현명할 겁니다.

이런 예를 들어볼까요? 누구도 미술품을 문화상품이 아니라고 말하지는 못할 겁니다. 어떤 미술품이 소더비나 크리스티 경매를 통해 무지막지한 가격에 낙찰되면 신문에 대서특필되지만, 내가 과문하지 몰라도 아직까지 그 가격을 미친 가격이라고 비난하는 기사를 한 번도 보지 못했습니다.

그런데 어떤 책을 높은 선인세로 구입한 출판사가 있으면 신문들은 그 출판사를 비난하는 투의 기사를 씁니다. 또 출판계에는 그 출판사를 비난하는 듯한 소문이 떠돕니다. 문화상품인데… 라면서 말입니다. 왜 미술품은 되고, 책은 안 된다고 생각하는 걸까요? 앞에서 말한 대로 내 책을 살 독자를 빼앗아간다고 두려워하는 것일까요? 왜 신문사에는 미술품에 비하면 보잘것없는 선인세에 관심을 갖는 걸까요? 그것도 부정적인 시각으로 말입니다. 우리 출판계가 먼저 그런 생각을 품기 때문이 아닐까요?

책을 파괴하라

Q : 유해간행물이라도 팔아서 좋은 책을 만들어야 한다는 말씀은 조금 충격적이었습니다.(웃음) '책을 멀리하는 사람들이 무엇을 원하는지 아는 것'이 중요하다는 말씀을 하셨습니다. 현재 책은 책뿐만이 아니라 책이 아닌 모든 매체와 경쟁을 벌이고 있다는 얘기들을 많이 하는데요, 책을 멀리하는 사람들이 형식을 달리한 책을 읽을까요? 결국 책의 형식이 아니라 콘텐츠 문제라는 생각이 드는데요, 어쩌면 책이 추구하기 힘든 것을 책에 다 담으려고 하는 건 아닌가 하는 의문도

듣니다. 선생님께서는 형식이 바뀌어도 변하지 않는
책의 본질은 무엇이라고 생각하는지 궁금합니다.

A : 정확히 말하면, 간행물윤리위원회에서 유해간행물이라고 판
정할 거라는 책이라고 말했을 겁니다. 여하튼 '유해'의 기준이 뭔
지 모르겠습니다. 게임산업을 보십시오. 유해합니까 아닙니까? 정
보통신위원회인가요? 거기에서 게임을 청소년에게만 셧다운제도
를 적용하지 성인에게는 적용하지 않습니다. 그런데 게임에 빠져
서 성인이 자식을 굶겨 죽인 예가 있지 않습니까? 그렇다고 성인에
게도 셧다운제도를 적용해야 할까요? 그렇다고 게임이 유해하다
고 단정할 수 있을까요? 영화를 볼까요? 폭력 영화는 어떻습니까?
우리의 귀에 익은 '에로영화'는 무엇입니까?

책이 이들과 경쟁하려면 어떻게 해야 할까요? 이제는 전자책이
라는 좋은 무기도 생겼습니다. 이 무기를 어떻게 활용해야 할까요?
이 무기로 대한민국 국민 4천 만을 모두 독자로 만들 수 있는 방법
이 무엇일까요? 나는 가끔 이런 생각을 합니다. 출판진흥이 무엇일
까? 좁은 의미의 출판이 충분히 진흥되었다면 남은 문제가 무엇일
까? 고객층을 넓히는 방법, 굳이 이름을 붙이면 독자 진흥이 넓은
의미의 출판 진흥까지 가능하게 하지 않을까요?

다시 유해 출판물을 생각해봅시다. 만화는 유해출판물일까요?
며칠 전에 들은 말입니다. 아직도 학교에서는 학습 만화를 제외하
고는 만화를 좋지 않은 책이라고 한답니다. 좋지 않은 책이 곧 '유
해'한 것은 아니겠지만 이런 말을 들으면 답답합니다. 이런 기준으
로 따지면 프랑스는 미친 나라입니다. 만화가 판을 치고 있으니까

요. 앙굴렘국제만화 축제는 정신 나간 축제일 겁니다.

내 얘기를 잠깐 해보겠습니다. 두 아들이 있습니다. 두 녀석이 아주 어릴 때부터 우리는 시골에서 살았습니다. 두 녀석을 데리고 한 달에 한 번은 도시의 서점을 찾았습니다. 녀석들에게 읽고 싶은 책을 아무 거라도 괜찮으니까 고르라고 했습니다. 녀석들은 항상 만화를 골랐습니다. 그림이 있으니까 좋았겠지요. 나도 그들에게 권하고 싶은 책을 한 권씩 골라주었습니다. 그러니까 녀석들은 매달 2권의 책을 읽은 꼴입니다. 당연히 만화책부터 보았습니다. 하지만 내가 골라준 책을 읽지 않으면 다음 달에 만화를 읽지 못한다는 걸 압니다. 따라서 내가 권한 책을 억지로라도 읽습니다. 이런 식으로 녀석들이 초등학교를 졸업할 때까지 했습니다. 두 녀석은 이제 글로 쓰인 두꺼운 책을 두려워하지 않습니다. 글로 쓰인 책이 재밌다는 걸 압니다.

맞습니다. 문제는 책의 형식이 아닙니다. 종이책이든 전자책이든, 그림책이든 만화책이든 상관없습니다. 콘텐츠가 문제입니다. 하지만 질문하신 분이 생각하는 콘텐츠와, 내가 생각하는 콘텐츠에 대한 정의가 다릅니다. 아마 질문하신 분이 말한 콘텐츠는 이른바 '좋은' 콘텐츠일 겁니다. 하지만 나는 국어사전 그대로의 콘텐츠, 즉 내용입니다. 이런 관점에서 보면, 콘텐츠가 없는 책은 없습니다. 이런 논의는 다시 '좋은' 책이란 문제로 돌아갑니다. 나는 세상에 나쁜 책은 없다고 생각합니다. 내가 유해출판물이라고 말해서, 섹스책을 생각한 사람이 많을 겁니다. 맞습니다. 섹스책이면 어떻습니까. 그런 책을 읽고 나서, 나중에 아나이스 닌의 책까지 읽게 될 줄 누가 압니까? 거기에서 다시 발전해서 헨리 밀러까지 읽게 될 줄 누가 압니까? '작은 성공'들이 모여서 큰 변화를 이룬다는 얘기를 들었을 겁니다.

동성애자 인권단체의 역사를 보면, 1960년대에 대대적인 인권운동을 벌였지만 번번이 실패했다고 합니다. 하지만 미국도서관협회에서 성범죄와 같은 범주에 속해 있던 동성애 관련 서적들을 의회도서관에게 별도로 재분류해달라고 요청했고, 의회도서관이 그 요청을 받아들이면서 동성애자들의 인권이 인정받는 계기가 되었다고 합니다.

이제는 '책은 이래야 한다'라는 과거의 틀에서 벗어나야 하지 않을까요? 이제는 책에 대한 엄숙주의를 버릴 때가 되지 않았을까요? 책은 처음부터 끝까지 금과옥조 같은 얘기로 채워져야 한다는 생각을 버려야 합니다. 옛날에는 책을 넘어다니지도 않았습니다. 하지만 이제는 책이 넘칩니다. 우리 세대가 책을 대하던 태도를 요즘 세대에게는 찾아보기 힘듭니다. 요즘 세대에게 책은 넘어다녀서도 안 된다고 말해보십시오. 그들이 뭐라고 대답할까요?

책은 글로 쓰인 것입니다. 내 생각에 책은 그 이상도 그 이하도 아닙니다. 지금은 이 말에 동의하지 않는 사람이 있겠지만 언젠가는 그렇게 될 겁니다. 세상이 변했습니다. 책에는 고상한 내용만 담겨야 한다는 생각을 버려야 합니다. 그래도 찜찜하면 전자책으로 만들면 되지 않겠습니까. 헤르만 헤세인가요? 『데미안』의 첫 부분에 '파괴는 곧 창조'라는 말이 나올 겁니다. 이 말은 지금도 여전히 유효한 것 같습니다. 특히 우리 출판계에요.

04

출판 기획을 시작하기 위한
인사이트insight 10

이홍
리더스북 대표

웅진 임프린트 리더스북 대표.

대학출판부에서 출판과 인연을 맺었고, 출판 입문 3년 만에

'출판기획사'를 차려 겁 없는 꿈을 꾸어보기도 했다.

출판편집학원에서 전임강사로 세월을 보내다 출판사에 복귀했으나

감각을 잃어버리고 오래도록 방황했다.

인문서부터 비소설, 판타지와 무협지까지 먹고살기 위해

온갖 출판사와 장르를 전전하다

더난출판에 들어가면서 경제경영서와 조우했다.

하지만 엉뚱하게 북로드라는 인문 브랜드를 만들기도 했다.

2005년 웅진의 단행본 임프린트인 리더스북을 시작해 지금에 이르렀다.

한겨레교육문화센터, 서울북인스티튜트, 숭실대학교 등에서

책과 관련된 강의를 하고 있다.

『만만한 출판기획』(2008)을 썼다.

최근에 소개된 외신 가운데 "행성 전체가 다이아몬드와 비슷한 물질로 만들어진 거대한 행성이 발견됐다"는 흥미로운 기사가 눈에 띄었다. 이 별은 영국 맨체스터대학과 미국, 호주 등의 다국적 과학자들이 찾아낸 것으로 "지름이 무려 64,000km에 이르는데 이는 지구보다 5배나 큰 규모"라고 한다. 뱀자리 성좌로부터 약 4,000광년 떨어진 곳에 위치한다는데, 한마디로 그림의 떡이 아니라 만지지도 못하는 하늘의 보석이라고 해야겠다. 환장할 노릇 아닌가.

당연히 환장할 일이지만 어쩔 수 없다. 만질 수 없고 가질 수 없는 것이라면 애초 존재하지 않는 것과 같으니 말이다. 상상의 즐거움이 다량의 엔돌핀을 분출시켜줄 수도 있겠지만 오히려 스트레스가 되는 사람도 분명 많다. 발견의 역사가 대부분 그러하듯 이 별을 발견하게 된 과정도 좀 엉뚱하다. 애초 관측의 타깃이 된 중성자별을 뚫어지게 바라보다 주위를 돌고 있는 문제의 다이아몬드별을 발견했다고 한다. 향단이 보러 갔다가 춘향이 만난 셈이다.

발견의 역사는 이런 의외성을 프롤로그로 하는 게 많다. 그게 수학적으로 기적에 가까운 것이든, 경우의 수 범주에 속하는 것이든. 만약 우리가 하늘을 보면서 '다이아몬드별 하나쯤 얼마든지 보고 건질 수 있어'라고 생각한다면 곧 실망하거나 울화통이 스트레스가 되어 병을 유발할 확률은 100%다. 우주 공간에 다이아몬드가 여기저기 흩뿌려져 온통 보석으로 빛난다고 해도 말이다. 하지만 그냥 별똥별이나 다섯 개쯤 보면 좋겠다고 욕심을 접다 보면 다이아몬드별 하나가 내게로 떨어질 가능성은 얼마든지 있다.

앞서 의외성이란 표현을 했지만 사실 이건 로또와 같은 기하학적 차원의 행운과는 다르다. 의외성을 현실로 만나기 위한 노력과 집중력이 있었기에 가능하지 않았을까.

드물지만 다이아몬드별만 쫓는 에디터를 만난다. 노력만 하면 버려진 돌멩이도 다이아몬드로 바꿀 수 있다고 생각하거나 그런 마술의 팁이 있다고 믿는다. 물론 열정은 존중되어야 하고 그가 흘린 땀만큼 성취의 기쁨이 주어지길 바라지만, '과욕'과 '오만'에 시달리다 사악해질 가능성도 경계하고 또 경계하라고 말하고 싶다. 책은 다이아몬드별이 아니다. 에디터의 업무 실적이나 빛나는 기획력을 뽐내기 위해 만들어지는 도구는 더더욱 아니다. 에디터의 한정된 목적과 욕심을 넘어 세상의 요구와 가치에 부합하지 않으면 '잘 팔린 돌멩이'에 불과하고 언젠가는 다시 짱돌이 되어 날아온다.

그 누구도 다이아몬드별의 좌표를 정확히 가리킬 수는 없다. 출판기획에 관한 수만 번의 강의를 듣거나 수백 권의 책을 읽는다 해도 마찬가지다. 그냥 환하게 빛나는 별들로 가득 찬 하늘을 쳐다보자고 할 뿐이다. 좋은 책과 그 책을 가능하게 하는 기획이란 그렇게 하늘을 수놓고 있는 무수한 별들에게 각자 어울리는 이름과 가치를 부여하는 작업이 아닐까. 이 무슨 시시껄렁하고 무기력한 소린가, 라고 생각하겠지만 필자가 가지고 있는 출판기획에 대한 사고의 방향은 그렇다. 세상을 담고 사람을 담고 그 세상과 사람이 나누는 이야기가 책이라면 이 믿음은 확실해진다. 하지만 우리 출판동네가 그런 하늘을 만들어가고 있는지, 그건 의문이다.

『만만한 출판기획』을 내면서 욕을 배부르게 먹은 터라 다시는 '기획'에 관한 글로 세상을 불쾌하게 만들지 않겠다고 결심했지만, 덜컥 해버린 약속 때문에 생각 몇 가지를 적어보기로 했다. 그러니 이 글을 읽는 분들도 너무 정색하지 말고 읽어주면 고맙겠다.

인사이트 1. 자신의 업을 기록하는 것, 기획의 출발

『조선왕조실록』은 유네스코 세계문화유산에 등재된 기록문화의 보고다. 이 빛나는 유산이 동아시아 반도 끝자락에서 조촐한(?) 역사를 꾸려온 민족의 손에서 만들어진 것이라는 사실에 세계는 놀랐다고 한다. 오늘날 우리가 '조선'이라는 나라의 왕과 역사와 문화를 가문의 족보보다 더 훤하게 꿸 수 있도록 한 원천의 99.9%가 『조선왕조실록』임은 두말할 필요가 없다.

기록의 소중함은 단순한 '저장'에 머물지 않는다. 그 가치의 본질은 '활용'에 있다. 조직에서 회의록을 작성하는 이유는 무엇인가. 파일로 만들어 그냥 보관할 생각이라면 왜 군이 피곤하게 그딴 손놀림을 할 필요가 있겠는가. 위대한 역사도 단 한 줄의 기록에서 발견되고, 빛나는 아이디어도 단 한 줄의 메모에서 시작된다. 학창 시절 질리도록 써야 한다고 교육받았던 일기를 생각해보라. 선생님은 왜 그랬을까? 기록이란 행위를 통해 기억을 정리하고 행동을 되돌아보게 되며 실수를 반성하고 잘한 것에 대한 발전을 모색할 수 있기 때문이다.

그러니 결론은 간단하다. 당신이 에디터이고 기획이든 편집이든 잘하고 싶다면 지금 하는 일을 꼼꼼하게 기록하는 것을 게을리 말아야 한다. 출판에만 해당하는 문제가 아니다. 어떤 분야에서건 '기획'의 시작과 끝은 기록이다. 출판전문지 〈기획회의〉가 높이 평가받는 이유도 여기에 있다. 기록에 의존한 생산물을 만드는 출판계는 아이러니하게도 그동안 우리의 생각, 우리가 하는 일을 제대로 기록하지 못했다. 개인적인, 그리고 부분적인 기록들이야 없지 않았지만 출판을 업으로 하는 사람들이 함께 나눌 만한 기록물이 변변찮다는 것은 부끄러운 사실이다. 〈기획회의〉가 남긴 가장 큰 힘은 바로 기록을 전했다는 데 있지 않을까.

개별 출판사들의 현황을 살펴보면 더욱 그렇다. 수백 권의 목록을 자랑하는 출판사는 부지기수지만 그 책들 하나하나마다 어디서 아이디어가 나왔고 어떻게 집필되어서 무슨 고민을 거쳐 만들어졌는지를 제대로 기록하고 정리한 출판사를 찾기란 쉽지 않다. 필자가 몸담고 있는 리더스북도 마찬가지여서 책은 존재하는데, 그 책의 시작과 진행과 결과들에 대한 기록들이 허술하기 짝이 없다.

그러니 배움이 없다. 담당 에디터마저 떠나면 그냥 '전설'이 되고 고인돌이 되어버린다. 무슨 고민을 어떻게 했는지, 무엇이 실패의 원인이었고 성공의 계기는 무엇이었는지, 그 저자는 어떤 사람이었고 북디자이너의 장점은 무엇이었는지, 마케팅 포인트는 무엇이었는지 알 수가 없다. 이렇게 자기 책, 자기 출판사로부터의 배움이 없으니 그 답을 자꾸 다른 곳에서 찾으려고 하는 것이다. 시장조사라는 이유로 베스트셀러를 뒤지고, 스타 에디터 강의를 쫓아다니고, 다른 출판사를 기웃거리지만 그들 역시 기록이 없어 빈약하긴 마찬가지다.

10년차 에디터를 기준으로 생각해보자. 단순하게 1년에 5종의 생산에 참여한다면 산술적으로 50권이라는 계산이 나온다. 50종이라는 게 많지 않은 숫자처럼 보이겠지만 지금 10년차 에디터 중에서 책 50권에 대한 상세 기록을 가지고 있는 에디터가 얼마나 될까? 한 권 한 권의 기록에 쌓여 있는 고민과 열정들이 다음 책을 만드는 데 얼마나 많은 인사이트가 되는지는 묻지 않아도 뻔한 사실 아닐까.

좋은 기획은 이러한 끈질긴 기록의 힘에서 시작된다. 순식간에 그분이 강림해 내려주는 아이디어나, 위장 다쳐가며 마신 알코올이 남겨준 인맥으로만 좌우되지 않는다. 한 권 한 권을 만들면서 축적한 자기 경험으로부터의 인식, 그리고 치열한 흔적의 토대 위에서 이루어지는 배움, 반복과 반복을 거듭하는 과정에서 축적되는 노하우, 필자는 그러한 것들이 기획 잘하는 에디터를 만드는 DNA라 믿는다. '자신의 업을 열심히 기록하는 에디터', 출판기획을 위한 제1의 인사이트라 생각한다.

인사이트 2. 좋은 책을 열심히 읽는 것, 기획의 바탕

필자는 종종 좋은 책 100권을 선정해 에디터들에게 필독을 권하는 정도가 아니라 앉혀놓고 교육을 시켜야 한다는 주장을 한다. 문제는 좋은 책의 기준인데, 그게 참 난감하다. 넘치고 넘치는 세상의 책들 속에서 100권을 추려낸다는 건 미스코리아 진선미를 가리는 것보다 더 어렵다는 생각이 들기도 한다. 그러니 꼭 100권을 맞춰야 하는 건 아니다. 조금 모자라거나 약간 넘치거나, 아무튼 좋다. 핵심은 강제로라도 읽게 만들어야 한다는 데 있다.

책 만드는 일을 업으로 삼는 사람들이 지겹도록 하는 게 글자 읽는 일인데 새삼스레 또 무슨 책을 그렇게 읽고 교육까지 받아야 하나, 생각하겠지만 사실 현실은 좀 심각하다. 새로움이란 옛것에 대한 배움에서 시작된다고 하지 않던가. 그렇게 본다면 현장에 있는 많은 에디터들이 정작 좋은 책을 만들기 위해서, 좋은 책으로부터 배움을 구하고 있는가를 묻지 않을 수 없다. 필자가 아는 한 많은 후배들의 독서력이 충분하지 않다는 생각이다. 정보의 바다에 떠서 사는 만큼, 날렵한 스마트폰으로 무장한 만큼, 인맥이 넓고 스펙이 다채로운 만큼 주저 없는 지식을 자랑하는 것 같지만 정작 그것들이 가치 있게 잘 꿰어져 있는가를 보면 좀 실망스런 경우가 많다. 책을 기획하는 사람이라면 누구보다 '좋은 책'을 이웃하고 배워야 한다. 흉내라도 내야 한다. 막말로 베끼기라도 해야 할 게 아닌가.

그러므로 좋은 기획자가 되기 위해서는 평소 기록을 습관화하고 좋은 책을 닥치는 대로 읽어야 한다. 이것이 두 번째 인사이트다. 최고의 요리사가 되기 위해 최고의 맛집을 찾아 기꺼이 강호를 떠돌 줄 알아야 하고 뛰어난 야구선수가 되려면 뛰어난 선수의 잠자는 습관에서도 인사이트를 얻어야 한다. 고금의 위인들에게는 모두 뛰어난 스승이라는 병풍이 존재했고, '내 인생을 바꾼 한 권의 책'이 쥐어져 있었다. 그러므로 좋은 책을 기획하고 만드는 사람이 앞선 책들에서 배움을 얻지 못한다면 도대체 어디서 무엇을 배울 수 있단 말인가.

그런데 많은 에디터들이 책 읽기를 게을리한다. 기획의 자극이 되고 물성物性의 교본이 될 수 있는 책을 닥치는 대로 읽고 배워야 하는데 게으름과 불편함에 지배당해 잘 읽지 않는다. 책을 살 돈이 없어서도 아니고, 책이 싫어서도 아니다. 혹 자신이 무언가를 대단히 많이 읽고 있다는 착각이 이런 현상을 부른 것은 아닐까?

손에 쥐고 있는 텍스트만 읽어서는 지식의 한계와 정보의 편협으로부터 자유로울 수가 없다. 기획은 현재의 것이 아닌 새로운 것에 대한 도전이자 존재하는 것으로부터의 차별화를 꿈꾼다. 극복과 도전의 한계를 넘어선 수많은 명저들을 접해야 하는 이유는 그 속에 우리들이 목말라 하는 모종의 힌트들이 간직되어 있기 때문이다. 명품 가방의 족보를 줄줄 외고, 커피와 와인의 역사를 논하고, 연예인의 사생활과 지난 드라마의 스토리를 거침없이 이야기하는 것처럼 명저의 내용과 주요한 저자의 삶에 대해 읊을 수 없다면, 기본을 의심받는다.

마땅히 존경받아야 할 선배 에디터들의 공통점을 살펴보면 그들이 엄청난 다독가들이라는 것이다. 그래서 새로운 책이 세상의 독자들과 어떤 이야기를 나눠야 하는지에 대해 저자들과 통하는 데 거침이 없다. 한없이 부러운 모습이 아닐 수 없다.

인사이트 3. 책의 물성을 잘 아는 것, 기획의 본질

면허가 없거나 있어도 영 신통찮은 의사를 가리켜 '돌팔이 의사'라고 한다. 적어도 자신은 돌팔이가 아니라고 확신하는 한 친구가 했던 말이 기억난다. "돌팔이와 돌팔이가 아닌 의사의 차이는 딱 하나다. 환자를 진단할 능력이 있느냐 없느냐다. 환자의 문제를 진단할 능력이 없다면 국가가 허락한 면허증을 가졌다고 해도 돌팔이다." 많은 사람들의 가슴을 몹시 찔리게 하는 말이다.

책을 기획하고 만드는 사람이라면 당연히 '책'을 잘 알아야 한다. 그렇다면 스스로에게 이런 질문을 던져보자. '나는 책을 잘 알고 있는가?' 잘 알고 있다면 정말 잘 알고 있는지 다시 한 번 질문을 던져보자. 물론 무한정 질문만 던질 수 없으니 두세 번이면 족하다. 그래도 주저 없이 나는 잘 안다고 답할 수 있다면 그 자신감 하나는 괜찮다. 그런데 답할 수 없다면, 적어도 답을 할 수 있어야 하는 경력을 가진 에디터라면, 문제다. 겸손과 무지는 다른 영역이고, 실수와 무감각은 차원을 달리한다. 책을 만드는 사람이 책의 물성을 몰라 기본이 흩뜨려진다면 이게 '돌팔이'가 되는 것이다.

매킨토시에 의한 전자 조판이 일반화되면서 '북디자인'은 달리 비교할 필요가 없을 만큼 비약적인 발전이 이루어졌다. 사진이나 일러스트 등의 도판 활용은 물론이고 미려한 디지털 폰트의 공급으로 가독성의 증대도 이루어졌다. 촌티 풀풀 나던 이전의 책과 비교하면 적어도 대한민국 책의 외형은 그 어디에 내놔도 손색이 없을 정도다. 그러면 됐지 '물성' 운운하는 건 무엇 때문인가?

책의 물성이란 한 권의 책이 가지는 시각적, 개념적 구성의 합이다. 사람의 몸이 살이나 뼈, 피와 같은 물질적인 부분과 정신 영역의 조화인 것과 마찬가지다. 겉으로는 잘 먹고 잘 입어서 번듯한 사람도 안으로는 중병을 앓고 있는 경우가 있는 것처럼 책도 그러하다. 도대체 문제가 없어 보이는 책인데 작심하고 살피면 오류투성인 책이 너무 많다. '털어서 먼지 안 나는 게 없다' 차원으로 이해하기에는 그 빈도가 좀 심하다는 생각을 종종 하게 된다.

왜 사용하는지도 모르고 습관처럼 남발하고 있는, 더군다나 오히려 가독성을 훼손하는 요란한 별색, 목적이 무엇인지 불분명한 색인, 저자의 머리말보다 더 큰 비중으로 앉아 있는 추천사, 오로지 볼륨을 키우기 위한 목적의 양장제본, 시선을 고려하지 않은 상하좌우 여백, 페이지 넘김이 불편한 제본이나 지질, 개념을 상실한 주석 달기, 원문 표기가 지켜져야 할 고유명사의 실종, 한 권의 책 안에서도 지켜지지 않는 표기법, 더 나아가 같은 출판사 책이라고 생각할 수 없는 따로국밥식 원칙들… 하나하나 다 언급하기에도 힘들 만큼의 문제들을 바라보는 입장이 결코 편할 수만은 없다.

책이 쓰인 목적과 존재 형태가 너무 다른 것도 문제다. 포장의 기술의 발달한 탓인지 정말 교묘하게 분장한 책들도 많다. 영혼과 육체가 다른 책을 만들어 서점에 놓아두면 독자들은 영혼을 사야 할까, 육체를 사야 할까? 의도적으로 한 것이라면 대단한 기술일 테고 모르고 한 것이라면….

그렇다고 오해하지 말았으면 한다. 현장에 있는 에디터들이 책의 본질적 구성도 모르는 돌팔이라고 생각하지 않는다. 현장에서 고군분투하고 있는 에디터들의 실력은 오히려 이전 선배들을 능가하는 점이 많다. 문제는 본말이 전도된 경우가 빈번하다는 것이다. 기획을 한다는 것은 새로운 것을 발굴하고 거기에 물성을 입혀가는 과정이다. 그 결과로 책이라는 창조물이 탄생하는 거라면, 책의 물성이 무엇인지를 정확히 아는 것은 단순한 편집력이 아니라 무형의 아이디어에 골격과 살을 입히고 피를 돌게 하는 정말 중요한 작업이 되는 것이다. '책의 물성을 이해하는 에디터', 필자는 이것이 출판기획의 성공을 위한 제2의 키워드라 생각한다.

인사이트 4. 독자가 원하는 책을 만드는 것, 기획의 이유

노래방 기기와 셋톱박스 하나로 대한민국 벤처의 신화가 된 휴맥스 사례는 흥미롭다. 서울대 석박사들이 모여 만든 이 회사의 히트작은 단연 자막이 나오는 노래방 기기다. 초창기 노래방에서는 손님이 노래를 신청하면 레이저 디스크로 영상을 재생하면서 아르바이트생이 트랙 카세트 자막 처리기로 자막을 삽입해줘야 했다. 1991년, 카메라로 촬영한 움직임을 정지화면으로 뽑아내는 제품을 개발한 휴맥스의 제품 카탈로그에는 작은 글씨로 다음과 같은 내용이 적혀 있었다. "영상에 자막을 올릴 수 있다." 홍보할 의도가 전혀 없었기에 카탈로그 귀퉁이에 작게 인쇄했던 '영상에 자막을 올릴 수 있다'는 문구가 시장의 폭발적인 반응을 불러오면서 휴맥스를 벤처신화의 주인공으로 만들었다. "그래도 서울대 석박사 출신인데 노래방 영상에 자막 입힌 거나 팔 수 있냐"는 자조 섞인 푸념도 없지 않았다고 하지만.

기획은 '니즈'에 대한 대응이다. 물론 가장 이상적인 것은 니즈를 만들어내는, 즉 시장을 창출하는 기획이겠지만 존재하지 않는 시장을 만들어낼 정도의 내공과 실적은 책과 같은 상품에서 빈번히 기대하기는 어렵다. 간혹 사후 평가 형식을 빌려 행해지는 베스트셀러 분석에서 '시장을 만들었다'는 표현을 읽곤 하는데 덕담이라면 몰라도 사실은 아닌 과장인 경우가 대부분이다.

존재하는 욕구에 대응한다는 것도 결코 쉬운 게 아니다. 텍스트의 생산 과정에 존재하는 저자와 출판사의 지배력은 일방적인 생산자 중심의 결과물을 낳게 한다. 솔직히 생각은 있어도 소비자인 독자와 어떻게 소통해야 하는지 방법이 막연한 경우가 대부분이다. 시장의 요구를 너무 민감하게 받아들이는 것은 책의 가치성을 떨어트린다는 견해도 존재한다. 맞는 말이지만, 한편으로는 틀리다. 어떤 경우에도 최종 유저인 독자에 대한 친절성은 포기할 가치가 아니기 때문이다.

브랜드보다는 저자에 대한 충성도가 절대적인 단행본의 속성 때문인지 저자에 대한 관리나 친밀도만큼 자기 독자를 관리하고 유지하는 데는 소홀한 게 사실이다. 단순히 '기획'을 말하는 기술적인 입장에서 본다면 뭔가 문제가 있다. 외부 마케팅 전문가들의 견해를 빌리자면 그들이 출판에 대해 가장 이해하기 힘든 부분이 바로 '소비자 부재의 기획'이라고 한다. 기획과 생산의 단계에서 최종 유저인 독자의 욕구가 대부분 외면되는 현실은 좋게 말하자면 책이라는 상품이 가지는 고유한 특성이 되겠지만 다르게 말하면 자기들끼리 만들어서 구매를 강요하는 것밖에 되지 않는다.

대부분의 출판사와 에디터들이 이러한 문제를 모르지는 않는다. 특정하기 어려운 타깃의 속성과 위탁판매에 따른 데이터의 부재 등은 걸림돌임에 분명하다. 하지만 독자의 욕구에 대한 대응력은 기획의 본질이자 이유다. 함께 풀어야 할 숙제인 셈이다.

인사이트 5. 유지형 기획과 파괴형 기획을 고민하는 것, 기획의 성패

인사이트 4에서 기획은 고객 '니즈'에 대한 대응이라고 했다. 이야기를 좀더 진전시켜 보자. 이것을 모르는 출판사나 에디터는 없다. 문제는 고객이 어디에 있으며 그들이 원하는 것이 무엇인지를 어떻게 아느냐는 것이다. 출판동네에서 예를 찾는 게 어려운 것은 아니겠지만 좀더 시야를 확장시켜서 이야기를 해보는 것도 좋겠다는 생각이다.(유지형 기획과 파괴형 기획의 이론과 논리에 해당하는 부분은 홍익대 김한얼 교수 등 외부의 지식을 인용해 응용한 것임을 밝혀둔다.)

일본의 게임 기업 닌텐도의 직원 1인당 순이익은 160만 달러다(2008년 기준). IBM 직원 1인당 순매출이(순이익이 아니다) 100만 달러 수준이니 비교 자체가 우습다. 참고로 부가가치가 가장 높다는 금융 서비스업, 그중에서도 최고의 지위를 누리는 골드만삭스의 1인당 순이익은 124만 달러다(역시 2008년 기준). 무엇이 닌텐도의 놀라운 신화를 가능하게 했을까? 당연히 기획의 힘이다.

닌텐도에게 놀라운 성과를 안겨준 효자상품은 다들 아는 것처럼 닌텐도 DS와 닌텐도 Wii라는 제품이다. 지금도 인기상품이지만 출시 당시 엄청난 유행을 몰고 왔음을 기억할 수 있다. 그냥 재미있고 인기라니까 구입하고 선물했던 이 두 제품은 사실 기획의 교과서를 새로 쓰게 만든 히스토리를 가지고 있다.

기획을 이야기할 때 가장 먼저 떠올리는 '트렌드'와 '니즈' 이 두 가지 요소를 대입해보자. 게임의 트렌드는 고 사양의 그래픽과 다양한 캐릭터, 그리고 엄청난 매뉴얼을 익히지 않으면 시도조차 불가능하게 느껴지는, 그래서 게임 천재라는 말을 탄생시킬 정도의 복잡한 조작법 등이다. 단순할수록 시시하게 느껴지고 빵빵한 그래픽과 화려한 캐릭터가 없으면 구닥다리로 여겨지는 게임시장에서 닌텐도 DS와 닌텐도 Wii는 한마디로 흐름을 완전히 거스른 제품이다. 얼핏 보면 성의조차 없어 보일 정도인데 앞서 출시된 MS의 XBox 360과 비교하면 CPU나 메모리, 그래픽 등 모든 요소들이 20~50% 수준에 불과하다. 이런 저급한 제품이 고객을 만족시킬 수 있다고 자신한 근거는 무엇일까.

닌텐도의 타깃 전략은 '기준 시장' 밖의 시장을 보는 것이었다. 게임 시장의 주 타깃은 10대들이고 그 가운데서도 남자들이다. 이런 고정 시장과 그 시장이 가지고 있는 확장성은 한계가 있을 뿐만 아니라 경쟁도 치열해서 어지간한 차별적 우위를 나타내지 못하는 한 이길 수 없다는 판단이었다. 그래서 닌텐도가 주목한 것은 '가족'과 '단순함'이었다. 닌텐도 DS의 그래픽은 사실 조잡할 뿐만 아니라 두뇌를 요구하는 게임이라고 하는 것도 고작 장난 같은 산수놀이가 대부분이다. 안성기와 장동건이 모델로 등장한 광고를 보면 멀쩡한 어른들이 작은 게임기 하나 들고 앉아 덧셈 뺄셈이나 하면서 표시되는 지능나이에 일희일비하는 모습을 보여준다.

닌텐도 Wii의 광고 첫머리는 "가족이 모이면 Wii"라는 멘트로 시작한다. 그리고 할머니, 할아버지부터 손자에 이르기까지 그냥 평소 '하던 대로 하면 되는' 지극히 단순한 놀이나 운동을 하게 만든다. 게임을 하면 건강에 해로운 게 아니라 오히려 건강에 도움이 되고 그 조작법은 지극히 간단하여 엄청난 바보가 아닌 이상 그냥 평소 하던 대로 하면 된다는 것이다. 닌텐도는 이게 고객이 가지고 있는 니즈라는 사실을 어떻게 알았을까? 〈그래프 1〉을 보자.

우리는 대개 '서비스가 충족되지 못한 시장underserved market'의 상황에 있거나 그 반대로 '서비스가 과도하게 충족된 시장overserved market'의 위치에 있을 가능성이 많다. 실제로 '고객이 요구하고 활용 가능한' 선에 근접한 경우가 얼마나 있었던가. 우리는 늘 기획이란 이전보다 더 좋은 기술, 더 좋은 내용, 더 고급한 것이어야 한다고 생각한다. 이전보다 더 발전된 형태여야 고객이 만족한다고 생

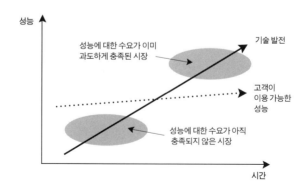

〈그래프 1〉 기술과 시장의 변화

각하는 것이다. 기본적으로 틀린 생각은 아니지만 완전히 맞는 생각도 아니다. 고객은 좀더 발전된 것 이상으로 현재 자신의 수준과 활용의 가능성에 많은 무게를 둔다. 시속 500km를 달릴 수 있는 성능 좋은 차를 사야 할 필요성이 있을까? 그런 차를 어디서 굴린단 말인가? 성능 과잉이 소비자의 욕구를 과잉시키지 않는다는 것은 자명한 사실이다. 그렇다면 어떻게 해야 하나? 〈그래프 2〉를 보자.

기획의 성패는 고객의 니즈를 읽는 것이고 이는 어느 방향을 선택하느냐에 따라 결정된다. 여기에서 파괴형 기획은 빛을 발한다. 예로 든 닌텐도뿐만 아니라, 제록스의 아성에 도전해 시장을 잠식한 캐논 복사기, 백화점을 무력화시킨 창고형 매장 월마트의 성공 등은 모두 파괴형 기획의 대표적인 예들이다. 기획에서 독자의 요구를 추종하는 게 한 방향만 있는 게 아니라는 것을 보여준다.

대부분의 조직, 그리고 출판사들은 유지형 혁신(기획)을 추구한다. 에디터들에게 기획을 요구하고 실행을 시킬 때도 상급자들은 적어도 시장의 요구 이상을 추종해야 한다고 말한다. 그래야 가격

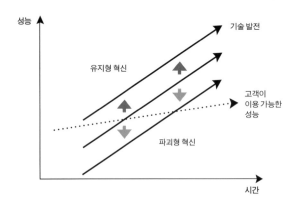

〈그래프 2〉 유지형 혁신과 파괴형 혁신

경쟁을 할 수 있고 가격경쟁이 가능해야 이익을 극대화시킬 수 있기 때문이다. 내용과 달리 과도한 디자인으로 포장된 비싼 물성의 책이 서점가를 휩쓰는 이유도 대부분의 출판사가 유지형 기획을 최고의 선으로 받아들이기 때문이다. 이런 기획은 지극히 당연한 것이지만 다음의 문제에 직면했을 경우에는 답을 주지 못한다.

첫째, 출판시장이 더 이상 확장되지 못하거나 그렇다고 느끼는 경우, 둘째, 정말 최선을 다해 최고의 품질을 가진 책을 만들었는데 독자가 철저하게 외면하는 경우, 마지막으로 정말 엉뚱한 책이 시장을 휩쓰는 걸 설명해야 하는 경우 등이다.

분명 좋은 가치를 추구하는 출판사이고 유능한 마케터와 에디터들이 모여 있는 조직인데 자주 실패하는 이유는 뭘까? 물론 이걸 설명하는 건 쉽지 않을 뿐만 아니라 불가능하다. 그 이유를 어찌 다 일반화시킬 수 있겠는가. 다만 다음과 같은 의심을 해볼 수는 있을 듯하다.

첫째, 너무 기존 독자의 입장만 듣고 있는 것은 아닌가. 기존 독자들은, 혹은 책을 정말 많이 읽는 독자들은 유지형 기획의 타깃임에 분명하다. 하지만 이들이 시장의 한계를 다 책임질 수 있는가(이 부분은 전자책 혹은 디지털라이징에서 중요한 시사점을 제공한다). 둘째, 작은 시장보다는 큰 시장만 바라보고 있는 것은 아닌가. 어려울수록 대박만 쫓는 기획은 성공의 크기는 키우지만 확률은 극단적으로 감소시킨다. 무엇을 선택할 것인가. 셋째, 전통적인 시장분석법만 사용하는 것은 아닌가. 숱한 전투에서 생존한 노련한 에디터의 감각은 그 어떤 이론이나 타자의 개입도 허용하지 않는 경우가 많다.

결론을 내리자면 이렇다. 출판사도 좋고 그 구성원도 좋은데 뭔가 안 되는 이유는 경영자로부터 말단에 이르기까지 모든 구성원들이 지나치게 '유능하고 견실한 결정'만 내리려고 하기 때문이다. 최선을 다해 최고로 좋은 책을 만들기만 하면 된다는, 이런 책을 기획하면 대박이라는 '유능하고 견실한 생각'은 우리를 종종 저 멀리 안드로메다로 날려버리는 오류를 낳기도 한다. 파괴하라는 것은 무조건 질을 낮추거나 저급한 책을 만들어야 한다는 의미가 아니다. 각 출판사가 보유하고 있는 자원(브랜드, 인력, 자금, 판매망)을 최대한 활용하되, 독자가 요구하는 최선의 가치에 접근하는 유연한 의사결정과 탄력적인 프로세스를 가지고 있어야 한다는 것이다.

유지형과 파괴형이라는 개념으로 독자의 요구를 이야기했지만 여기에도 짚고 가야 할 함정이 있다. 바로 〈그래프 2〉의 점선으로 표시된 독자 요구선이다. 가로와 세로축을 대각으로 지나는 저 선이 과연 하나만 존재할까? 다양한 기울기와 층위를 가진 독자선을 어디에 위치시키는가는 우리가 만들어야 하는 책의 정확한 위치가 어디여야 하는가를 말해주는 기준이 될 수 있다고 생각한다.

전자책 혹은 콘텐츠 디지털라이징 문제도 이 과정을 피할 수 없다는 게 필자의 생각이다. 시장이 '상수常數'이고 기술이 '변수變數'라면 출판계의 고민은 간단하다. 종이가 아닌 다른 매체를 충분히 활용하고 다양한 제품을 내놓기만 하면 된다. 하지만 시장이 변수라면? 복잡해진다. 어떤 것이든 디지털과 친하게만 만들면 그게 시대의 변화를 따라가고 독자를 만족시키는 것인가? 다음 질문에 답해보자.

1. 독자들이 원하는 것은 기술적인 발달보다 더 간단한 방식으로 저렴하게 읽는 것이다, 혹은 아니다. 2. 최우량 독자들이 사용하

기를 꺼려하거나 사용하기 곤란하다, 혹은 아니다. 3. 초기에는 새로운 시장 혹은 미미한 시장에서 상용화된다, 혹은 아니다. 각각 전자의 물음에 '예'라고 답하는 경우와 후자의 '아니다'에 답하는 경우에 따라, 혹은 답이 섞이는 경우에 따라 이 시장의 대응 전략은 완전히 달라져야 한다. 어떤 전략을 선택하든 필자는 시장을 '변수'로 봐야 한다는 쪽이다. 그래야 유지형이든 파괴형이든 대응이 가능하지 않을까.

인사이트 6. 소통에 능할 것, 기획의 힘

하나의 조직이 유기적으로 잘 돌아가려면 다음과 같은 네 가지 유형의 사람이 결합되어야 한다고 한다. 1. 연구가Investigators 2. 창조가Creators 3. 평가자Evaluators 4. 활동가Activators

연구가는 지적이고 분석적인 사고를 가진 그룹으로 현실적인 문제들을 고민하는 데 능숙하다고 한다. 과제가 무엇이고 그 과제를 해결하는 데 무엇이 필요한지를 잘 파악한다고 한다. R&D 분야에 일하거나 과학자, 기술자 등이 여기에 속한다. 창조가는 유연한 사고를 바탕으로 창의력을 발휘할 줄 아는 그룹이다. 통합 능력이 뛰어나 조직의 여러 문제들을 감각적으로 조율할 수 있다고 한다. 마케팅 활동을 하거나 예술가, 디자인 분야의 일을 하는 사람이 대표적이다. 평가자는 한마디로 조직력이 뛰어난 그룹이다. 세심하고 끈기 있는 자세를 가지고 있다. 철저하게 계획적인 사고를 지향하는 유형이다. 기획자, 금융가, 판사, 변호사 등이 여기에 속한다. 마지막으로 활동가는 직관적인 성실함과 능동적인 활동력을 가진 그룹이다. 영업자, 팀 리더, 매니저 등이 여기에 속한다.

너무 규격화한다는 느낌도 있지만 우리 대부분은 이 네 가지 가운데 하나의 유형에 속한다고 한다. 물론 딱 한 가지 유형에만 속하는 경우는 극히 드물다. 사람의 기질이란 본디 다양한 요소의 결합체여서 시간과 장소에 따라 다르게 발현되는 경우가 많다. 몇 가지 프로세스를 거치며 확인해보니 필자는 연구가에 속한다는 결과가 나왔다. 다소 의아한 것은 결과 확인 전까지 분명 평가자일 거라는 확신이 강했기 때문이다. 자신만큼 자신을 잘 아는 사람은 없다는 생각에는 지금도 변함이 없지만 객관적인 지표가 알려주는 '나'에 대해 역시 딱히 거부할 명분도 없다. 그러니 이야기의 전개를 위해 네 가지 유향을 전제로 묻자. 당신은 어떤 유형에 속하는가?

기획에 적합한 유형이 딱히 무엇이다, 말하기는 어렵다. 연구가가 가장 근접한 것이지만 이는 어디까지나 형식적인 것이고 다른 세 가지 유형에 속하는 기획 개발자도 얼마든지 있기 때문이다. 그러므로 결론은 이렇게 모아질 수 있다. '다른 유형의 사람들과 능히 소통하라!'

책을 만드는 것은 한 가지 재주만으로 완성되지 않는다. 책은 세상을 담는 작업이고 세상이란 규정할 수 없는 수만 가지의 요소들로 구성되어 있다. 기획을 하는 에디터의 가장 중요한 덕목은 그 많은 요소들을 모두 직접 장악하는 것이 아니다. 각각의 재주와 신통력을 가진 사람을 만나고 그들이 가진 힘을 나의 유용함으로 끌어내는 자질이다. 기획의 힘은 곧 사람의 힘이고, 사람의 힘이란 한정되고 고립되지 않은 다양함을 바탕으로 해야 한다.

이러한 소통은 외부의 관계에서만 이루어지는 것은 아니다. 외부만큼 내부의 소통도 중요한 문제다. 가장 현명한 사람의 특질이 무엇인지 아는가? 그들은 자신이 가진 것을 다른 사람들과 잘 교환하는 사람이라고 한다. 그럼 가장 어리석은 사람은 누구이겠는가? 당연히 그 반대다. 움켜지고 있다가 썩어 버려지는 것들만 들고 다닐 뿐이다. 기획은 다양함을 수용해야 한다.

다양함이란 인종, 학력, 국적, 출신지 등이 아니라 생각과 경험의 다양성을 말한다. 주변의 동료들에게는 고유의 장점이 있고 그 장점이 잘 융합될 때 조직의 장점으로 드러나는 것이다. 비록 내가 먼저 시작한 아이디어나 재료라 해도 조직의 다양성에 힘입은 것이야말로 최고의 가치를 발할 수 있다. 많은 지지자를 확보하게 됨은 물론이다.

이러한 관계와 소통을 통해 얻을 수 있는 또 다른 이득은 상대방의 눈으로 '계획'을 바라볼 수 있는 힘을 얻게 된다는 것이다. 다른 시각이란 혼란이 아니라 리스크에 대한 철저한 예방이 될 수 있다.

인사이트 7. 몰입하고 또 몰입하는 것, 기획의 자세

사회생활에 중요한 동기부여Motivation 1.0은 '생존'이라고 한다. 이처럼 절박한 단어는 존재하지 않는다. 살기 위해 출근하고, 살기 위해 밥을 먹고, 살기 위해 아부하고, 살기 위해 이겨야 한다. 그래서 이전의 자기계발서들 역시 '생존'을 주요한 주제로 다뤘다. '잘'은 고사하고 살아남는 것 자체가 문제였으니 어떻게 하면 살아남을 것인지를 상세하고 중요한 경험담을 곁들여 설명하고 있다. 이 글을 읽는 이들 중에서도 이 순간 생존이 고민이야, 라고 말하는 사람들이 분명 있을 것이다. 하지만 단순한 생존을 위한 삶에서 창의력이나 폭발적인 에너지를 기대하기는 어렵다. 당신이 만약 목구멍이 포도청이고 이게 아니면 죽을 것 같아서 출판사를 다니는 경우라면 아마도 반짝반짝하는 뭔가를 시도하는 건 불가능할지 모른다.

동기부여 2.0은 '당근과 채찍'이라고 한다. 당근에 혹해서 미친 듯이 뛰어다니거나 아니면 채찍에 질려서 스스로를 제어하는 행동. 단순히 생존을 위해 그냥 무식해지는 것보단 낫고 나름의 이론 체계도 가지고 있지만 이 역시 중요한 '자발성'이라는 요소를 채우기는 부족하다. 당근이나 채찍이라는 외부요소가 지배하는 순간 그냥 하나의 도구로 전락하는 건 시간문제다.

동기부여 3.0은 '몰입'이라고 한다. 비로소 피동이 아닌 능동의 영역으로 넘어왔고 그래서 에디터에게 간절히 권할 수 있는 동기부여. 〈한국일보〉에서 조사한 내용(2011년)을 보면 한국 직장인들이 업무 중 평균적으로 집중하는 시간은 1.5시간에 불과하다고 한다. 그럼 나머지 시간은 도대체 뭘 하나? 장용성 로체스터대학 교수에 따르면 한국 직장인의 개인 업무 생산성은 미국을 100으로 봤을 때 45 수준이라고 한다. 가까운 일본은 78이다. OECD 31개 국가 중 노동생산성 수준이 23위인 나라다운 결과다. 이 수치는 배 고픈 나라 헝가리와 동일하다. 「2010년 글로벌 인적자원 보고서」에 따르면 자신이 업무에 완전 몰입한다고 답한 경우가 불과 6%다. 우리가 아무리 뜨거운 열정으로 무장한 에디터들이라고 해도 이러한 문제들에서 예외가 아니라면 심각한 비효율에 빠져 있음을 인정해야 한다. 인정해야 해결책을 찾을 수 있지 않겠는가.

몰입을 하는 데 가장 중요한 요소는(환경적 요소를 제외한) 회사가 각각의 직원들에게 가장 적합한 일을 시키는 것이고 각각의 직원들이 자신에게 가장 적합한 일을 회사에 요구하는 것이다. 에드워드 거브먼 박사에 따르면 인재의 유형에는 3가지가 있다고 한다.

첫째는 도구, 프로세스 지향형이다. 무엇이든 장비를 이용한 일에 능숙할 수 있는 사람이다. 프로세스를 검토하거나 기계 작동, 품질 검사 등에 적합하다. 이런 사람에게 창의적인 업무 특히 기획을 하거나 관계를 맺는 일을 요구하면 조직과 개인 둘 다 불행할 수 있다. 둘째는 아이디어 지향형이다. 새로운 정보를 습득, 분석하고 이를 운영하는 능력을 가진 사람이다. 이런 사람에게 단순한 프로세스를 맡기거나 반복 지향적인 일을 맡기면 결코 몰입할 수 없다. 셋째는 관계 지향형이다. 대인업무나 고객 관리, 영업 등에 적합하다. 결국 자신의 유형을 잘 파악하고 거기에 맞는 일을 잘 하는 게 중요하다는 것이고 결국 몰입의 필요조건이 된다는 것이다.

난 아무리 생각해도 기획자 스타일이 아니야, 혹은 난 관계 지향형이라서 혼자 꼼꼼하게 일하는 게 어려워, 라고 생각한다면 억지로 훌륭한 기획자가 되겠다고 악을 쓸 일은 아니라고 생각한다. 출판사에 필요한 것은 모두가 훌륭한 기획자가 되는 것이 아니라 각각의 자질들이 조화롭게 자리를 찾아서 융합된 힘을 발휘하는 것이다. 구성원들이 각각의 위치에서 열심히 몰입할 수 있는 조직, 따지고 보면 기획을 가장 잘할 수 있는 조직이 아닐까.

인사이트 8. 설득을 통해 결정권을 확보하는 것, 기획의 필수요소

책의 본성 가운데 하나는 '기록의 결과물'이라는 것이다. 기록이란 유형적인 부분과 무형적인 부분을 모두 포함한다. 우리가 단순히 보이는 것만 사실적으로 옮긴다면 구도는 간단하겠지만 그것은 모양은 있으나 혼이 없는 인형과 같은, 그런 결과를 얻게 된다. 여기에 혼을 불어넣는 작업이 바로 무형적인 부분을 어떻게 담아내느냐다. 무형은 다시 인식과 해석으로 나눠진다. 인식認識이란 글자 그대로 나의 머릿속에 그것을 담아 알게 되는 일련의 과정이고, 해석解釋이란 그렇게 받아들인 것에 대한 주관화의 과정이다. 두 과정은 나뉘어져 있지만 대개는 거의 동시에 이루어진다.

같은 소재를 다루고 있는 책이라 해도 그것이 세상에 존재할 가치를 가지는 이유는 이러한 인식과 해석의 다름 때문이다. 기획에서 흔히 말하는 '차별화'라는 것도 마찬가지다. 표지, 제목, 목차, 지은이, 출판사, 가격 등등 이런 게 차별화 요소는 아니다. 이러한 것들은 모두 포장적인 요소일 뿐이다. 그러므로 인식을 통한 해석의 차이를 보이지 못한다면 그것이 아무리 달리 포장되어 있다 해도 차별화에 성공했다고 할 수는 없다.

필자는 종종 에디터들이 시적 상상력을 가져야 한다고 말해왔다. '시적 상상력'이란 시를 쓰는 기술이나 시어를 만드는 조작력을 뜻하는 것이 아니다. 보이는 그대로를 넘어선 인식과 해석의 확대 과정을 자기의 일상으로 받아들이라는 것이다. 이런 과정은 끊임없는 갈등과, 모순과, 자기비판의 영역을 거쳐 혼란의 경계에 이르게 하는 고달픈 행보가 될 것이다. 하지만 이러한 행보를 주저한다면 에디터는 독자들에게 더 이상 새롭거나 가치 있는 것을 제공해줄 수 없게 된다. 독자들의 시선은 이미 경계 저 너머에 이르러 있으며 거기서 불어오는 바람에 익숙해져 있는 경우도 많다. 꽃은 그냥 보는 대상이 아니다. 인식하고 해석해서 그 이름을 불러 주었을 때 비로소 나에게 와서 어떤 '의미'가 된다. 가볍게 차버리는 식은 연탄재는 죽은 '연탄재'가 아니라 뜨거웠던 그 시절의 누군가를 지칭하고 있다. 시어와 시어가 아닌 것의 차이는 그러므로 인식과 해석을 통해 '의미화'에 성공했느냐의 여부에 달려 있다고 해야 할 것이다.

문학 장르로서의 시라면 시인이 전지적 위치에서 써버리면 그만이다. 하지만 출판기획은 다르다. 이러한 인식과 해석을 통한 의미화 과정은 반드시 다른 이들의 '동의'를 필요로 한다. 혼자 읽는 일기나 아무도 보지 않는, 그냥 내 방에 덩그러니 걸어둘 그림이 아니기 때문이다. 문학작품과 마찬가지로 기획을 통해 건져 올리려는 의미도 1차원적으로 단순하게 받아들일 수 없는 것이 대부분이다.

내가 아무리 최선을 다했다 해도 다른 이들은 나의 인식과 해석에 선뜻 손을 들어주지 않는다. 대단한 귀차니스트가 아니라면 사람이 가진 속성은, 특히 출판사에서 책을 만드는 사람들의 속성은 대단히 비판적이고 분석적이어서 보이는 그대로 넘어가질 않는다. 다른 인식을 할 것이고 다른 해석을 할 터여서 만들어내는 의미도 달라진다. 사실 기획의 과정에서 건너야 할 가장 깊고 숙명적인 절차라 할 수 있다. 그러므로 여러분이 어떤 기획을 하고 그래서 만들고 싶은 책이 있다면 자신의 인식과 해석으로 버무려낸 의미를 마냥 고집할 게 아니라 주위를 충분히 설득할 수 있어야 한다. 그러한 설득의 과정을 통해 얻어지는 결과는 크다. 바로 합당한 결정권을 확보할 수 있다는 사실이다. 필자는 종종 직원들에게 이런 질문을 한다. 주변의 동료도 설득하지 못하면서 어떻게 독자들을 설득하려 하는가?

글은 저자가 쓰고, 책은 에디터가 만들고, 독자는 책 속에 있는 글을 읽는다. 아주 간단한 이 프로세스의 핵심은 상호 설득의 과정이다. 저자는 출판사와 독자를 설득해야 하고 출판사는 저자와 독자를 설득해야 한다. 판단은 오로지 독자의 몫이다. 간단한 구도만 살펴봐도 중심에는 출판사, 즉 에디터가 있다. 중심에 위치한다는 것은 설득의 역할이 중요함을 의미한다. 결론적으로 말하면 에디터는 상사를, 동료를, 부하를, 저자를, 독자를, 그리고 무엇보다 자기 자신을 설득할 수 있어야 한다. 단편적인 인식과 사소한 해석, 아울러 무의미한 결론으로는 그렇고 그런 시시껄렁한 기획밖에 되지 않는다. 한 권의 책이 만들어지기 위한 이런 고달픈 과정을 겪고 부딪쳐봐야 비로소 훌륭한 에디터가 만들어지고 읽을 만한 책이 만들어지는 것 아니겠는가.

설득과 반대라 생각할지 모르겠지만 진정한 설득은 진지한 경청의 과정에서 만들어진다. 원체 잘나서 그런지 뭐라 한마디만 하면 얼굴이 붉어지는 에디터들이 있다. 들으려 하지 않고 상처받지 않으려는 사람이 타인을 설득할 자격이 있는가. 듣고 상처도 받고 깨지고 아물어지는 과정을 반복해야 단단한 살이 내 것이 되지 않을까.

기획의 주도적 관점은 결정권에 있다. 형식적인 결재권과 달리 결정권이란 기획에 대한 실질적인 장악과 책임에 준하는 말이다. 설득되지 않은 게 많은 프로젝트는 뭔가 숨기는 것이 생기기 마련이고 그런 프로젝트는 제대로 된 결과로 이어지지 못한다. 책을 만들어가는 과정에서 튀어나오는 많은 문제들의 대부분은 담당자가 정보를 은폐하면서 조직 내부에서의 소통과 설득의 과정을 무시하기에 발생하는 것들이 많다. 이게 결론이다. 기획의 결정권을 가지려면 인식하고 해석하여 의미를 만들어가는 과정을 소통하라는 것이고, 그 소통이 결국 정당한 설득을 통해 공식적인 결정권으로 완성되어야 한다는 것이다.

인사이트 9. 지식은 쌓는 게 아니라 꺼내 활용하는 것, 기획의 몸통

일본 지식경영의 대가로 불리는 노나카 이구치로는 "지금은 지식사회이며 기업은 직원들의 머릿속에 잠자고 있는 지식을 꺼내야 살아남을 수 있다"고 말한다. 일단 머릿속에 든 지식으로 따진다면 에디터들이야말로 기본적으로 우량한 존재들이다. 많이 읽을 수밖에 없고(비록 얼마나 영양가 있는 텍스트를 읽고 있느냐는 따져봐야 할 문제지만), 보통 사람들에 비해 써야 하는 분량도 많다. 더군다나 이슈에 지지 않기 위해 각종 정보와 자료들에 민감하게 대응하고 흡수한다. 아무래도 흡수되고 들어오는 통로가 일단 크다. 여기에 적지 않은 인맥도 한몫을 한다. 내가 미처 담지 못한 것이라도 다른 사람을 활용하면 얼마든지 내 것으로 만들 수 있으니 좋게 생각하자면 복 받은 직업이 아닐 수 없다.

문제는 이러한 지식을 꺼내서 잘 활용하고 있느냐는 것인데 당연히 가장 어려운 숙제다. 에디터뿐만 아니라 대부분의 직장인들의 머릿속에 담겨진 지식이란 대개 암묵지暗默知의 형태다. 요령, 센스, 실무 경험, 노하우, 히스토리, 아이디어 등인데 이러한 암묵지들은 극히 주관적이고 그 형상이 구체적이지 않아 꺼내서 사용하는 본인도 종종 혼란에 빠지곤 한다. 더러는 그런 지식이 머릿속에 존재하고 있는지조차 파악하기 어렵다. 때론 지식인지, 감각인지, 본능인지 구분하지 못하기도 한다. 더군다나 이런 암묵지들은 아무리 깊고 넓게 쌓여도 상호 공유되지 않아 결코 조직의 역량으로 전이되지 않는다는 고약한 본성을 가지고 있다.

많은 출판사들이 오늘도 고민하고 있는, 똑똑한 한두 개인이 떠나면 조직 전체가 갑자기 바보가 되고 역량이 사라지는 문제들에 대한 원인도 바로 여기에 있다. 일 잘하는 개인은 넘쳐나지만 조직은 왜 계속 빈곤할 수밖에 없는가에 대한 답도 대부분 여기에 있다. 개인도, 조직도 암묵지를 꺼내는 방법을 잘 모른다.

개인도 마찬가지지만 지속가능한 성장을 꿈꾸는 출판사라면 개개인이 가지고 있는 지식, 즉 암묵지를 형식지形式知로 만들 수 있어야 한다. 형식지는 말 그대로 눈에 보이고 만질 수 있으며 즉시 활용하거나 개선할 수 있는 형태다. 더군다나 규격화하여 저장 가능하니, 시간이 지난 다음에도 얼마든지 재활용할 수 있다. 이미 눈치를 챘겠지만 뭐 특별한 것들도 아니다. 문서, 도면, 매뉴얼, 특허, 가이드, 프로그램 등이 형식지에 속하는 것들이다. 모든 조직에 다 있고 모든 출판사에서 활용하는 것들이다. 그런데 뭐가 문제냐고?

출판사들마다 형식지는 존재하지만 그 형식지라는 게 암묵지의 일부에 불과하거나 가치를 소멸한 것, 혹은 단순한 프로세스에 불과한 것이라면 곤란하다. 놀랍게도(필자가 있는 출판사도 마찬가지지만) 오랫동안 에디터의 영역, 그것이 편집이든 기획이든 관리든, 대부분은 암묵지 밖으로 나오지 않고 있다. 이유는 간단하다. 에디터십을 지극히 개인적인 퍼포먼스로 생각하거나 속해 있는 조직에 대한 충성도가 아주 작기 때문이다. 에디터들이 가지고 있는 개인주의(그것이 좋게 작용하건 나쁘게 작용하건)는 아이디어, 정보, 관계 등 조직이 필요로 하는 대부분의 영역을 사유화시키고 그것을 암묵지라는 울타리 안에 가둬버리고 말았다. 실제로 공적인 비용이 투여되어 만들어지고 형성된 요소들마저도 철저하게 개인의 암묵지 영역이 되었다는 건 둘 중 하나라고 밖에 볼 수 없다. 출판사가 바보거나 아니면 에디터 개인을 잘 이용하고 있거나… 아무튼 현실은 그렇다. 출판사에서 기획 역량을 가진 사람이 떠나버리면 그가 가지고 있던 모든 공적 능력들 역시 떠나버리고 만다.

방향이 살짝 빗나갔기에 다시 원점으로 돌아가야 한다. 머릿속에 쌓지만 말고 꺼내서 잘 활용하는 게 기획의 아홉 번째 인사이트다. 그렇게 꺼내는 일목요연한 절차를 만드는 것은 물론이고 꺼낸 다음 잘 활용할 수 있는 프로그램도 만들어야 하며, 버리지 않고 저장할 수 있는 저장고도 든든해야 한다. 개인은 개인대로, 조직은 조직대로 암묵지에서 형식지로 순환하는 자연스러운 과정을 만들 수 있다면 역량은 배가 될 것이다.

어떻게 하는 것이 좋을까? 첫째, 가장 중요한 것은 지식과 정보를 담을 수 있는 형식의 틀을 만드는 것이다. 우리가 매일 일기를 쓰듯이, 약속에 실수하지 않기 위해 다이어리를 활용하듯이, 칠판에 기록하는 것부터 컴퓨터에 기록 파일을 만드는 것까지 자신이 담고 있는 것들에 대한 시각적 확인을 할 수 있는 형식의 틀을 만들라고 권하고 싶다. 머릿속에 담아만 두는 것보다 계속 보고 확인하는 과정에서 지식과 정보의 가치는 극대화된다는 것은 너무나 분명한 사실이다.

둘째, 조직은 개개인의 지식과 정보에 의미 있는 가치를 부여해줄 준비와 실천이 필요하다. 즉 인센티브와 재미가 필요하다는 것이다. 출판사는 아니지만 솔루션 업체 라이트솔루션스Rite-Solutions

의 예는 흥미롭다. 라이트솔루션스는 일반주식시장의 원리를 직원들의 아이디어 창출에 동원했다. 먼저 개개인의 직원들은 자신의 아이디어를 온라인 주식시장에(회사에서 특별하게 만든) 상장시킨다. 모든 직원들은 이미 회사로부터 1만 달러라는 가상 투자금을 받았으므로 상장된 주식 가운데 맘에 드는 아이디어에 투자할 수가 있다. 이렇게 해서 상위 20%에 드는 아이디어는 즉시 실행이 가능하고 이 아이디어에 투자한 직원들은 성공의 크기에 따라 인센티브를 받을 수 있다는 것이다. 내 아이디어가 아닌 동료의 아이디어라고 해도 내가 선택하고 투자한 만큼 얼마든지 성과를 나눠 가질 수 있으므로 시기하거나 외면하지 않는다.

　제일기획 역시 아이펍I-pub이란 제도를 운영하고 있다. 언제 어디서나 필요한 아이디어를 게시하면 전 직원들에게 문자처럼 전송되어 공유가 된다. 사소한 것이어서 혹시 잊어버리고 있다 해도 모든 직원들에게 한 번 공유된 것은 얼마든지 수집 및 활용이 가능하다. 특이한 것은 이러한 전송과 보관에 있어 모든 이름이 실명이 아닌 닉네임으로 이뤄진다는 것이다. 지위고하를 떠나 오로지 아이디어만 소통되는 거대한 시장을 만들겠다는 의도를 살린 탓이다. 그럼에도 업무와 성과에 반영되는 모든 아이디어에 보상체계가 있음은 당연한 것이다.

인사이트 10. 스스로 진보하는 에디터, 지속가능한 기획

마지막이다. 이제 '변화'에 관한 이야기를 하고자 한다. 많은 에디터에게 변화가 그다지 절박한 문제로 다가오지 않는 것 같다. 책 만드는 일의 난이도라는 게 끝없는 상승곡선을 그리는 것도 아니고 한정된 장르나, 인지 가능한 저자의 영역으로 인해 새로운 도전보다는 안정을 추구하게 되는 게 일반적이어서 에디터는 종종 수구적이고 게으르다는 말까지 듣는다. 에디터 개개인이 가지고 있는 품성과도 관련이 있다. 주위의 환경이나 뉴스에는 민감하게 반응하지만 스스로에 대해서는 벗어나기 힘든 울타리를 만드는 경우가 많다. 울타리가 없으면 불안하고, 그래서 안정감을 느끼지 못하는 탓일 수도 있다. 그것이 무형이든 유형이든, 아무튼 에디터들은 잘 변하지 않고 그래서 고집스럽다는 말은 확률적으로 아주 틀린 말은 아닌 듯하다.

하지만 기획을 잘하고자 하는 에디터라면 변화는 선택이 아니라 필수다. 생머리를 파마하거나 바지를 즐겨 입다가 치마를 입는 것만이 변화가 아니다. 물론 세상의 모든 변화를 정신없이 따라가는 게 좋다는 것은 아니다. 에디터에게 필요한 변화란 추세에 대한 추종이 아니라 뚜렷한 비전을 바탕으로 자신의 가치를 업그레이드하는 것을 말한다. 필자가 처음 출판계에 입문했을 당시에는 교정 잘하고, 대지작업이라 불렸던 자르고 풀칠하고 붙이고 선 긋는 일에 능숙한 에디터가 최고였다. 그래서 많은 에디터들의 비전은 능숙한 교정실력을 뽐내고 대지작업의 신이 되는 것이었다. 당시 나의 비전은 무엇이었을까? 안타깝게도 1년 이후를 그리는 비전을 만들어보지 못했던 시절이었다. 왜냐하면 계속 이 짓을 할지 말지도 알 수 없었으니 말이다. 그러므로 새로운 흐름을 찾거나 그런 흐름이 가져오는 변화의 국면을 이해하고 나라는 존재를 만들어간다는 것은 너무나 사치스러운 생각이었다. 변화해가기는커녕 퇴보를 재촉했는지도 모르겠다.

그런데 변화는 정말 도둑처럼 밀어닥쳤다. 컴퓨터를 이용한 전자조판이 일반화되면서 대지작업은 저 먼 추억 속으로 날아가버렸다. 등록제에 힘입은 출판사 창업이 봇물을 이룬 것도 엄청난 폭풍을 몰고 왔다. 이제 스스로 양질의 기획을 하지 않으면 쏟아지는 경쟁도서들에서 살아남을 수 없게 된 것이다. 외서시장의 비대화도 이런 흐름의 결과였다. 여기서 멈추지 않는다. 2000년 이후 펼쳐진 치열한 마케팅 전쟁은 출판시장의 지형을 완전히 바꿔놓기에 이르렀다. 규모의 경제가 작동하기 시작하면서 소위 자본을 이용한 물량 공세가 도서시장의 판세를 좌우하게 된 건 공공연한 사실이다. 에디터와 영업자를 구분하던 업의 경계 역시 이로써 존재하지 않게 된다. 에디터는 아이디어 기획서보다 홍보 기획서나 저자 프로모션에 대한 아이디어를 더 잘 만들어야 한다.

여기서 멈추지 않는다. 이제 소셜네트워크 사회로 넘어가고 있다. 아니 넘어갔다. 더 이상 책을 기획하는 사람, 만드는 사람, 글을 쓰는 사람, 읽는 사람이 구분되거나 차별되는 세상이 아니다. 읽는 것도 보는 것도 노는 것도 아닌 이상한 나라의 콘텐츠들이 1등상품으로 자리 잡았다. 이런 상황인데도 에디터는 계속 에디터고 우리가 하는 기획은 계속 그 가치를 인정받을 수 있을 것인가?

표면적으로 에디터들의 일상에는 그다지 큰 변화가 보이지 않는다. 그 시절에도 그랬지만 여전히 저자를 만나 원고 청탁하고, 원고 읽고, 원고 고치고, 원고 쓰는 일에 대부분의 시간을 보낸다. 이게 문제가 있고 그래서 틀렸다는 건 절대 아니다. 세상이 어떻게 달라지든 책을 만드는 사람이 반드시 해야 할 일이기 때문이다. 중요한 것은 그런 가운데서도 수면 아래의 발은 끊임없이 변화의 물살을 헤치고 있어야 한다는 사실이다. 세상의 변화가 가리키는 지표를 확인하면서 내가 가야 할 목표점을 찾아서 체력을 키우고, 도구를 바꾸고, 새로운 수단을 고민해야 한다. 아무래도 쉽게 적응하기는 어려운 일이지만 출판은 지속가능한 것이어야 하고, 그러기 위해서는 책을 만들어가는 사람들의 자발적인 변화가 필수적이다. 그래서 필자는 평소 "에디터는 차라리 진보주의를 선택하는 게 옳다"고 말해왔다. 정치적인 선택을 말하는 것은 아니다. 변화하지 않는다면 혹은 그것을 부정한다면 우리의 기획이라는 것은 이미 만들어진, 만들어져 존재하는 것들에 대한 슬프고 지루한 반복에 불과할 것이기 때문이다.

상상력으로 가득한 에디터를 위하여

출판기획은 상상의 영역이 아니라 가장 치열한 현실의 영역이다. 상상의 영역이라면 좀 멋대로 꿈꾸어도 전혀 흠이 되지 않지만 현실의 영역은 그 반대다. 그래도 단순히 현실의 영역이라면 받아들일 수 있고 괜찮겠는데 그냥 그렇다고 인정하려니 뭔가 섭섭하다. '이건 영 아닌데'라는 마음이 떠나질 않는다. 왜 그럴까? 그 순간 미련 없이 버렸던 '상상'이라는 놈이 슬며시 고개를 내민다. 결국 기획이라는 게 현실의 영역이지만 '상상'이라는 놈을 그냥 내칠 수만은 없다는 잠정적인 결론에 이르게 된다. 상상만 존재하는 기획은 쓸모가 없지만 상상이 빠진 기획은 신선하지도 새롭지도, 그래서 그 누구에게도 꿈을 줄 수 없다는 것을 깨닫게 되는 것이다. 책을 만들고자 하는 에디터에게 우선 필요한 것은 상상일까, 현실일까?

너무나 어설프지만 필자가 이야기한 '출판기획 인사이트 10'은 오로지 현실의 영역이었다. 이게 당장 중요해 보였던 탓이고 무엇보다 말이나 글로 표현하기에 쉽다는 게 이유이기도 했다. '상상'에게 좀 미안하다. 그래서 남은 몇 자의 분량은 그동안 언급하지 못했던 '상상'을 말하며 마무리해야겠다는 생각도 들었지만, 막상 상상에 관한 이야기를 하려고 하니 아무 말도 떠오르질 않는다. 역시 말라버린 탓이다. 감성이….

나이를 먹고 연차를 쌓아갈수록 '난 일을 잘 아는 사람이야'라는 울타리에 갇히게 된다. 상상보다는 몇몇 실적이나 거품처럼 사라질 지식과 인맥에 의존하게 된다. 성과가 우선이 되거나 주위의 시선에 쪽팔리지 않아야 할 분명한 전선이 지켜야 할 가치가 된다. 그래서 책을 읽는 것도, 글을 쓰는 것도, 독자 욕구를 맞추는 것도, 설득하고 소통하는 것도, 결정권을 갖는 것도, 지식을 쌓고 꺼내는 것도, 변화를 모색하는 것도 모두 '지독히 반복적인 일'의 영역에서 박제의 형태로 존재하게 된다. 이렇게 기획되고 만들어진 책을 뭐라 불러야 할까?

좋은 기획과 좋은 책을 만들기 위해 우선, 조직도 개인도 상상력의 회복이 중요하다. 좋은 세상을 꿈꾸고, 이상적인 지식과 이야기를 꿈꾸고, 찬란한 예술을 꿈꾸고, 아름다운 사람의 모습을 꿈꾸고, 찬란한 하늘과 땅과 바다를 꿈꾸지 못하는 현실은 누구에게 아무것도 줄 수 없는 깡통에 불과하다. 그러므로 좋은 출판사라면 에디터들을 꿈꾸게 만들어라. 좋은 에디터라면 자신의 꿈을 조직과 나눠라. 이것이야말로 출판기획을 위한 어떤 인사이트보다 가장 중요한 인사이트라고 믿는다.

그래도 이게 답이 될 수는 없고, 그래서 미안하게도 '상상력이 중요하다'는 명제는 글을 읽는 이들의 동의와 자발성에 의존할 수밖에 없을 듯하다. 대한민국 에디터들은 자신감이 넘치는 존재들이다. 그 에너지로부터 뿜어져 나오는 상상력을 믿는다. 그것을 현실의 영역으로 가져오기만 하면 된다.

편집자가

편집자에게
묻다

'좋은 기획'의 조건

Q : 대박만 쫓는 기획의 문제점에 대해서도 언급하셨
고, 세상의 요구와 가치에 부합하지 않으면 '잘 팔린
돌멩이'에 불과하다는 말씀도 하셨습니다. 하지만 내
부 기획회의나 출간된 책을 평가하다 보면 좋은 기획
일지라도 결국 매출의 벽에 부딪칠 때가 많습니다. 현
실적으로 좋은 기획이란 잘 팔린 책과 동의어가 되기
십상인데, 그 사이에서 중심을 잡기가 쉽지 않습니다.
이에 대한 조언을 해주시면 고맙겠습니다.

A : 기획이란 독자의 변화하는 욕구와 필요wants and needs에 대한
전면적 탐색과 대응이라 생각합니다. 하지만 이러한 탐색과 대응
은 너무나 복잡하고 동적이어서 명쾌한 답을 구하기는 어렵습니
다. 종종 내뱉는 "좋은 기획인데 잘 팔리지 않는다."는 푸념에는 독
자와 시장에 대한 독특한 불신이 잠복해 있습니다. 이렇게 좋은 책
을 왜 사주지 않느냐는 것이지요. 그리고 잘 팔리는 경쟁도서에 대
해 비아냥거림에 가까운 비판을 쏟아내곤 합니다.

그렇다면 이런 질문을 해봐야 합니다. "도대체 어떤 요소를 가지
고 있기에 좋은 기획이라 말하는가?" 대개 에디터들은 저자의 티켓
파워가 강하거나 예상만큼의 원고라면 대단히 좋은 기획이라 답합
니다. 틀리지 않았지만 이것만 가지고는 욕구와 필요에 온전하게
대응할 수 없습니다.

마케팅 믹스라는 이론이 있습니다. 마케팅의 4P라 부르기도 하
는데 제품product, 가격price, 유통place, 촉진promotion이 그것입니다. 책

이란 정신문화의 소산이고 그래서 상대적으로 뛰어난 저자의 상대적으로 훌륭한 저작이면 된다는 우직한 고집은 출판사와 에디터의 자유일 수 있지만 이것이 독자 만족의 필요충분조건이라 생각하는 것은 위험합니다. 공급자의 입장에서 생각하는 '좋은 책'과 수요자 입장에서 생각하는 '좋은 책'의 간극을 좁혀야 하고 무엇보다 수요자에게 책의 존재를 잘 전달할 수 있어야 합니다.

교과서적인 이야기가 되겠지만 적어도 4P를 갖추었거나 실행할 수 있는 기획이 아니라면 '좋은 기획'은 아닙니다. 이 경우 특히 유통과 촉진에서 힘겨워하는 작은 출판사들의 고통은 큽니다. 그러다보니 4P 중에서 후자의 두 요소의 지배력이 커지는 시장을 비이성적이거나 반문화적이라고 생각할지 모르겠습니다. 하지만 공급자가 아닌 수요자가 중심의 시장에서, 더군다나 공급 과잉 상태인 단행본 도서들의 생존이 단지 에디터 관점에서의 '좋은 기획'으로 좌우되지 않는다는 것은 현실입니다. 대박일지 아닐지는 모르지만 기획은 유의미한 성공을 해야 하고 이를 위해서는 시장과 독자의 욕구와 필요를 충족할 수 있는 요소가 무엇인지를 물어야 합니다.

비교우위를 찾아라

Q : 요즘은 출판사도 많고 그만큼 기획자도 많아 비슷한 기획의 책이 쏟아져 나옵니다. '기준 밖의 시장'을 포착한 좋은 기획이라 할지라도 같은 세대에 비슷한 고민들을 하다 보니 변별력을 갖기 힘들다고 느껴지는데요, 결국 자본력이 바탕이 되어 소위 '뒤에서 밀어

쥐야' 시장에서 살아남는 게 현실이 아닌지요. 이런 출판 환경에서 어떻게 경쟁력을 가질 수 있을지 조언 부탁드립니다.

A : 자본주의 시장에서 '자본력' 자체가 비난의 대상일 수는 없습니다. 출판이 자본력으로 승부하면 안 된다는 어떤 '절대 금기'가 있는 게 아니라면 말입니다. 그러므로 자본력이 공정한 경쟁을 저해한다는 생각은 이성적인 판단은 아닙니다. 개인적으로는 출판계를 위해서, 그 속에 살아가는 식구들을 위해서, 더 많은 양질의 자본이 참여해야 한다고 생각합니다.

물론 감성적인 측면에서 본다면 불공정하게 여겨질 요소들이 없는 건 아니겠지요. 경쟁력이란 자본력이든 맨파워든 조직이나 개인이 가진 모든 요소를 활용해 상대적인 우위를 점하는 것입니다. 그러므로 지금 이 순간 내가 가진 '비교우위의 요소'는 무엇인가를 판단하는 것이야말로 경쟁력 확보의 시작이라 할 수 있습니다.

다른 출판사보다 자금력이 든든하다면 이를 비교우위의 요소로 잘 활용해야 합니다. 나쁜 게 아닙니다. 다른 출판사보다 맨파워가 뛰어나다면 당연히 활용할 것입니다. 다른 출판사보다 독자 관리가 뛰어나다면, 혹은 타깃 마케팅에 강하다면. 이런 식의 비교우위 요소가 반드시 있어야 합니다. 출판은 공급이 넘쳐나는 시장입니다. 특별한 이슈나 비교우위 요소가 없이, "열심히 만들었는데 뒤에서 밀어줄 힘이 없어 경쟁이 안 된다."는 푸념은 출판을 사업의 관점으로 보지 않는 고전적인 습관 탓입니다. 비록 사실이라 해도 이러한 푸념이 문제를 해결해주지 않습니다. 자신만의 비교우위

목록을 작성해 보십시오. 이것이 경쟁력의 시작이라 생각합니다.

30%의 가능성을 모으는 지혜

Q : 편집자의 아이디어 및 경험이 암묵지로 묻히는 것을 경계하시는 말씀을 하셨습니다. 암묵지를 꺼내 소통하기 위한 효과적인 방법이 있을까요?

A : 무엇보다 아이디어 킬링을 하지 않는 조직 문화가 중요하다고 생각합니다. 페이퍼 단계에서부터 흠잡을 데 없이 완벽한 기획이라는 게 있을까요? 모든 기획이란 아이디어 단계의 완벽함이 아니라 실행에서 갈고 다듬어지며 비로소 온전한 모습을 찾아가는 거라 생각합니다. 마찬가지로 대단히 허접하게 느껴지는 기획이라도 반드시 쓸 만한 구석은 있습니다. 편집자들이 숨겨둔 암묵지를 꺼내 소통하기 위해서는 이러한 '완벽함'에 대한 스트레스를 강요해서는 안 됩니다.

물론 아이디어 킬링을 하지 않아야 한다고 해서 모든 기획이 무조건 채택되어야 한다는 뜻은 아닙니다. 리스크를 극복할 수 없다면 접는 게 용기입니다. 충분히 검토하고 논의할 기회가 주어졌다면 아이디어 킬링은 아닙니다. 편집자들의 아이디어나 경험이 암묵지가 되지 않기 위해서는 무엇보다 조직 윗선으로부터의 정서가 중요합니다. 소통의 근본은 차이를 인정하고 그 차이들의 가치를 활용하는 것입니다. 100%의 정답을 찾는 것이 아니라 30%의 가능성을 모아 모아서 활용하는 게 출판이라고 생각한다면 작은 아이디어나 경험이라도 소중하게 쓰이리라 생각합니다.

편집자를 위한 책읽기

Q : 기획의 바탕이 되는 책읽기의 중요성을 강조하셨습니다. 기획편집자들에게 도움이 되는 책을 추천해 주신다면 어떤 게 있을까요?

A : 여기서 특정한 책 몇 권을 말한다는 것은 의미가 없겠지요. 어떤 책이 좋다고 말하기도 곤란합니다. 중요한 것은 책 읽기를 통해 지식의 보편성과 깊이를 어떻게 확보하느냐에 있습니다. 개인적인 생각입니다만, 먼저 역사 읽기를 권하고 싶습니다. 역사는 단순한 과거가 아닌 오늘을 만든 과정이며 내일에 대한 치열한 의식의 틀을 제공합니다. 에디터가 가져야 할 문화와 인물과 자연에 대한 모든 통찰의 바탕은 역사 읽기를 통해 가능하다고 생각합니다.

다음은 경영과 경제에 관한 책을 권하고 싶습니다. 경영과 경제는 우리를 품고 있는 체제를 인식하고 해석하게 하는 기본 텍스트입니다. 경영학이란 원래 독자적인 학문이 아니라 근대 이후 주변 학문과 지식들을 엮으며 형성된 것입니다. 인간과 조직 구조에 대한 고민들이 담겨 있습니다. 경제는 우리 체제에서는 반드시 알아야 할 기본 지식과 상황 분석을 제공합니다. 제대로 된 경제서적을 읽다 보면 아, 사람들이 고민하고 부딪히며 살아가는 모습의 물적 본질들이 여기에 있구나, 하는 것을 느낄 수 있습니다.

문학 읽기는 기본입니다. 문학은 위에서 언급한 것은 물론 존재하는 모든 것을 포괄하는 지성의 보고입니다. 흔히 그냥 이야기 책 정도로 생각할 수 있겠지만 '르네상스적 인간'의 완성은 결국 문학에서 이루어진다는 선배들의 주장에 만 번 동의합니다.

05

출판 환경의 변화와
편집자의 삶

변정수
출판컨설턴트

연세대학교에서 국어국문학을 공부했다.
토마토출판사, 인물과사상사, 삼인출판사 등에서 편집자로 일했고,
한겨레교육문화센터와 서울북인스티튜트 등에서
출판편집을 강의하고 있다.
『편집에 정답은 없다』로 2009년 한국출판평론상을 수상했다.
지은 책으로 비평집 『그들만의 상식』(2005), 『만장일치는 무효다』(2003)
『상식으로 상식에 도전하기』(1996),
에세이집 『나는 남자의 몸에 갇힌 레즈비언』(1997)이 있다.
옮긴 책으로 『일본 미디어의 정보 카르텔』(2006)이 있다.
홈페이지 ddonggae.pe.kr

출판편집자의 진화: '에디터'에서 '에디팅 매니저'로

지난 2009년에 출간된 『출판편집자가 말하는 편집자』(2009)에 실린 글의 서두를 나는 다음과 같은 내용으로 시작했다.

책보다는 영상 매체에 익숙한 세대들에게 출판편집자라는 직업을 설명하기 위해 많은 이들이 흔히 출판편집자를 영화감독이나 방송 연출자에 비유하곤 한다. 상상력을 더 발휘해보면, 오케스트라의 지휘자나 전시장의 큐레이터에 해당한다고도 말할 수 있을 것이다. 전달하는 매체에 따라 다양한 직업으로 나타나기는 하지만, '의미를 나르는 상품'을 만들어낸다는 점에서 본질적으로 같은 일이라는 의미이다.

그런데 영화감독과 출판편집자 사이에는 커다란 차이가 있다. 영화 한 편을 만들기 위해서는 적게는 수십 명에서 많게는 100여 명이 넘는 제작 스태프들이 움직여야 하며 영화감독은 이들을 지휘하는 역할을 하지만, 출판편집자는 그렇지 않다. 물론 책을 만드는 데도 수많은 사람들의 노력이 개입하지만, 편집자의 직접적인 통솔이나 지휘를 받지는 않는다. '1인 출판'이라는 개념이 등장할 수 있었던 것도 그 때문이다. 하지만 이보다 더 큰 차이가 있다. 혹시 수십 년 전이라면 모르겠지만, 지금의 영화산업 구조에서 영화감독이 영화사에 직원으로 고용되어 있는 경우는 없다. 작품 단위로 계약을 할 뿐이고, 계약이 이루어진 뒤라 해도 투자를 받는 데 실패하면 고스란히 엎어지는 일도 비일비재하다. 그리고 아무도 그것을 이상하게 생각하지 않는다. 반면에 출판편집자라고 하면 으레 출판사에 취직하는 것으로 여기며, 일반 회사와 마찬가지로 정해진 시간 동안 일하고 그

대가로 정액 급여를 받는 직업으로 생각하는 것이 보통이다. (중략)

"무슨 일이든 처음부터 잘할 수는 없고 실무 경험이 쌓여가면서 능숙해지게 마련이거니와 책 만드는 일도 마찬가지 아니겠느냐"는 식으로 생각하시는 분들이 의외로 많다. 심지어는 경력이 쌓여가면서 숙련도가 높아질 테니 그에 따라 일하기가 훨씬 수월해질 것이고 나아가 당연히 같은 시간을 일해도 더 많은 대가가 돌아올 것이라고 기대하는 분들도 많다.

유감스럽게도 책이나 영화 같은 문화상품을 만드는 일에서는 이 두 가지 생각은 모두 착각이다. 책 만드는 일은 처음부터 잘해야 하고 그럴 수 있는 사람만 출판편집자로 살아남는다. 만일 경력이 쌓여가면서 책 만드는 매무새가 좋아진다면, 뒤집어 말해 예컨대 1년차 초보 편집자가 만든 책이 10년차 베테랑이 만든 책보다 완성도가 허술하다는 뜻일 수밖에 없다. 그렇다면 그 허술한 책을 읽어야 하는 독자는 어쩌란 말이며, 출판사를 믿고 원고를 맡긴 저자는 또 어쩌란 말인가. 영화관에 가서 정당한 관람료를 내고 영화를 보는 관객은 그 영화를 만든 사람이 이제 막 데뷔한 신인감독이라고 해서 더 너그럽지는 않다. 연기가 어설픈 배우에게 "아직 신인이라서……."라는 말이 변명이 될 수 있을까. 경력이 쌓인다고 해서 달라지는 것은 책의 완성도에 대한 기대 수준이 아니다. 영화감독의 몸값이 궁극적으로 흥행 가능성에 따라 매겨지듯이 책임의 규모에 대한 기대 수준이 달라질 수 있을 때만 경력은 의미를 가진다.

따라서 경력이 쌓여가면서 일머리가 결코 수월해지지도 않는다. 흔히 출판편집자를 요리사에 비유하기도 하지만, 책 만드는 일과 음식 만드는 일은 공통점보다 차이점이 많다. 가령 요리사는 김치찌개

하나만 기막히게 잘 만들어도 매번 똑같은 맛을 유지할 수만 있다면 김치찌개의 달인이나 명인으로 인정받을 수 있다. 수십 년을 하다보면 눈 감고도 그 솜씨를 발휘할 수 있을지도 모른다. 하지만 책은 한권 한 권이 모두 새로운 상품이고 새로운 도전이다. '베스트셀러 제조기'라는 찬사를 얻은 편집자라고 해서 다음 책도 성공하리라는 보장은 어디에도 없다. 작은 규모를 움직이는 사람이 실수로 긴장을 놓치면 작은 손해가 나지만, 큰 규모를 움직이는 사람이 긴장을 놓치면 실수라고 하기에는 너무나 큰 손해가 발생한다. 책임의 규모가 커질수록 긴장도가 높아질 수밖에 없고 따라서 경력이 쌓이는 만큼 일의 부하가 훨씬 더 커지는 것이 출판편집자이다.

간추리자면, 실은 출판사와 출판편집자의 관계도 영화사와 영화감독의 관계처럼 변해가고 있는 것이다. 영화감독을 꿈꾸는 어느 누구도 영화사에 취직한다고 생각하지는 않듯이, 단순히 출판사에 편집자로 취직한다는 생각만으로는 출판편집자를 직업으로 삼기 어렵다.

그리고 다음과 같은 내용으로 마무리했다.

가령 출판 현장 경험이 전혀 없는데도 적지 않은 나이에 우연히 출판사에 일자리를 얻고도 불과 몇 달 만에 거뜬히 제 몫을 해내는 분들이 수없이 많다. 심지어 출판과는 전혀 인연이 닿지 않는 일을 직업으로 가지고 있으며, 성실한 독자라는 점 외에는 출판이라는 직업을 꿈에서도 생각해보지 않았을 것 같은 사람들 중에서도, 그야말로 "타고난 편집자다!"라는 감탄을 자아내곤 하는 사람들을 개인적으로 적잖이 알고 있기도 하다. 반면에 몇 년씩이나 현장에서 종잇밥을 먹었다는 '경력 편집자'들 중에서도 선뜻 일을 맡기기에는 도무지 미덥지가 않은 분들도 수두룩하다. 그 차이는 도대체 어디에서 오는 것일까. 그것은 아마도 산술적으로 계량할 수 있는 '경력'이 아니라 삶의 구체적 계기 속에서 축적된 '경륜'의 차이일 것이다.

편집자가 다루는 텍스트는 그저 글자들의 나열이 아니다. 인격으로서의 존엄을 지닌 한 사람이 펼친 '정신 활동'의 소산이다. 그 앞에서 겸손해질 수 없다면 제아무리 오랜 세월 텍스트를 다루는 기술을 갈고 닦았다 해도, 그 텍스트의 가치에 걸맞는 책으로 만들어낼 수 없을 것이다. 텍스트를 제대로 다루기 위해 갈고 닦아야 할 것은, 해박한 지식이나 숙달된 기술이나 풍부한 실무 경험 따위가 아니라 다른 사람의 삶을 대하는 자세이다. 그리고 그것은 동시에 자신의 삶을 마주하는 자세이기도 하다. 요컨대 자신의 삶도 제대로 편집해내지 못하는 사람이 어떻게 다른 사람의 정신이 담긴 텍스트를 감히 편집할 엄두인들 낼 수 있을까. (중략)

시인이 직업이 아니듯, 또는 손에 꼽을 만한 몇몇 스타급 외에는 때로 영화감독도 그 자체로는 직업이 아닐 수 있듯, 출판편집자도 그 자체로는 직업이 아닐 수 있다. 당장 손에 잡히는 시나리오가 없어서 또는 몇 년을 공들여 만든 시나리오를 들고도 투자자를 못 찾아서 영화를 못 찍고 있는 영화감독도 영화감독이듯, 또한 영화를 못 찍고 있는 동안 생계를 위해 다른 일을 하고 있다 해도 그가 영화감독이라는 사실이 달라지지 않듯, 출판편집자도 마찬가지일 수 있다. 편집 일을 하고 있든 그렇지 않든 편집자로 살고 있는 사람이라면, 언제든 책을 만들 기회를 얻을 수 있는 출판편집자이다. 반대로 편집자로 살고 있지 못한 사람이라면, 정작 책을 만들 기회를 아무리 많이 주어도 아까운 종이로 '책'이 아니라 '폐지'만을 만들어내는 게 고작일 것이다. 그래서 중요한 것은, '편집 일을 하는 것(TO HAVE a job for editing)'이 아니라 '편집자로 사는 것(TO BE as an editor)'이다.

요컨대 '에디터'에서 '에디팅 매니저'로 출판편집자의 위상과 역할이 진화되어 왔다는 것이다. 이 글에서 나는 그러한 변화의 저변에 크게 세 가지 배경이 작용하고 있다고 진단했다.

우선 기술적인 측면에서, 편집 공정이 전산화되면서 기능적인 작업 영역이 거의 사라진 탓에 책임편집자의 역할을 감당할 수 있는 사람이 아니라면 출판사에서 할 일이 없어져버렸다. 좀더 구체적으로 살피자면 다음과 같은 내용이다.

20년 전, 책을 만드는 일은 물리적으로 사람의 손이 많이 가고 품이 많이 드는 일이었다. 물론 지금이라고 해서 손이 덜 가고 품이 덜 들게 된 것은 아니지만, 그 성격은 사뭇 다르다. 한 사람의 책임편집자 아래 적게는 서너 명에서 많게는 수십 명에 이르는 편집자들이 손발을 맞춰야만 비로소 책이 만들어지던 시절이었다. 그래서 그 당시에는 마치 영화감독이 되기 위해 연출부의 잔심부름부터 시작하듯이, 당장은 편집자로서의 소질이 보이지 않는 사람들도 활자 매체에 대한 친화력만 있다면 얼마든지 출판편집자의 길을 걸을 수 있었다. 몇 년 동안 선배의 어깨너머로 출판 일이 어떻게 돌아가는지 보고 듣고 깨우쳐 나가다 보면 어떤 사람은 잠재된 소질을 계발해서 책임편집자의 역할로 나아가기도 했고, 설령 그렇게 되지 못한다 해도 오랜 세월 손에 익힌 숙련 노동이 필요한 일거리는 출판사 안에 얼마든지 있었다. 그런데 1990년대 초부터 시작된 인쇄 제작 환경의 변화로 인해, 아무런 현장 경험이 없는 초보자를 세월 속에서 숙련시킬 수 있는 기능적인 일거리들이 거의 사라져버렸다.

다음으로 시장 환경의 측면에서, 출판 시장의 위축(또는 수용 태도의 변화)으로 말미암아 시장 실패의 위험이 증가하면서 경영 압박이 일상화되었으며, 공격적인 상품 개발과 위험 분산을 위해 시장을 읽고 내다볼 줄 아는 유능한 책임편집자여야만 일할 기회를 얻을 수 있게 되었다.

마지막으로 산업구조의 측면에서, 2000년대로 들어오면서 자본 집중이 심화된 것이 이러한 변화가 가시화된 직접적인 계기이다. 한기호 한국출판마케팅연구소 소장이 지적했듯 "주요 도매상의 상위 10개 출판사 매출점유율은 80%를 넘어섰다." 그에 따라 출판산업의 인력구조가 급속도로 재편되면서, 대규모 자본과 노동이 결합하는 하나의 방식으로 임프린트 제도가 확산되었으며, 다른 한편으로 입지가 날로 급격하게 축소되는 소규모 출판사에서도 영세한 규모로 생존을 유지하려면 자본이 노동을 고용하는 전통적인 의미의 기업이라기보다는 일종의 '동업자조합'에 더 가까운 형태를 띨 수밖에 없다.

한 사람 한 사람이 독립된 사업 단위

구체적으로 어떤 변화가 일어나고 있는가. 첫째, 전통적인 분업 구조가 해체되고 있다. 이제 '책을 만드는 사람'과 '책을 파는 사람'의 구분은 현장에서 거의 무의미하다. '에디터십'을 갖추지 못한 '마케터'도 어불성설이고, '마케팅 마인드가 결여된 편집자'도 형용모순이다. 편집자란 그저 책을 잘 만들면 된다는 소박한 접근으로는 '도대체 어떤 책이 잘 만든 책인가'라는 근본적인 질문 앞에서 망연해질 수밖에 없다. 아무리 정성을 다해 만든 음식이라도 먹어주는 사람이 없으면 '음식물 쓰레기'에 불과하듯이, 아무리 공들여 만든 책도 읽어주는 사람이 없다면 '폐지 더미'일 뿐이다. '잘 팔린' 모든 책이 '잘 만든' 책은 당연히 아니겠지만, 결과적으로 '잘 팔리지 못한' 책을 '잘 만든' 책이라고 할 수는 없다는 점 또한 명백하다. '잘 팔리지 못했'다면 어떤 지점에서건 '잘 만들지 못한' 것이다.

또한 최근 '인디자인'의 보급이 확대되고 있는 것도, 단지 어떤 소프트웨어를 채택하느냐의 문제가 아니라, '책의 텍스트를 다루는 사람'과 '텍스트를 지면 위에 시각적으로 구현하는 사람'이라는 편집자와 디자이너의 분업 구조도 해체되거나 적어도 재편되리라는 전망을 시사한다. 내 책『편집에 정답은 없다』에서 에디터십에 기반한 '디자이너'와 조판 업무를 기능적으로 수행할 뿐인 '조판기사'를 개념상으로만이라도 구분해야 한다고 지적했거니와, 적어도 본질적인 의미에서 '디자이너'라고 부르기조차 민망한 '조판기사'의 존재는 (마치 '타이피스트'라는 직업이 사라졌듯이) 현장에서 사라질 것이 거의 확실하다. 따라서 확고한 에디터십이 뒷받침된 가운데 텍스트를 주밀하게 소화해낼 수 있어야만 디자이너로서의 역할을 해낼 수 있으며, 반대로 지면 구성의 기능적·미적 원리를 스스로 구현해냄으로써 '추가 비용'의 발생을 억제하는 것도 편집자의 역할이 되는 것이다.

나아가 책이 만들어지는 공정을 통제하고 관리하는 편집자의 목표가 궁극적으로 '최소의 비용으로 최대의 효과를 얻는' 경제 원칙에서 벗어날 수 없는 까닭에, 편집자와 경영자를 나누는 전통적인 경계도 희미해지게 된다. 그것을 단적으로 보여주는 실례가 바로 임프린트 방식이고 또한 '팀제'이며, 사실상 일종의 '동업자조합'과 유사한 출판사 조직이다. 요컨대 편집자는 한 사람 한 사람이 '독립된 사업 단위'인 것이다. 그래서 위에 인용한 글에서도 다음과 같이 지적한 것이다.

> 사업을 경영하는 일에는 소질이 있어도 텍스트를 다루는 데 소질이 없는 사람이 출판편집자로 일하기 어렵다는 것은 너무나 당연하다. 하지만 그 반대도 마찬가지이다. 텍스트를 다루는 데 얼마간 소질이 있다 해도 사업을 경영하는 데는 도통 소질이 없다면 출판편집자로 일하기는 어렵다. 그런데 이 두 가지 능력이 꼭 무쪽 자르듯 나뉠 수 있는 것일까. (중략) 문제를 텍스트에서 삶으로 확장시켜 놓고 볼 수 있다면, 사업을 경영하는 일과 텍스트를 다루는 일을 가르는 것이 부질없어진다. 자신의 삶을 편집해낸다는 것이나 자신의 삶을 경영한다는 것이나 결국 같은 의미이기 때문이다. 그러니 위에서 전제했던 말은 이렇게 수정되어야 한다. 텍스트를 다루는 데 소질이 없는 사람이라면 사업을 경영하는 일인들 제대로 될 리가 없고 혹시 일시적으로 수완을 발휘할 수 있다 해도 반드시 과욕이 사고를 부르게 되어 있다. 또 사업을 경영하는 데 소질이 없는 사람이라면 텍스트를 다루는 일을 제대로 해낼 수 없고 혹시 겉으로 그럴싸해 보인다 해도 실은 공허한 관념놀음에 불과할 것이다.

무한 노동 강요하는 정글의 법칙

둘째, 이러한 위상 변화는 편집자가 전통적인 의미의 '노동자'보다는 '자영업자'로서의 성격에 더 가까워진다는 것을 의미하며, 바로 이 점이 편집자 개개인에게 가장 절실히 체감되는 변화일 것이다. 이 대목에서 다른 오해는 없었으면 한다. 흔히 '특수 고용'이라고 불리는 다양한 비정규 노동의 양태('화물연대'의 운송노동자들, 보험 설계사, 학습지 교사, 학원 강사 등)를 '자영업자'로 못 박아 규정함으로써 '노동자'로서의 성격을 부인하는 노동 정책에 조금이라도 부화뇌동하려는 게 아니다. 출판노동자의 성격이 '자영업자'에 더 가까워진다 해도, 다른 모든 특수 고용 노동자들과 마찬가지로 마땅히 그 또한 (순수하게 사업에 따른 매출이익이 아니라) '노동력을 제공한 대가로 임금을 받는' 노동의 한 형태임을 법적·제도적으로 인정받고 노동으로서 보호되어야 한다는 데는 아무런 이의가 없다. 다만 이렇듯 변화된 위상을 '있는 그대로' 받아들여야만 변화한 삶의 조건에 대처하는 새로운 전망의 단초가 마련되리라는 것뿐이다. 적어도 '경력'과 '임금 수준'을 곧바로 연결시키는 시대착오적 발상(지금도 북에디터 사이트에는 이런 발상에 기반한 푸념들이 즐비하다)으로는 어떤 노동 조건도 실질적으로 개선시킬 수 없다.

아무려나, 성과가 부진한 임프린트는 재계약을 거절당할 것이고, 하루아침에 '사업팀'이 공중분해되고 구성원들이 해고되어 뿔뿔이 흩어지는 사례도 부지기수이며, 외견상 '고용된 노동자'처럼 보이는 회사에서조차 제 몫의 밥벌이를 해내지 못하는 편집자는 뻔한 회사 형편에 스스로 눈치가 보여서라도 좌불안석일 수밖에 없다. 상대적으로 안정된 노동 조건을 유지하며 직업적 전망을 도모할 수 있는 길은 그야말로 '확실한 전문성'을 바탕으로 '쉴 새 없이 일하고 또 일해서' 갈고닦은 전문성을 가시적인 성과로 제시하는 것뿐이다. 냉정한 시장 논리는 생산성이 낮은 생산자가 시장에서 퇴출되는 것을 당연하게 여기며, 유감스럽게도 현재 한국의 출판산업은 책의 생산, 유통, 소비의 어떤 측면에서도 시장에서 조금이라도 벗어난 다른 질서의 토대를 전혀 가지고 있지 못한 무한 경쟁의 정글이다.

이 글을 다시 정리하고 있는 와중에, 이러한 실상을 상징적으로 보여주는 사건이 언론에 보도되기도 했다. '기획위원'이라는 제도를 도입하여, 정액 급여가 아닌 판매에 비례하여 일종의 '인세'를 지급하기로 계약하고는, 마치 '선인세'처럼 일을 하는 동안 정액을 '선지급'하는 방식으로 운영했다는 어느 출판사에서, 판매 부진으로 발생하게 된 '초과지급액'을 돌려 달라는 내용의 소송을 제기했다는 것이다. 기가 막힌 일이지만, 나는 놀라지 않았다. 차라리 '올 것이 오고야 말았다'는 생각에 소름이 돋았다.

다시 오해 없기를 바라지만, 신자유주의의 첨단을 달리며 '계약 자유의 원칙'을 무분별하게 휘두르는 상식 이하의 작태를 조금도 옹호할 생각은 없다. 대략 1만 부 이상 판매되는 책을 연간 10종 이상 만들어내야만 3천만 원 이상의 소득을 기대할 수 있는 '터무니 없는' 계약을 하여 '목구멍이 포도청'일 수밖에 없는 구직 편집자들을 우롱한 것은 두말할 나위 없이 비난받아 마땅한 일이다. 또한 애당초 판매 실적에 따라 정산을 하기로 계약하고서 도대체 무슨 생각으로 '성과를 상회할 게 뻔한' 정액 보수를 미리 지급받았는지를 따지며 '피해자 탓하기'를 하고 싶지도 않다. 성과가 가시화될 때까지 무보수로 일할 수 있는 사람은 많지 않을 테고, 그런 황당한 조건으로라도 일이 필요했을 절박함 또한 얼마든지 이해할 수 있는 일이다.

다만 그럼에도 불구하고 내가 더 주목할 수밖에 없는 지점은 기획위원들이 '성과 보수의 선지급'을 당장 편한 대로 '정액 급여'라고 여겼다면 시대착오적인 순진함일 터이고, 진심으로 보수에 값하는 성과를 기대한 것이라면 '취업'은커녕 '사업'도 아닌 '도박'에 지나지 않는다는 준엄한 사실이다. 요컨대 그 출판사는 적자생존의 정글로 변모한 출판 환경에 미처 적응하지 못한 '순진한' 편집자들의 '생계의 절박함'을 악용해 '취업'이라고 속여 '도박판'에 끌어들인 셈이다. 앞서 출판산업도 영화산업처럼 변화하고 있다고 지적하기는 했지만, 영화감독은 특별한 경우가 아니라면 '성과 보수'로 약속된 금액을 미리 지급받지도 않을뿐더러 그런 특별한 경우가 아닌 한 흥행이 실패했다고 해서 미리 지급된 보수를 반환하지도 않는다. 다만 흥행 실적이 저조하면 다음 영화를 찍을 기회를 얻기가 어려워질 뿐이다. 이런 이치가 출판에도 적용되고 있다는 현실만 직시했어도 일어나지 않았을 '사고'라는 것이다.

실제로 나는 출판편집자가 되기 위해 강의를 들으러 오는 이들에게 첫 시간부터 이렇게 이야기하곤 한다.

"출판사를 '김밥집'에 비유하자면, 대개 적잖은 수강료를 내고 강의에 기대하는 내용은 '김밥 마는 기술'을 가르쳐달라는 것이다. '김밥집'에 취직하기 위해 '김밥 마는 기술'을 열심히 배워 갈고 닦겠다는 의지로 충만하다. 그러나 그런 출판사는 없다. 굳이 비유하자면, 출판사는 '김밥집'이 아니라 '김밥집 체인 본사'다. 출판사에서 구하는 사람은 '김밥 마는 기술자'가 아니라 '김밥집'을 운영할 사람이다. 조건은 이렇다. 가게 내주고 재료 대주고 레시피도 주고 심지어 최소한의 생계비도 준다. 그렇게 장사를 해서 회사에서 제공한 비용을 제하고 남는 이익을 회사랑 나누자는 것이다. 회사에 따라 다르긴 하지만 대개는 그 이익이 사회적으로 합당하다고 여겨지는 소득에 이를 때까지는 다 가져가라고까지 한다. 물론 적자를 냈다고 해서 비용을 돌려달라고 하지는 않는다. 다만 계속 손해가 발생하거나 이익을 기대할 수 없다고 판단될 때 '운영을 포기하고 가게를 비우라'고 요구할 뿐이다.

프랜차이즈 사업에 관심을 가져본 사람은 알겠지만, 이건 거의 '환상적'으로 좋은 조건이다. 시간과 노력 말고는 따로 비용 부담이 없지 않은가. 다만 그래서 진입장벽이 높은 것이다."

아이러니하게도 이런 이야기를 들으면 표정들이 눈에 띄게 어두워지곤 한다. 정해진 시간 동안 정해진 일을 하면 정해진 보수를 받는 일이 아니라는 사실에 당혹스러워하는 기색이 역력하다. 이젠 내 강의 내용도 조금은 업그레이드해야 할 것 같다. "심지어 회사가 부담한 비용을 돌려달라는 회사까지 출현했다. 그런데 역설적이지만, 이 직업이 '김밥집 운영'이라고 생각하는 사람보다는 '김밥 마는 기술자로 취직'하는 것으로 여기는 사람일수록 이런 터무니없는 조건을 수용할 가능성이 더 높다."

게다가 산업예비군의 존재가 열악한 노동 조건의 유지를 지탱한다는 고전적인 이론에서처럼, 과포화된 노동력 시장이 정글의 법칙을 더욱 살벌하게 몰아가기까지 한다. 단순한 산수로, 단행본 시장 규모를 대략 1조 5천 억으로 추산하면, 모든 출판사가 영업이익이 전혀 없이 매출액을 모두 비용으로 지출한다는 비현실적인 가정을 한다 해도 편집자들의 임금으로 지불될 수 있는 총액은 1,500억을 넘지 못할 것이다. 이 직업에 요구되는 전문성이나 교육 수준을 감안해 생애평균임금으로 최소한 연봉 3천 만원은 기대한다면 고작 5천 명이 수용 가능한 최대치가 될 것이고, 비현실적인 가정으로 넉넉히 잡은 것이 이 정도이니 현실은 그보다 훨씬 적을 것이다. 하지만 현재 단행본 편집자가 5천 명밖에 안 된다면 아무도 안 믿을 것이며, 연간 3백 명이 넘는 젊은이들이 어떻게든 출판편집자로 일할 기회를 얻으려 수십만 원의 수강료를 부담하며 취업 가능성을 타진하고 있다.(강의 프로그램을 통하지 않고 각개약진하는 이들까지 포함하면 훨씬 더 많을 것이다.)

박봉은 더 이상 문젯거리조차 안 되는 잔인한 상황이다. 가령 연봉 1,500만원 수준의 박봉도 감수할 의사가 있는 사람이라 해도, 그에 값해 1억 5천 이상의 연 매출을 책임질 수 없다면 가차 없는 퇴출 대상의 처지로 전락할 수밖에 없기 때문이다. 또는 그 정도 능력은 충분한 사람이라 해도, 적게 벌어들이고 적게 받으면 그만이라는 '자발적 가난'의 소박함이 설 자리는 결코 없다. 정글에서는 목표치는 언제나 과도하게 설정되게 마련이며 스스로 목표치를 낮춰 잡는 사람은 언제든 퇴출시켜도 그만인 '루저'일 뿐이다. 1억 이상의 매출을 책임지는 건 무리라고 스스로의 능력을 판단해서 연봉 1천의 박봉을 감수하겠다는 편집자보다는 연봉 3천은 받아야겠다고 호기를 부리며 '할 수 있다' '하면 된다'고 3억 매출을 목표로 노심초사하는 편집자가 더 '가능성 있는' 편집자로 평가받기 일쑤다.

어느 출판사 사장은 "회사가 요구하는 편집자는 사냥개인데, 요즘 편집자들은 애완견 같다"는 불만을 토로했다고 한다. 아마도 '성과 보수'를 '선지급' 받은 이들도 유별나게 '배짱'이 좋아서가 아니라 이런 분위기에 자신도 모르게 휘둘린 탓일 테다.

그러니 자의로든 타의로든 일손을 놓아 버리기 전에는 조금이라도 숨 돌릴 틈을 찾기 위해서라도 더 악착같이 자신을 혹사시켜야하는, 충족불가능한 욕망의 악순환에서 벗어날 길이 없다. 결국 살아남는 쪽에 낄 수 있다 해도 그다지 영광스러울 것도 없는 상처뿐이고, 남는 것은 '도대체 무엇을 위해 그리 악착을 떨었는지 모르겠다'는 허무뿐이다.

직업이 아닌 삶의 방식

셋째, 박봉과 격무로 대변되는 열악한 노동 조건만이 문제의 전부가 아니며 스스로를 그토록 혹사시키고도 그 의미를 찾을 길이 막연한 허무가 더욱 심각한 문제라면, 그것을 견뎌낼 수 있는 힘은 궁극적으로 '능력'이 아닌 '태도'에, '얼마나 노력하는가'가 아니라 '어떻게 노력하는가'에 있을 것이다. 작가가 그러하듯, 또는 예술가가 그러하듯, 아니 정신적 생산물을 만들어내는 모든 사람들이 그러하듯, 이제 편집자는 단순한 '직업'이 아니라 '삶의 방식'이다. 이것이야말로 이 시대의 편집자들이 맞닥뜨린 가장 큰, 가장 근본적인 전환이다. 앞서 인용했듯, 편집자의 '진화'를 설명하는 글을 '소유냐 삶이냐'는 고전적인 질문으로 마무리한 것도 그래서이다.

그런데 내가 '편집자라면 마땅히 그래야 한다'고 역설할 때, 더러 그 취지를 오해하는 사람들이 있다. '훌륭한 편집자라면 마땅히 그래야 한다'고 알아듣고는 고개를 끄덕이며 '훌륭한 편집자가 되기 위해 노력하겠다'는 각오를 새삼스레 다지더라는 것이다. 전적인 오독이다. 나는 훌륭한 편집자의 조건을 말한 것이 아니라 편집자의 정체성을 말한 것이다. 아니 그것이 굳이 '훌륭한 편집자'라면 이렇게 고쳐 말할 수밖에 없다. 훌륭하지 않다면 편집자로 살아남기는 애당초 글러먹은 일이다. 위에서 말했듯, 그런 훌륭한 편집자가 못 되는 사람이 설혹 살벌한 생존 경쟁에서 살아남는다 한들 영광스러울 것도 없는 상처뿐이다.

이것은 그저 공허한 '개똥철학'을 늘어놓기 위한 변설이 아니다. 고용이 불안정해진 조건에서 가장 현실적인 직업적 전망을 제시하기 위한 것이다. 가령 아무리 유능한 편집자라도 향후 1~2년간의 출간 예정 목록을 기획해내는 데 실패할 수도 있다. 혹시 자기 돈으로 하는 사업이거나 전폭적인 신뢰 속에서 위험을 감수할 의사가 충만한 투자자가 있다면 죽이 되든 밥이 되든 능력이 닿는 대로 밀어붙여 볼 수도 있겠지만, 머리를 쥐어짜내 어렵사리 만들어낸 계획이라도 투자자에게 타당성이 없어 보인다면 아무 소용이 없는 일이다.(일종의 '동업자조합'일 수밖에 없는 출판사에 일자리를 얻는 일도 마찬가지다. 위험을 서로 나눠야 하는 만큼 '의기투합'에 기반한 전인격적인 신뢰가 없이는 함께 일할 기회를 얻기 어렵다.) 그리고 투자를 받아낼 수 있는 설득력 있는 기획안을 도출해낼 때까지는(또는 전인격적인 신뢰 속에 위험을 기꺼이 함께 나눌 회사를 만나기 전까지는), 마치 당장 손에 잡히는 시나리오가 없어서 또는 몇 년을 공들여 만든 시나리오를 들고도 투자자를 못 찾아서 영화를 못 찍고 있는 영화감독처럼, 일단 일손을 놓을 수밖에 없을 것이다. 그리고 그렇게 일손을 놓은 동안에도 생계를 멈출 수는 없는 노릇이라면 책 만드는 일이 아닌 다른 일을 할 수밖에 없을 것이다. 편집자가 단순한 직업이라면 책 만드는 일에서 손을 놓고 다른 일을 하는 것은 일시적이든 영구적이든 '전업'임에 분명하겠지만(또한 결국 그렇게 '전업'으로 귀결되는 이들도 현실적으로 적지 않겠지만), 편집자로 사는 사람에게라면 실제로 책을 만들고 있는가 아닌가는 본질적인 문제가 아니다. 충분한 준비가 되고 적절한 기회를 얻으면 책을 만드는 것이고, 그렇지 못하다면 비록 다른 일로 생계를 감당할지라도 준비를 게을리하지 않을 뿐인 것이다.

그리고 바로 이 지점에서, 살벌하기 짝이 없는 정글의 법칙이 지배하는 반문화적인 출판산업 구조를 근본적으로 뒤흔들 수 있는 다른 질서의 가능성을 찾을 실마리를 얻게 될 것이다. 책을 만드는 일이 단순한 '직업'이 아니게 된다면, 즉 그 일에 전적으로 생계를 걸지 않게 된다면, 그저 사회적으로 의미 있는 문화적 성과를 도출했을 때 그에 대한 사회적 보상만으로도 기꺼울 수 있다면, 책을 만드는 일은 적어도 지금보다는 '자본'으로부터 자유로워질 수 있다.

물론 자본은 이윤만 확보된다면 정글의 법칙을 강요하기를 멈추지 않겠지만, 또 자신을 혹사시켜서라도 직업적 성취를 유지하려는 갈망을 못내 떨치지 못하는 사람들도 틀림없이 존재하겠지만, 충무로 상업 영화도 있고 실험적인 독립 영화도 있듯이, 그런 출판을 군이 부인할 필요는 없다. 다만 그들과 시장 안에서 '누가 더 책을 많이 팔고 돈을 더 버는가'를 놓고 경쟁하는 것이 아니라, 자본이 지배하는 시장과 자본에서 자유로운 공공적 연대가 '누가 더 다양한 사람들의 삶에 더 의미 있는 읽을거리를 마련해주는가'를 놓고 전혀 다른 차원에서 경쟁해보는 것은 어떤가. 편집자의 삶을 살고 있는 사람이라면, 상상만으로도 신바람나지 않는가. 그런데 그런 신바람 나는 '연대'는 상상조차 요원하다.

목마른 사람이 샘 판다

나는 2010년 5월부터 2011년 7월까지 〈한겨레〉에 '책마을 돋보기'라는 타이틀로 칼럼을 연재했다. 그동안 쓴 14편의 글을 다시 간추려 읽자니, 묘한 느낌이 떠올랐다. 곰곰 생각해보니, 그 정체는 기시감이었다. 2004년 1월부터 이듬해 3월까지 〈기획회의〉에 '출판가 쟁점'을 연재한 일이 있는데, 그 사이 7년의 세월이 흘렀는데도, 당시에 내가 '쟁점'으로 제기했던 출판계의 '현안'들이 어느 하나 해결된 것 없이 여전히 '초미의 현안'으로 고스란히 남아 있다는 현실이 너무나 참담했다. 아니 심지어 어떤 문제들은 8년 전의 글이 너무나 순진해보일 만큼이나 더는 어떻게 손을 쓸 수 없게 악화되어 있기까지 했다.

공정하게 말하자면, 내가 7년 전에 제기했던 문제들이 당장 가시적인 진전을 기대하기에는 너무나 근본적이고 장기적인 과제였기 때문인지도 모른다. 그리고 그런 평가에 일리가 있다면 지금 내가 목청 높여 제기하고 있는 문제들 또한 마찬가지일지도 모른다. 가령 법이나 제도의 개선이 필요한 내용은 정책당국의 의지를 이끌어내지 못하는 한 백년하청일 수도 있고, 출판계 안에서 노력해야 할 사안이라 해도 적잖은 비용이 요구되는 내용이라면 허망한 공염불에 지나지 않을 수도 있다. 그러나 아무리 '사실상 뾰족한 방법이 없는 현실'을 얼마든지 인정한다 해도, 왜 10년 가까이 '식상하고 진부한' 얘기를 되풀이하는데도 여전히 그 타령인지 도무지 납득이 안 가는 내용들이 훨씬 더 많다.

'발상을 전환'하는 데, '상상력'을 발휘하는 데, 그것을 서로 부추기고 '현실가능한 범위'의 실천을 서로 격려하고 지지할 수 있는 '관계'를 만들어가는 데, 정부의 협조가 필요한가 아니면 돈이 드는가? '생각하는 동물'로서의 자존에 충실하다면, 관계를 벗어나서는 결코 살 수 없는 '사회적 동물'로서의 본능에 정직하다면, 유치원생이라도 할 수 있는 일을 안 하면서 노상 '현실' 탓만 한다. 관계가 무너졌는데, 아무리 시급히 필요한 정책인들 도대체 무슨 힘으로 ('관철'은 고사하고) '주장'이라도 해볼 것이며, 상상력이 부실한데, 아무리 벗어나고 싶은 '현실'인들 도대체 무슨 수로 그 견고한 '현실적 여건'을 ('돌파'는 고사하고) '우회'라도 할 수 있단 말인가.

백 걸음을 양보해서, 그마저도 우리 사회 어디서나 마주칠 수 있는 지극히 '평범한' 일상인의 모습이라 치자. '자존'을 지키는 것은 버겁기만 하고 '본능'을 발현하는 것은 귀찮기만 한 일이라는 것이야말로 이 시대를 특징짓는 도도한 '시대정신'이며, 출판인이라고 해서 별천지에 사는 건 아닐 테니까. 가령 연전에 화제를 모은 드라마 〈선덕여왕〉에서 미실이 "백성은, 진실을 부담스러워합니다. 희망은 버거워하고, 소통은 귀찮아하며, 자유를 주면 망설입니다."라고 말했을 때, 대다수의 갑남을녀들은 묘한 양가감정을 느꼈을 것이다. 최소한 '먹물' 구경이라도 한 사람이라면 '나'를 '백성'의 자리에 놓았을 때 일단 불쾌감이 들었을 것이다. 두말할 나위 없이 전형적인 '파시즘'적 선동이기 때문이다. 그러나 다른 한편, 슬그머니 '나'를 빼놓고 '못마땅하기만 한 현실'을 구성하는 일반적인 '사람들'을 그 자리에 놓으면 씁쓸하기는 할망정 무릎을 치게 하는 통쾌함을 맛보기도 했을 것이다. "나는 안 그런데 세상(사람들)이 그

모양이니, 별 수 없잖아?" 좀더 정직하다면, "당장 나부터도 그런데 뭘."까지는 들여다볼 수 있겠지만 '파시즘'을 내면화하고 있다는 점에서 다를 건 없다.

다 좋다. 그런데 한 가지만 묻자. 그렇다면 '책'은 뭐 하러 만드나. 그리 편한 일도 아니고(노상 일에 치이고 지쳐서 주위는커녕 자신조차 돌아볼 겨를이 없다며?), 불안정한 데다 직업적 성취의 전망이 밝지도 않고(마흔 넘으면 뭐 먹고 살지 막막하기만 하고), 급여가 넉넉한 것도 아니고(88만 원보다는 많으니 그나마 괜찮은 건가?), 도무지 쎄고 널린 '알바'보다 나을 게 없지 않은가. "달리 재주도 없고 할 줄 아는 게 없어서"라는 핑계는 전혀 정직하지 못하다. 세상에는 특별한 지식이나 기술이 필요 없는 직업이 (물론 그 대다수가 고용불안정과 저임금이긴 하지만) 훨씬 더 많다. 게다가 그렇다고 '자존'을 확인할 기력도 '본능'을 따를 여유도 없는 처지라면 '책 만드는 재주'가 있는 것도 '책 만들 줄은 아는' 것도 아니지 않은가. 적어도 '책'이라는 것이 '생각'을 매개로 '관계'를 만들어내는 물건이라면 말이다.

아니, 다시 한 번 공정해지자. 어쩌면 이런 얘기가 단지 지나치게 근본적이고 장기적인 과제라서 공허하게 들리는 게 아닌지도 모른다. 상상만으로도 소름이 돋는 일이긴 하지만, 나는 '엉뚱한' 곳에서 '뜬금없는' 얘기를 떠들어 왔던 건지도 모른다. 사실상 '책'을 만들고 있지 않은, '책'을 만들 의사도 능력도 없는 사람들에게, 그저 '책을 만들고 있다'는 일용할 허위의식을 위무하기에는 너무나 먼 거리에 있는 아득한 얘기가 아니겠는가 말이다.

오해하지 말았으면 좋겠다. 나는 지금 '부끄러움'을 느끼라고 질타하는 게 아니다. 물론 '부끄러움'이란 '자존'을 가진 인간이 스스로에게 갖춰야 할 최소한의 예의지만, 때로 '어쩔 수 없는 현실'을 핑계로 한 발도 움직이지 못하는 스스로에게 부여하는 '면죄부'로 오용되기도 한다. 분명히 말하자. 극심한 갈증을 느끼면서도 '샘을 팔' 엄두도 못 내고 있는 무기력을 질타하는 게 아니다. 아무리 무기력한 사람이라도 정말로 죽을 만큼 목이 마르면 어떻게든 샘을 찾아 살 궁리를 하게 마련이다. 당장의 갈증을 해결하는 것 외에 그에게는 더는 아무것도 중요하지 않다. 그게 '본능'이고 '자존'이다. 그러니 샘을 파라 바라 할 문제가 아니다. 샘을 팔 기력도 없다며 그러니 누가 물 좀 줬으면 좋겠다고 막연히 바라기만 하는 사람들에게 단지 이렇게 묻고 싶은 것이다. "정말 목마른 거 맞아?"

거대한 구조악이 목을 졸라대는데 왜 '개인'의 성찰과 실천 문제로 '물타기'를 하느냐고 비난하는 분이 있을지도 모르겠다. 하지만 시스템을 움직이는 건 결국 사람이다. 한 사람 한 사람의 자각과 행동 없이 구조악에는 도대체 어떻게 맞설 것인가. 게다가 '생각'도 '관계'도, 누군가가 대신해줄 수 있는 것도 아니고 열심히 돈 벌어 살 수 있는 것도 아니다. 어차피 필요한 사람이 필요한 만큼 제 힘으로 해결해야 할 문제다. 그러니 남 탓, 현실 탓, 구조 탓 하지 말고, 목마른 사람이 샘 파자.

1인 출판, 거품이 꺼진 자리에는 무엇이 남았나

(마르크스식으로 말하자면) 지난 10년간 하나의 유령이 출판업계를 배회했다. 그것은 '1인 출판'이라는 유령이다. 긍정적으로건 부정적으로건 많은 사람들이 '1인 출판'을 입에 올렸지만, 정작 그 수많은 말들 속에 등장하는 '1인 출판'이 과연 정확히 무엇을 의미하는지

가늠하기는 쉽지 않다. 이것은 '1인 출판'이라는 새로운 흐름의 성패를 평가하기 이전에 그것을 일련의 '현상'으로 파악하는 것이 가능한가라는 근본적인 의문에 직면하게 한다.

1인 출판의 등장 배경

사실 책이 만들어져 판매되기까지의 일련의 과정을 제 나름의 깜냥으로 파악하고 있는 이 바닥의 '빠꼼이'들 치고 말 그대로의 의미에서 '1인 출판'이 가능하리라고 믿는 사람은 거의 없다. '1인 출판'의 가능성을 낙관적으로 전망할 때조차도 그것은 그저 '(당장은 자기 한 사람만을 스스로 고용할 수 있을 정도의) 소규모 창업'을 좀더 그럴듯하게 들리는 유행어로 포장한 것에 지나지 않을 때가 많다. 그래서 업계 안팎에서 '1인 출판'의 전형적인 사례로 관심을 모았던 많은 이들이, 바로 그런 관심을 불러일으킬 만한 성공을 통해 어느 정도 규모를 확보하게 되면, 한두 사람 정도를 더 고용하여 더 이상 '1인 출판'이라고 이름 붙이기 멋쩍게 되기도 했고, 또는 자기완결성을 가진 사업으로서 경영하는 것 자체를 당연한 전제가 아닌 '목표'로 삼은 채 다분히 자족적인 출판 활동에 머물러 있는 경우도 적지 않다.

그런데도 여전히 '1인 출판'은 많은 이들에게 매력을 발휘하고 있고, 특히나 업계 경험이 거의 전무한 채로 막연하고도 피상적인 이해만으로 창업을 모색하는 어찌 보면 무모하기 짝이 없는 이들에게, 현실적으로 전혀 가능하지 않은 말 그대로의 뜻으로 오해되는 경우가 많다는 것을 어렵지 않게 확인하기도 한다. 이 모든 정황은 '1인 출판'이 현상이 아닌 담론(또는 담론적으로 구성된 가상현실)일 뿐이라는 의심을 불러일으키기에 충분하다.

물론 이러한 담론이 형성된 데에는 업계 내외의 사회적 배경이 복합적으로 작용하고 있다. 널리 알려져 있듯 새천년 벽두의 출판 산업은 대형 도매상들의 부도 사태로 초유의 위기에 직면하고 있었다. 게다가 시장 상황의 변화로 인해 시장 위험이 고도화되었다는 구조적 위기가 광범위하게 내연되어 있었다. 이러한 조건은 한편에서는 본격적인 '기획출판'의 시대를 여는 배경으로 작용하면서 출판 산업이 한 단계 도약하는 계기를 마련하기도 했지만, 다른 한편에서는 만성적이고 구조적인 고용 불안을 배태할 수밖에 없는 요인으로 작용할 수밖에 없었다.

　회사의 시스템을 통해 시장 위험을 분산함으로써 안정적인 생산 조건을 확보하기에는 열악한 자본이 감당할 수 있는 수준을 훨씬 넘어서는 자금 경색이라는 현실적 조건 앞에서 공동의 가치와 지향에 기반한 생산성의 질적 척도를 따지는 것 자체가 사치일 수밖에 없었다. 시장 위험은 고스란히 개개인의 구성원에게 전가되었고, 매출 실적으로 에누리 없이 표현되는 생산성의 양적 척도에 따라 임금 수준이 냉정하게 결정되고 노동 강도는 개개인이 처한 상황을 아랑곳하지 않고 무한정 강화되었으며 나아가 고용 여부에까지도 막강한 힘을 발휘하는 형편이 된 것이다.

　당장은 '짤릴' 위험이 없는 유능한 사람이라 해도 시장 실패로 인한 실적 저하가 발생할 경우 언제든 미련 없이 해고될 수 있다는 불안 앞에서 노동 강도만 높아져 갔으며, 하물며 당장 '모가지'가 오락가락하는 불안정한 실적으로 좌불안석일 수밖에 없는 더 많은 사람들은 더 말할 나위가 없었다. 이렇듯 어차피 시장 실패의 위험을 개인이 감당할 수밖에 없는 조건에서 굳이 회사 조직 속에서 직업적 전망을 모색할 이유를 발견할 수 없었던 것은 어쩌면 인지 상정일 것이다. 차라리 고유의 가치와 지향을 누구 눈치 볼 것 없이 자신의 생산 과정에 최대한 실현해내면서 노동 강도도 감당할 수 있을 만큼으로 적당히 유지하고, 설령 실패하게 되더라도 그 '민폐'의 범위가 자기 자신만으로 제한되는 각개약진이 구조적으로 강요된 것이다.

사람이란 아무리 험한 상황에서도 그 조건을 발판으로 새로운 활로를 찾으려는 희망을 포기하지 않게 마련이다. '1인 출판' 담론은, 어쩌면 강요된 선택에 어쩔 수 없이 직면한 출판 종사자들이 스스로를 격려하기 위한 '자기 포장'의 수사학은 아니었을까.(그럼에도 업계 밖에서 전혀 엉뚱한 맥락으로 이를 증폭시킨 언론의 선정적 부추기기를 통해 유령 담론이 확산되었다는 점도 분명히 짚고 넘어가야 할 대목이다. 나날이 위축일로를 걷는 시장 상황은 도외시한 채 누구든 의지만 있으면 단기필마로 뛰어들어 승부를 걸어볼 만한 미개척지인 양 떠벌여댄 것은, 종잇밥으로 잔뼈가 굵고서도 내일을 기약할 수 없는 살얼음판을 걸어야 하는 출판인들을 '두 번 죽이는' 행태였다.) 물론 몇몇 스타급 편집자들이 '기획출판'을 통해 성공을 거두기도 했던 사례들이 희망의 실마리를 제공해 주기도 했고, 출판 생태계를 위해서도 다양한 색깔의 출판사가 공존하는 것이 바람직하다는 사회적 이상에 부합하는 길이기도 했으니 명분도 분명했다.

1인 출판의 속내

이런 조건들이 조금이라도 완화된 것도 아니고 그럴 조짐의 실마리가 보이는 것도 아니다. 오히려 구조적으로 더욱 견고하게 강화되었다. 그런데도 '1인 출판' 담론의 위력은 적어도 업계 안에서는 몇 년 사이에 현격히 감소되었다. 그것은 독점의 심화로 인해 소규모 출판의 판매 위험도가 더욱 커졌다는 상황과 맞물린 결과이다. 시장 위험에 대한 완충 효과를 기대만큼 해주지 못하는 조직에서 '자의 반 타의 반' 떠밀려나와 각개약진의 각오를 새삼스레 다진 것도 잠시, '조직의 쓴 맛'을 제대로 보게 된 것이다. 한 마디로 시장에서는 자본만이 이긴다. 그것이 고도의 시장 위험이라는 새로운 조건에 출판 자본이 조응하여 창출해낸 생존의 법칙이다.

채찍이 있으면 당연히 당근도 있게 마련이다. 출판은 제아무리 대규모 자본이라 해도 주력 상품을 대량 생산하여 이익을 극대화할 수 있는 산업이 아니다. 시장의 크기는 줄어드는데도 출간 종수가 늘어가는 것을 신기해하는 이들도 있지만, 이것은 오히려 당연한 일이다. 시장의 크기가 줄기 때문에라도 기를 쓰고 종수를 늘릴 수밖에 없다는 것이다. 그것이 시장 위험을 가장 효과적으로 분산시키는 방법이기 때문이다. 그러니 어쩌겠는가. 자본을 위해 끊임없이 새로운 책을 만들어줄 '사람'을 확보하는 것이 절체절명의 과제가 될 수밖에!

물론 이때 전통적인 방식으로 고용을 통해 인력을 확보하는 것은 시장 상황에 능동적으로 대처하여 생산 규모를 신속하게 조정하는 데 적합하지 않다. 하지만 자본의 의지가 아무리 확고한들 준비된 노동력들이 적절하게 공급되지 못한다면 무척이나 낭패스러운 일이 아닐 수 없는데, 다행히도(?) '1인 출판' 담론이 한 시기를 횡행한 덕에 이 난제가 손쉽게 해결될 수 있었다. 그래도 창업이라도 꿈꿀 만한 잠재적 경쟁력을 지닌 업계의 내로라하는 인재들이 즐비하게 '1인 출판' 간판을 걸고는 '경영난'이라고 하기에도 민망한 '생활고'에 직면하여 '알바'거리를 찾고 있지 않은가. 단발적인 '알바'에 그치지 않고 장기적인 기획에 투자를 하고 수익을 나누는 임프린트 시스템은 적어도 현 단계에서 이 '당근'의 가장 발전된 양상일 것이다.

'담론'의 거품을 걷어내고 '현상'에 시선을 집중하면, 노동 시장 유연화라는 '글로벌한' 신자유주의 질서에 한국 출판 산업이 내부의 아무런 저항도 없이(오히려 새로운 희망에 속없이 들뜬 아낌없는 협조까지 받아가며) 순조롭게 조응하여 노동 장악을 구조적으로 강화했다는 실체만이 남는다.

'우물 안 개구리' 조차 아쉽다

책 만드는 일을 잘해내려면 세상 돌아가는 사정에 어두워서는 안 된다는 것쯤은 상식에 속한다. 세상이야 어찌 돌아가건 눈과 귀를 꼭 닫고 원고더미에만 코를 박아 보았자, 그 원고의 가치가 제대로 보일 리도 없고, 그 가치를 온전히 책 속에 담아낼 방법을 찾을 길도 막연할 것이며, 궁극적으로 그 가치를 전달할 독자를 창출해내기도 언감생심일 것이다. 책을 통해 만나야 할 독자들은, 세상에서 몸 부딪치며 하루하루를 힘겹게 살아내고 있는 갑남을녀들이지 세상과는 동떨어진 별천지에서 '독서삼매경'에나 취해있는 탈속적인 존재들이 아니기 때문이다.

연전에 출판학교 지원자들을 대상으로 한 면접에서, "지난 1주일 동안 일어난 사건 가운데 한국 사회에 가장 중요한 의미를 가진 사건이 무엇인가"라는 질문을 던진 적이 있다. 물론 정답은 없다.

사람마다 얼마든지 다른 대답이 나올 수 있다. 하지만 아예 답변할 말을 찾지 못한다면, 신문이나 방송 뉴스와는 담을 쌓고 산 티가 역력하다면, 일단 책 만드는 사람으로서는 '자격 미달'이라고 판단해도 그다지 큰 무리는 아닐 성싶다. 그러나 현직 종사자들조차 이토록 기초적이고 상식적인 '자격'을 충족하지 못하는 이들이 수두룩하다면, 지망생들에게 '자격'을 따져 묻는 것이 과연 정당할까.

새삼스럽게 이런 회의가 떠오른 것은, 크고 작은 '표절' 문제가 한창 인구에 회자될 무렵 20여 명의 수강생 전원이 현직 편집자였던 어느 강의에서 마주쳐야 했던 당혹스러운 현실 때문이다. 실제 사례를 들어 알기 쉽게 설명하기 위해, 출판 동네 안의 '알 만한 사람들은 알고 있는 뒷소문'도 아니고, 언론을 통해 제법 떠들썩하게 공론화되었던 사건을 예시하는데도 단 한 명의 예외도 없이 '생전처음 듣는 얘기'라는 듯한 표정을 짓는 것을 보고 울컥 치밀어 오르는 참담함을 느꼈다. 초보 편집자들이니 불과 한두 해 전에 일어난 '따끈따끈한' 사건이라도 사전 정보가 없을 수도 있겠거니 할 텐데, 바로 며칠 전에 발생한 현재진행형의 일이고 실은 나 역시도 시시콜콜한 속사정을 알지 못해 그저 언론에 보도된 수준의 팩트만 언급했을 뿐인데도 술자리 따위에서 '뒷소문'을 얻어듣는 것과 다르지 않은 태도였던 것이다.

그래서는 안 되는 것이긴 하지만, 책 만드는 사람이라고 해서 딴 세상에 사는 것도 아니고 어차피 제 앞가림조차 버거운 갑남을녀들임에 분명할 테니 백 걸음 양보해서, 가령 서울 한복판에서 열린 G20 정상회담 따위에 미처 시선이 닿지 못하는 것쯤은, 아니 몇 백 날씩이나 힘겹게 이어진 비정규직 투쟁처럼 언제든 내 문제가 될 수 있는 이웃들의 숱한 문제들에 까맣게 무지한 것까지도, 딱하게는 여길망정 차마 나무랄 일은 아니라 치자. 하지만 '좁아터진' 출판 동네 안에서 일어나는 일에조차 눈과 귀가 막혀 있다면, 도대체이 사람들이 하루하루를 발 딛고 살아내는 '세상'의 실체는 무엇이란 말인가. '우물 안 개구리'에게도 비록 좁아터진 '우물'일망정 '세상'은 틀림없이 존재할진대, 이건 아예 '우물 안 개구리'만도 못하지 않은가.

수강생의 질의에 응답하는 과정에서 마침 적절한 사례라 판단되는 사건의 의미와 시사점을 설명하려고 꺼낸 예시였을 뿐이었는데, 결과적으로는 오히려 사건 개요를 설명하느라 더 많은 시간을 할애한 '배보다 배꼽이 더 큰' 기형의 강의가 되어버리고 말았다. 그런데 며칠 뒤 어느 편집자와 말 그대로 '세상 돌아가는' 이런저런 얘기를 나누는 와중에 이 이야기를 꺼냈다가 더 큰 참담함을 느껴야 했다. 내 말이 끝나기 무섭게 대뜸 되돌아온 대꾸를 그대로 옮기겠다. "사장님들이 아주 좋아하시겠군!" 문제는, 이 말을 그저 냉소섞인 농담이려니 하며 "에이, 설마 그러기까지야."라고 웃어넘길 수만은 없었다는 데 있다. 나 자신을 포함해 동석했던 이들이 모두 "그럴 법하다"고 고개를 주억거리고는 허탈해졌으니 말이다.

물론 명색이 문화산업을 경영한다는 자부심 하나로 업계 안팎의 어려움 속에서도 분투하시는 출판경영자들이 '세상 돌아가는 일에 도통 무지할 뿐 아니라, 심지어 동네 돌아가는 사정에조차 깜깜절벽인' 편집자들을 좋아할 만큼 몰상식하리라고 믿고 싶지는 않다. 설령 오지랖이 태평양을 자랑하는 편집자에게 "쓸데없는 데 신경 끄고 일이나 하라"는 요령부득의 주문을 일삼는 사장님이라 해도, 그저 '과유불급'을 경계하는 것일 뿐 정말로 그걸 바라는 건 아닐 거라고 믿고 싶다. 그런데 대놓고 '신경 끄라'는 말씀을 자주 하시는 분들일수록, '요즘 젊은 편집자'들이 무식하다고 질타하시는 말씀을 그 이상으로 더 자주 하시는 경향이 있는데, '세상 돌아가는 사정에 신경 끄고 일이나 하는' 사람이 도대체 어떻게 무식하지 않을 수 있다는 말인가. 그러니 결코 진심일 리 없다는 게다.

하지만 사실이야 어떻건, 대다수의 편집자들이 '세상 돌아가는 사정에 빠삭하고 동네 소식에 빠꼼한' 사람들을 좋아하지 않는 경영자들이 적지 않다고 여기고 있다면, 특히나 자기 회사의 사장이 바로 그렇다고 판단하고 있다면, 그것은 그 자체로 이미 현실을 구성한다. 책 만드는 사람들에게 꼭 필요한 덕목으로 흔히 지목되곤 하는 '세상에 대한 폭넓은 시야'와 주체할 수 없이 왕성한 '호기심' 따위는 자칫 인사권자의 눈밖에 날 수도 있는 매우 위험한 금기로 전락하게 된다.

게다가 "어느 출판사에서 무슨 일이 있었다더라"는 동네 소식을 알뜰히 챙기는 것을 그다지 달가워하지 않는 사장님들이 실제로 적지 않기도 하다. 밖에서 물어오는 소식과 안에서 빠져나가는 소식이 동전의 앞뒷면이라는 것쯤은 누구나 생각할 수 있는 이치이고 보면, 무엇이 떳떳하지 못해서인지는 모르겠으나 제 집에서 일어난 일이 동네 사람들 입에 오르내리는 것을 꺼린 소치가 아닐까 짐작된다. 입에서 입으로 전해지다 보니 왜곡과 과장을 동반하게 마련이고 더러 '아닌 땐 굴뚝에서도 연기가 나기'까지 하는 업계 뒷소문의 회자를 경계하는 분위기가 지나친 나머지, 아예 동네 소식이라면 언론에 보도될 정도의 사실조차도 백안시하는 태도가 형성된 것일 게다.

하지만 옆집에서 일어난 일은 언제든 내 집에서도 일어날 수 있는 일이고, 그 대부분은 '타산지석'의 소중한 자원이 된다는 점에서, 책 만드는 과정에서 발생하는 크고 작은 사건들과 그것을 능숙하게든 미숙하게든 처리해낸 경험은 공유되는 것이 옳다. 또한 동네 소식이 공공연해지는 것만이 전하는 사람도 듣는 사람도 찜찜한 '카더라 통신'류의 뒷소문을 사라지게 하는 유일한 방법이기도 하다. 적어도 '우물 안 개구리'에서 벗어나도 시원찮을 사람들을 '우물 안'도 모르는 청맹과니인 채로 내버려두어서는 안 된다.

편집자가

편집자에게
묻다

편집자적 재능

Q : "책 만드는 재주가 따로 있는 게 아니라, 무슨 일을
하든 성공할 수 있는 사람이 책도 잘 만들 수 있고, 거
꾸로 책을 잘 만들 수 있는 사람은 다른 어떤 일을 해
도 두드러지게 마련입니다. 책을 만드는 데 필요한 능
력이란 무슨 일을 하든 중심적인 역할을 해내는 데 꼭
필요한 능력이기 때문이다."라고 말씀하셨는데요. 무
슨 뜻인지는 충분히 알겠지만, 그런 능력을 가진 사람
이 다른 일이 아니라 하필 책 만드는 일을 한다면 어떤
메리트가 있을까요. 좀더 노골적으로 표현하자면 그
렇게 훌륭한 능력을 가진 사람이 무엇이 아쉬워 책 만
드는 일을 하겠는지요?

A : 그럴 만한 메리트는 사실 없죠! 그러니까 웬만하면 더 늦기
전에 빨리 다른 길 찾으라고 역설하는 거예요. 좀더 정색을 하자면
질문의 대상이 잘못된 게 아닌가 싶어요. 그건 저한테 묻지 말고 스
스로에게 물어야 하는, 자신만이 대답할 수 있는 문제가 아닐까요.

Q : 편집자는 거의 '타고나는' 것 같다는 말씀도 선뜻
납득하기 어렵습니다. 타고난 성격에 따라 직업적 능
력이 좌우된다는 건, 좀 전근대적인 발상 같다는 생각
도 듭니다.

A : 말이야 바른 말로 직업적 적성을 가리는 데 재능이나 소질이
없다는 것도 아니고 성격을 문제 삼는 건 '폭언'의 혐의를 받아 마

땅하죠. 아무런 배경 설명이 없이 함부로 떠들 만한 이야기는 분명 아닙니다. 실제로 편집자가 갖추어야 할 인성(퍼스낼리티)에 대해 서술하라는 시험 문제에 "문제 자체를 인정할 수 없다"는 도발적인 답안을 내놓은 학생도 있었어요. 저는, 선생의 '가르침'에는 일말의 의심도 품지 않는 맹목이나 자신도 믿지 않을 내용을 공허하게 읊조리는 부정직에 휘둘리지 않은 '패기'를 평가해서 파격적으로 높은 점수를 줬어요. 다만 사전에 배경을 설명한 강의를 충실히 듣지 않은(또는 설명이 불충분했다면 강의중에 질문을 통해 문제 삼지 않은) 불성실에 대해서만 감점을 했어요. 하물며 그런 결론에 이르는 과정에 대해 설명을 제대로 듣지 못한 채 생뚱맞게 결론만 전해 듣고 발끈하는 분들에게 저는 솔직히 아무런 유감이 없어요. 그저 차분하게 설명을 조금만 더 들어주었으면 싶습니다.

편집자에게 가장 필요한 '재능'이 있다면 그건 다름 아닌 '긴장'일 겁니다. 일이 주는 '스트레스'가 달가울 사람은 없을 테니, '고도의 정신적 긴장을 감당하는 재주'쯤이라고 해두지요. 세상에 '스트레스'가 없는 일도 있냐고 반문할지도 모르지만, 편집자에게 요구되는 긴장은 통상적인 수준을 넘어서는 것 같아요.

우선 혹시라도 긴장을 놓칠 때를 대비한 백업 시스템이 구축되기 어려운 '최종적 위치'에서 수행되는 일이 많잖아요. 이 점을 저는 골키퍼에 비유하곤 합니다. 그러나 골키퍼도 90분 경기 내내 긴장을 유지해야 하는 건 아니거든요. 언제 어디서 어떤 돌발변수가 생길지 모른다는 점에서 축구의 골키퍼보다는 레슬링 선수와 비슷할 수도 있겠죠. 방심하면 순식간에 경기가 끝나기도 하니까요. 게

다가 운동 경기는 진다고 해서 누구한테 피해를 주는 건 아니죠. 또는 다른 직업에서라면 실수로 큰 피해가 생겨난다 해도 대개는 경제적 손실에 그칠 테고요. 자본주의 사회에서 경제적 손실이 사소한 문제라고 말할 수는 없겠지만, 경제적 손해는 배상하면 그뿐입니다. 즉 회복 가능하다는 거죠. 물론 회복 수단을 자신이 가지고 있는가 하는 것은 별개 문제이고, 무슨 일에든 얼마간의 긴장은 불가피한 거겠죠. 하지만 마치 사람의 생명을 다루는 의사처럼 다른 누군가에게 근본적으로 금전으로 환원될 수 없는 회복불가능한 피해를 입힐 수 있다는 점 때문에 긴장의 강도가 클 수밖에 없습니다.

그런 긴장을 잘 견디지 못하는 사람을 보면 '편집자로 일할 성격은 못 되는 것 같다'고 생각하죠. 하지만 그래서 꼭 편집자가 비장미가 뚝뚝 떨어지는 딱딱한 사람이어야 한다는 뜻은 결코 아닙니다. 오히려 그와는 정반대로 발랄하고 쾌활하고 위트 있는 사람이 훨씬 더 이 직업을 오래 견딜 수 있다고 생각하는 편이거든요.

조금이라도 방심하면 회복불가능한 사고가 일어날 수 있는 상황에서 고도의 긴장을 지속적으로 유지해야 한다는 자칫 무겁고 딱딱해지기 쉬운 일상 속에서도 오히려 밝고 가벼울 수 있다면 그거야말로 타고난(또는 청소년기에 형성된) '성격'이 아니겠느냐는 생각입니다.

사회적으로 인정받는 가치를 생산하는 일

Q : 잘 팔리지는 않았지만 훌륭한 책도 얼마든지 있습니다. 결국 팔리는 책을 만들어야 유능한 편집자이고

아무리 훌륭한 책이라도 안 팔리는 책을 만드는 건 무능하다는 식의 논리는, 현실적으로 수긍할 만한 지점이 없지는 않지만, 다른 한편 책의 본질을 도외시한 채 왜곡된 현실을 체념적으로 수용하는 것은 아닌지요?

A : 개인적으로 가장 곤혹스러워 하는 질문인데요. "좌파를 자처하는 변정수가 신자유주의의 전도사가 되어버린 것 아니냐"는 비아냥을 듣기도 합니다. 오해의 소지는 충분히 있다고 인정해요. 그런데 직업으로서의 편집자를 이야기하려면 편집자가 창출해내는 '경제적 가치'의 '양'을 이야기하지 않을 수 없습니다. 편집자가 책을 만드는 노동을 통해 창출해내는 가치가 꼭 경제적인 것만은 아니겠지만, 그 노동의 대가를 금전으로 계산해서 받아내야 생계를 유지할 수 있는 한, '생산성'을 따질 수밖에 없다는 거죠.

물론 공장에서 벽돌을 찍어내는 것과 출판사에서 책을 만드는 것은 전혀 다른 성격의 일이라 상당히 무리가 따르는 비유이긴 하지만 하루에 벽돌 100장밖에 못 찍어내는 사람이 하루에 500장을 찍어낸 사람과 같은 대가를 요구하는 건 적어도 자본주의 사회에서라면 상상하기 어려운 일이겠죠. 혹은 사회주의 사회라 하더라도 벽돌 찍는 능력이 영 신통치 않은 사람은 아무리 벽돌 찍는 일을 하고 싶어 한다 해도 결국에는 그보다는 더 잘할 수 있는 일을 하게 될 겁니다. 비유가 좀 거칠긴 해도 벽돌이 아닌 책이라고 해서 크게 다를 건 없을 것 같아요. 정작 벽돌 찍는 일과 책 만드는 일이 달라지는 지점은 따로 있다고 생각해요.

벽돌은 생산성을 어떻게든 계량해낼 수 있지만 책은 그렇지 않다는 점인데요. 달리 말해 벽돌 찍는 일의 생산성은 노동 시간이나 노동 강도와 완전히 비례하지는 않을지라도 상당한 상관관계가 있지만, 책을 만드는 일의 생산성은 노동 시간이나 노동 강도와 완전히는 아닐지라도 거의 무관하거든요. 그래서 아무리 공들여 만들어낸 책이라도 그 가치를 사회적으로 인정받지 못한다면, 마치 열심히 일했지만 규격 미달의 쓸모없는 '불량' 벽돌을 찍어낸 것과 마찬가지로 누구에게도 그 대가를 요구하기가 곤란해집니다. 그리고 이것은 비단 자본주의 사회에서만이 아니라 사회주의 사회라 해도 달라지지 않는 문제지요. 다만 달라지는 것이 있다면 자본주의에서는 그 사회적 가치의 판단이 '시장'에서 소비자의 경제적 판단에 따라 이루어지고 사회주의에서는 '공공'의 정치(사회)적 판단에 따라 이루어진다는 것뿐이겠죠.

물론 더 근본적인 '혁명적 발상'도 얼마든지 가능하긴 합니다. 책처럼 생산성을 계량할 수 없는 정신적 생산물을 만들어내는 일을 아예 경제 영역 바깥에서 이루어지게 하면, 즉 더 이상 그런 일들이 직업으로서 존재하지 않는 대신 모든 사람이 형편껏 재주껏 누릴 수 있는 권리일 뿐 경제적 대가가 따르지 않도록 한다면, 이 문제는 해소될 수 있을지도 모릅니다. 그러나 역사 이래 그런 사회는 없었고, 그 가장 현실적인 시도조차 '폭력'으로 점철된 역사적 불행으로 귀결되었음을 고려하면, 당장 현실에 발 딛고 살아가야 하는 처지에서 아직은 너무나 요원한 이상일 따름이겠지요.

그래서 그런 이상을 추구하는 것과 별개로, 당장 현실에서 책 만드는 일로 '밥벌이'를 삼아야 하는 사람들에게라면 유효하고도 안정적인 생산성을 확보해야 한다는 과제는 불가피한 문제일 수밖에 없습니다. 이 가장 현실적인 문제에 천착한다고 해서 '현실은 어쩔 수 없다'고 체념하는 것도 아니고, 지금보다는 '낙오자'에게 덜 잔인하고 '다양한 모색'에 더 개방적인 산업 구조를 위한 노력을 포기하는 것도 아닙니다. 오히려 그 반대예요. 시장의 한계를 넘어서는 공공의 연대를 튼튼하게 만들어내기 위해서라도, 자신이 만들고 있는 책의 가치가 과연 사회적으로 얼마나 지지받을 수 있는 것인지(바로 이것이 정신적 생산물을 만들어내는 문화산업에서의 '생산성'의 정체 아닐까요)에 대한 치열한 성찰을 게을리해서는 안 된다는 말씀을 드리고 싶었던 겁니다. 그게 제가 '생산성'을 강조하는 까닭이에요. 무엇보다도 시장을 무시하고서는 결코 시장을 넘어설 수 없으며, 현실에 발 딛지 않고는 미래로 나아갈 수 없는 것 아닐까요.

> Q : 책을 만드는 일이 자본으로부터 자유로워진다는 말은 위험하게 들리기도 합니다. 다른 일로 생계를 감당하고, 기회가 될 때 책을 만드는, 이를테면 영화계와 유사한 구조를 가지게 된다고 해서 지금보다 더 다양하고 의미 있는 읽을거리를 만들게 될지는 의문입니다.

A : 저도 그렇게 순진하지만은 않습니다. 현실이 하도 답답하니까 발상을 좀 전환해보자는 필요성을 환기하기 위해 제시하는 하나의 예시 정도로 이해해주셨으면 합니다. 시장에만 맡겨서는 어차피 답이 안 나오는 문제라는 건 분명한 만큼, 시장을 넘어설 수 있는 다양한 방법을 머리 맞대고 궁리해보자는 취지인데, 그냥 '궁

리하자'고만 떠들면 공허하니까 대안을 예시한 겁니다. 더 많은 사람들이 이런 문제의식에 공감해서 머리를 맞대다 보면 더 훌륭한 대안이 도출될 수도 있지 않을까요.

.

06

싱싱한 미술대중서
만들기

정민영
아트북스 대표

계명대학교 미술대학에서 서양화를 전공했다.

그때 예비화가로서 각종 인문서를 미친 듯이 복용하며 그림을 그렸다.

하지만 문학에 눈이 멀어 점차 미술 바깥의 책에 빠져 살았다.

정신세계사에서 단행본 편집자로 출판계에 발을 들여놓았다.

문학동네와 세계사를 거쳐,

월간 〈미술세계〉에서 기자로 시작해서 편집장을,

미술 전문 교양지 계간 〈이모션〉 편집인을 각각 지냈다.

지금은 (주)아트북스 대표이사로 있으면서, 간간이 미술 관련 글을 쓰고 있다.

전공과 취미가 직업이 된, 아주 운이 좋은 경우다.

지은 책으로는 『정민영의 미술책 기획노트』(2010)가 있고,

『일그러진 우리들의 영웅 - 한국 현대미술 자성록』(2001), 『기전미술』(2007),

『29개의 키워드로 읽는 한국문화의 지형도』(2007),

『21세기 한국인 무슨 책을 읽었나』(2007) 등의 공저에 이름을 올렸다.

내가 겪은 국내 미술출판의 동향

저는 '83학번'으로, 미술대학에서 서양화를 배웠습니다. 졸업 후에는 전공과 무관하게 정신세계사라는 출판사에 입사했어요. 디자이너가 아니고 편집자였습니다. 밤낮으로 책에 미쳐 살다가 출판사와 인연이 닿은 거죠. 서툴게나마 편집의 기초를 배우고, 1993년 12월에 문학동네로 갔습니다. 여기서 신경숙의 첫 장편소설 『깊은 슬픔』(1994)이 베스트셀러가 되는 장관을 지켜보며, 책에 날개를 다는 마케팅의 힘을 실감했지요. 그리고 미술 쪽으로 방향을 틀기 전에, 최승호 시인이 주간으로 있던 세계사에 잠깐 머물렀습니다. 월간 〈미술세계〉에서는 1996년 초에 기자생활을 시작해서 편집장까지 지냈습니다. 단행본에서 잡지까지 두루 거친 셈입니다.

미대생으로서 그림을 그리면서 미술 전반의 이론을 배웠다면, 편집자로서는 한권의 책이 생산 유통되는 과정을 배웠어요. 그리고 잡지사에서는 매달 국내외의 미술동향을 살피면서 독자 친화적인 기사를 기획하고 작성했습니다. 이렇게 책을 중심으로, 미술 이론과 현장을 누볐던 시간들이 훗날 미술 전문 출판사를 꾸리는 데큰 자산이 된 것 같습니다. 따라서 앞으로 말씀드릴 이야기도 이런 경험이 밑천이 된, 체험적인 미술대중서 기획, 편집이 되겠습니다.

먼저, 제 경험을 바탕으로 국내 미술출판의 동향부터 간략히 살펴보겠습니다. 제가 미대생이던 1980년대와 졸업 후인 1990년대의 미술책은 거의가 미술 전문 출판사에서 나온 것들이었어요. 열화당이나 미진사, 예경, 시공사 등이 대표적인 미술 전문 출판사였죠. 그 시절에는 미술책 독자라고 하면, 미대생이 전부이다시피 했어요. 미술책의 독자층이 세분화돼 있지 않았어요. 일반인도 미대생이 보던 전문적인 미술책을 함께 볼 수밖에 없었죠. 그나마 기억에 남는 미술대중서는 문학적인 글발이 돋보이던 미술평론가들의 책이었습니다.

미술평론가 중에 박용숙이라는 분은 소설가이자 미술평론가였어요. 다수의 장단편 소설집을 가진 소설가답게 풍부한 비유로 난공불락의 현대미술을 이해하기 쉽고 재미있게 가이드해주었습니다. 또 김해성이라는 미술평론가도 문학으로 신춘문예에 당선되었을 만큼 필력이 있어서 글이 활달하고 재미있었습니다. 이 분이 1985년 열화당에서 출간한『현대미술을 보는 눈』은 감각적인 글쓰기로 현대미술의 핵심 사안을 짚어준 덕분에, 지금도 '내 인생의 미술책'으로 꼽는 분들이 있어요. 이 두 분의 책이나 글은 '미술에 관한 글도 얼마든지 쉽고 재미있게 쓸 수도 있구나.' 할 만큼, 지금 봐도 감각이며 솜씨가 괜찮아요. 당시에는 현학적인 미술평론이 활개를 친 탓에 문학평론가 김현이 '미술평론 읽기의 어려움'을 토로할 정도여서, 그들의 글이 더 빛났던 것 같습니다.

1990년대 말이 되면, 미술출판의 지형에도 변화가 일기 시작합니다. 미술책을 내지 않던 출판사에서 교양물의 일종으로 미술책을 출간하는 현상이 두드러졌어요. 이런 분위기는 초대형 미술전시회의 흥행, 해외여행의 자유화, 여가문화 확산 등 사회문화적인 변화가 예술 분야로 눈길을 돌리게 한 것 같아요. 미술 전문 출판사에서는 미술을 진지하게 다루는 데 비해, 그렇지 않은 출판사에서는 교양물의 일종으로 미술에 접근하니까 책이 부담스럽지 않은 분량과 경쾌한 글발로 일반 독자의 구미를 당기더군요. 오랫동안 전문적인 내용으로 경직되었던 미술출판에 사근사근한 음색의 교양적인 스타일이 활력을 불어넣은 것입니다. 이주헌, 한젬마, 노성두 같은 미술책 저자들의 히트작도 거의 기존의 미술 전문 출판사가 아닌 곳에서 나왔습니다.

그러다가 2000년대 중반쯤에 미술출판으로 두각을 나타내던 몇몇 출판사의 행보가 주춤해집니다. 이주헌의 미술책으로 명성을 쌓았던 예담 같은 경우도 신간을 보기가 힘들어졌고, 다빈치 같은 출판사도 대표적인 신생 미술출판사로 주목을 받았는데, 역시나 대중적인 신간 소식이 뜸해졌습니다. 아무래도 의욕적으로 미술출판을 시작했다가 수익구조가 맞지 않으니까 자세를 바꾸거나 방향을 전환한 것 같아요. 물론 지금도 출판사 내에 미술출판 브랜드를 신설하거나 꾸준히 목록을 쌓아가는 미술 전문 브랜드나 출판사들이 있습니다만, 시간이 지날수록 미술만으로 승부를 걸기보다 여러 가지 출판물의 하나로 미술을 다루는 추세인 것 같습니다.

'한 지붕 두 가족'이 된 미술 단행본

국내 미술출판에 기현상이 하나 있는데, 바로 화집(도록) 출판이 맥을 못 쓴다는 점이에요. 대개 화집은 한 작가의 작품세계를 도판과 평론으로 정리한 두꺼운 작품집을 말하지 않습니까. 우리나라에도 쟁쟁한 화가들이 많은데, 정작 서점에서 볼 수 있는 화집은 아주 적어요. 그나마 서가에 비치된 것들도 미술시장에서 인기가 있는 몇몇 작가의 화집과 자비로 출간한 화집이 대부분입니다. 화집 출판이 부진한 이유는 독자층이 형성돼 있지 않기 때문이에요. 찾는 독자가 없으니 의욕적으로 출간하더라도 판매가 안돼요. 그래서 국내 작가의 화집은 대부분 작가가 내거나 아니면 전시회를 앞둔 갤러리에서 만들어서 서점에는 배포하지 않고 전시회가 끝나면 창고에 쌓아두는 실정입니다. 지금은 인식이 많이 바뀌었어요. 미술잡지사 등에서 수익사업의 하나로 화집 출판을 대행해주고 있거든요. 비록 서점에 유통되지는 않지만 예전처럼 바코드가 없는 유령 출판물이 아니라 바코드가 부착된 정식 출판물로 나오고 있어요.

그런데 이 화집 출판의 저조 현상은 단행본의 체질마저 변화시켰어요. '한국형 미술 단행본'이 만들어진 거죠. 무슨 말인지 궁금하시죠? 용어가 거창합니다만, 쉽게 말해서 국내 미술 단행본이 '한 지붕 두 가족' 형태로 정착되었다는 뜻입니다. 미술책을 크게 글 중심의 이론서와 도판 중심의 화집으로 나눠보면, 우리나라는 화집 판매가 안 되니까 이게 이론서 안으로 들어오게 돼요. 그래서 국내 미술책은 이론서가 컬러풀한 도판으로 화집 역할을 겸하게 됩니다.

지금 제가 들고 있는 책은 일본의 미술책인데요. 보다시피 도판을 흑백으로 인쇄했어요. 본문에 언급된 그림이 어떤 그림인지 확인할 수 있을 정도죠. 왜 그랬을까요? 컬러 도판을 빵빵하게 실을 수도 있는데, 왜 흑백 도판을 실었을까요? 저는 그것을 일본에는 화집 출판이 자리를 잡았기 때문으로 봅니다. 일본만 해도 미술책에 언급된 흑백의 작품을 컬러로 보고 싶으면 해당 화집을 서점에서 구하면 되거든요. 그런데 우리는 구하기가 쉽지 않아서, 궁여지책으로 미술 단행본이 화집 기능과 이론적인 기능을 통합한 스타일로 진화한 겁니다. 간혹 유럽에서 공부한 미술인들이 우리 미술책을 보고는 "왜 이렇게 화려하냐?"고 문제 삼곤 하는데, 그건 우리 미술 단행본의 형성과정을 몰라서 하는 소리라고 보면 됩니다.

한편에서는 이런 기형적인 미술출판의 지형을 바꾸려는 움직임이 있어요. 마로니에북스가 번역 출간하는 '베이직 아트' 시리즈 같은 경우가 대표적이에요. 이 시리즈는 독일의 타센 출판사 작품으로, 세계적인 화가들의 작품세계를 대표적인 도판과 글로 감상할 수 있게 꾸민 아담한 '지상 미술관'인 셈이죠. 화집 출판의 독립이 단기간에 이뤄지진 않겠지만 서서히 저변이 마련되고 있다고 봅니다. 각종 대형 서양미술 전시회의 개최와 수많은 관람 인파도 미술 인구의 저변 확대는 물론 화집 출판의 미래를 밝게 합니다.

아무튼 국내 미술출판에는 화집 출판이 맥을 못 추는 탓에, 단행본이 이론서 기능과 화집 기능을 겸한다고 보면 됩니다. 이런 우리 미술책의 실상을 염두에 둔다면, 어떻게 단행본을 만들어야 하고, 나아가 어떻게 화집 출판을 부활시킬지 등을 깊이 고민해볼 수 있겠지요.

'미대생'이라는 독자의 정체

이것도 어쩌면 기현상일 수 있는데, 우리나라 미술출판은 독자층이 두텁지 않습니다. 이렇게 말하면 반문하는 사람들이 있어요. 현재 미술대학에 재학 중인 미대생과 졸업생 수가 얼마나 많은데, 그런 소릴 하냐고, 또 그들을 대상으로 기획, 출간하면 되지 않냐고 합니다. 옳은 지적이긴 합니다만 절반만 맞습니다.

산술적으로 보면, 미대 재학생과 졸업생 숫자가 수만 명은 됩니다. 그런데 교재가 아닐 경우 미대생이나 전공자들을 독자로 상정하면 판매가 곤란해집니다. 교재로 사용하는 책 외에는 볼 시간도, 관심도 없는 편이라 보면 됩니다. 예비화가로서 그림도 그리고 수

업과제도 해결하다 보면, 정작 교재 외에는 무관심해져요. 또 졸업 후에는 작업하느라 책과는 자연히 멀어져요. 그나마 몇몇 대학의 예술학과에서 이론을 전공하는 학생들이 있긴 하지만 그들은 전문적인 이론서나 원서를 파고드는 탓에 교재 외의 책들은 관심 밖이 됩니다.

이런 현실에서 미술책을 만들 때, 미대생을 염두에 두고 대중서의 기획방향을 잡으면 기대한 만큼 성과를 내기가 어려워집니다. 게다가 미술은 출판 분야 중에서도 '전국구'라기보다 일부 독자를 상대하는 '지역구'라 할 수 있거든요. 그래서 의미 있는 이론서 같은 경우는 초판 소진도 어려운 상황이 생깁니다. 대신 일반 독자를 주요타깃으로 삼고, 미대생을 2차 독자로 삼는 식이면 그나마 안전하겠지요.

그런데 예전에 비해 지금은 미술대중서를 찾는 독자층이 눈에 띄게 늘었다고 생각해요. 해마다 벌어지는 대형 전시회들과 갤러리들의 대중 친화적인 전시, 창의력 교재로서 미술의 재발견 등의 직간접적인 영향인 것 같아요. 따라서 미술로 생산할 기획물이 얼마든지 있을 수 있다는 거죠. 그리고 대중서 외에도 진지한 내용의 책을 원하는 독자도 갈수록 증가하고 있습니다. 『그림, 문학에 취하다』(2011)의 경우, 전문적인 내용임에도 초판이 나온 지 3개월 만에 3쇄를 찍었습니다. 이 책은 우리의 옛 그림에 인용된 문학으로 작품에 깃든 의미를 숙성시켜 깊이 있는 감상과 뿌듯한 감동을 안겨줍니다. 저는 이 책을 통해 잠재된 고급 독자층의 존재를 실감할 수 있었고, 자신감도 얻었어요.

무서운 '도판 저작권' 사용료

국내 미술출판의 어려움에는 흔히 '도판 저작권'이라고 부르는 미술 저작권의 사용료 문제가 목에 가시처럼 걸려 있어요. 소설은 글 원고만 있으면 되지만 미술책은 글 원고와 도판 원고가 있어야 합니다. 일반적으로 미술출판에서 원고라 함은 글 원고와 도판 원고를 함께 이르는 말입니다. 도판 원고가 글 원고 못지않게 중요하다는 뜻이죠. 따라서 도판 저작권 사용료는 저자가 부담하는 게 원칙입니다. 만약 현대미술의 작품도판을 사용하게 되면, 일정 사용료를 에이전시나 유족 측에 지불해야 합니다. 다른 출판물에 없는 도판 저작권 사용료가 제작비에 추가되는 셈이지요. 도판 저작권 사용료가 부담스러워서, 탐나는 원고나 원서도 출간을 포기하곤 합니다. 미술출판을 하는 입장에서는 '호환마마'보다 무서운 게 도판 저작권 사용료예요.(웃음) 특히 도판 저작권이 시퍼렇게 살아 있는 현대미술 관련서가 대표적인 고민거리지요. 그래서 서점에는 인상파나 그 이전 미술사조의 책들은 많은데, 현대미술 관련서는 상대적으로 적어요.

몇 년 전, 어느 유명한 미술책 저술가는 한 인터뷰에서 현대미술책은 당분간 안 하겠다는 말도 하더라고요. 제법 도판을 갖춘 현대미술 관련서를 내려면 도판 저작권 사용료가 만만치 않거든요. 저희가 2007년에 낸 책 중에서『미술 시장의 유혹』(2007)은 도판 저작권 사용료가 무려 962만여 원이었습니다. 이 책은 우여곡절 끝에 저자가 상당액의 스폰서를 받고, 저희가 일부 부담해서 사용료를 지불했어요. 자음과모음에서 2004년에 출간한『김원일의 피카소』는 1,000만 원이 넘는 저작권 사용료를 지불했다고 하더군요. 물론 이런 책들은 극히 예외적인 사례이고, 보통 100~300만 원 선에서 사용할 도판 개수를 정하게 됩니다.

그리고 도판 저작권 스트레스는 원고 검토 습관마저 바꿉니다. 미술출판사 편집자는 원고를 검토할 때, 습관적으로 먼저 도판 저작권 사용료 지불과 관련된 도판부터 확인하곤 합니다. 만약 해당 도판이 너무 많으면 저자에게 원고 방향을 수정하거나 삽입 도판 수를 줄여달라고 부탁을 하게 돼요. 또 원서도 도판 원고와 글 원고가 함께 해결된 책이 있는가 하면, "글 원고만 팔 테니까 도판 저작권은 당신들이 해결하라"고 하는 경우도 있어요. 이럴 때는 그 책을 원형대로 출판하고 싶으면 제작비 상승을 감안하고 도판 저작권 사용료를 별도로 부담해야 합니다. 그만큼 미술출판에서 도판 저작권 사용료 문제는 '뜨거운 감자'예요.

1957년, 그 이전과 이후

도판 저작권 사용과 관련해서 명심해둘 숫자가 있어요. 1957년 12월 31일. 사용하고자 하는 작가의 사망일이 이 숫자 이전인지 이후인지 여부만 확인하면 되거든요. 그러니까 작가가 1957년 12월 31일 이전에 사망했다면 작품은 사용료 걱정 없이 마음대로 사용해도 괜찮아요. 미술출판사에서 참 고맙게 생각하는 작가들이 1957년 이전에 사망한 분들이에요.(웃음)

현대미술이나 미술 관련서에 자주 등장하는 미국 추상표현주의 작가 잭슨 폴록이나 여성 화가 프리다 칼로가 있어요. 잭슨 폴록이 1956년도에, 프리다 칼로는 1954년에 각각 사망했거든요. 얼마나 고마운지 몰라요.(웃음) 그리고 국내 작가 중 드라마틱한 생을 살다가 요절한 이중섭은 1956년이 사망연도에요. 이들의 작품 도판은 마음껏 사용해도 왈가왈부하지 않아요. 그런데 만약 작가가 1957년 12월 31일 이후에 사망했다면, 그들의 도판은 사용할 때마다 저작권 사용료를 지불해야 돼요.

도판 저작권 사용료에 관해서는, 특히 외국작가의 작품은 한국미술저작권관리협회SACK(www.sack.or.kr)로 문의하시면 됩니다. 간혹 유족이나 작가의 이름으로 설립된 재단, 혹은 미술관에서 저작권을 소유하고 있는 경우가 있는데, 이때는 그곳으로 직접 연락해서 허락을 받아야 합니다.

현행 저작권법상 저작재산권은 "저작자가 생존하는 동안과 사망 후 50년간" 보호가 됩니다. 가장 한국적인 그림을 그렸다는 화가 박수근 관련서가 상대적으로 적은 이유는 1965년 5월 6일에 사망했기 때문입니다. 저작권이 사후 50년까지 보장되니까, 2015년 12월 31일까지는 유료 도판이지요. 왜 이런 계산이 나올까요?

평단문화사 박상문 편집장의 설명을 빌리면, "기산점起算點은 사망한 해를 제외하고 다음 해, 즉 1966년 1월 1일 0시부터 시작되어 50년이 되는 2015년 12월 31일 자정까지 저작권 보호를 받을 수 있습니다. 다시 말해 박수근 화백의 그림들은 2015년 12월 31일 자정까지 저작권 보호를 받을 수 있고, 2016년 1월 1일부터는 누구나 사용이 가능하게 됩니다."(참고로, 2013년 7월 1일부터 시행되는 개정 저작권법에서는 존속기간을 기존의 50년에서 70년으로 연장했습니다. 따라서 2012년 12월 31일까지 존속기간이 만료되지 않는 저작물에 대한 저작권 보호기간은 70년으로 연장됩니다. 이에 따르면 위의 박수근 화백의 저작권 존속기간은 2035년 12월 31일 자정까지가 됩니다.)

도판 저작권 관련해서 추가로 명심해야 할 점이 있어요. 국보급 유물을 많이 소장하고 있는 간송미술관의 옛 그림을 사용하려면 만만치 않은 사용료 지불을 요구합니다. 이상하지요? 저작권법에 비춰보면, 옛 그림은 '퍼블릭 도메인'인데 간송미술관에서는 일정한 사용료를 받거든요. 왜 그럴까요? 이유는 단순합니다. 간송미술관이 받는 것은 도판 저작권 사용료가 아니라 그림을 촬영한 도판 슬라이드를 대여해주는 데 따른 슬라이드 사용료입니다. 비교적 사용료가 저렴한 국립중앙박물관도 도판 데이터 사용료를 받기는 마찬가집니다. 도판 데이터 사용료와 도판 저작권 사용료를 혼동하시면 안 됩니다.

그렇다면 도판 저작권 사용료는 어떻게 계산할까요? 이게 컷당 일정한 액수가 정해져 있지 않아요. 제작 부수, 도판의 색상이 흑백이냐 컬러냐, 도판이 한 페이지를 기준으로 전면으로 들어가느냐, 2분의 1 크기냐, 4분의 1 크기냐를 종합해서 가격을 책정합니다. 그래서 출판사에서는 한 페이지에 전면으로 시원하게 배치할 것도 크기로 줄여서 한 컷을 더 사용하는 식으로, 미리 책정한 도판 저작권 사용료 안에서 어떻게든 도판을 많이 보여주려고 머리를 굴리게 되지요. 간간이 현대미술 관련서 중에 수록 작가의 도판 개수가 작가마다 차이가 나는 경우가 있는데, 그것은 저작권 사용료 지불에 해당하는 작가의 도판 수를 줄이고 그렇지 않은 작가의 도판을 많이 싣다 보니 개수에서 차이가 빚어진 거라고 보면 됩니다.

인쇄용으로 사용할 수 있는 도판의 용량은 최소 300dpi는 넘는 게 안전합니다. 간혹 인터넷에서 필요한 도판을 찾았는데, 실제 용량의 크기가 우표만한 경우가 비일비재하거든요. 최소한 300dpi

정도는 되어야 인쇄용으로 사용할 수 있는데 말이죠. 대부분의 저자가 이런 사정을 몰라서 인터넷으로 찾아낸 도판을 씩씩하게 보내오는데, 여기에 속으면 안 됩니다. 외형은 멀쩡한데 실속은 부실하기만 한 인터넷상의 도판은 무조건 의심하고 봐야 합니다. 그래야 출간 일정을 맞추는 데 지장이 없어요.

'도판 죽이기'에서 '도판 살리기'로

도판 편집을 할 때, 생각해볼 문제가 있어요. 본문 편집에서 도판의 가장자리를 재단선에 맞물리게 배치하는 건 도판을 손상하는 행위예요. 이 문제의 심각성을 편집자나 디자이너가 한번쯤 고민할 필요가 있습니다.

잠시, 이해를 돕기 위해 김종삼 시인의 시 「묵화」부터 보겠습니다. 전문이 이렇지요. "물 먹는 소 목덜미에/ 할머니 손이 얹혀졌다./ 이 하루도 함께 지났다고,/ 서로 발잔등이 부었다고/ 서로 적막하다고." 이 시에서 한 행이나 한 자를 잘라버렸다고 생각해보세요. 큰일 나겠지요. 이처럼 우리는 시에서 글자 하나 마침표 하나라도 마음대로 건드려선 안 된다고 생각합니다. 그러면서도 그림은 상하좌우를 거리낌 없이 자르거나 그림 위에 문안을 배치하기도 하죠. 시나 그림이나 다 같은 예술작품인데 말입니다. 도판 절단은 어떻게 보면 치명적인 작품 상해 행위예요. 이 행위에 대한 죄의식이 편집자도, 디자이너도 없어요.

그림의 일부를 절단하는 행위는 시에서 한 행이나 한 자를 없애는 것과 같습니다. 화가가 작품에 하는 사인은 그림이 조형적으로 완벽하게 마무리된 상태에서, 혈서를 쓰듯이 하는 것이거든요. 그런 작품의 일부를 절단하면, 균형이 깨지는 건 불을 보듯 뻔한 일이죠. 일부 출판사의 미술책은 작품의 가장자리를 일률적으로 재단하는 바람에, 보기가 끔찍한 경우도 있어요. 일반적으로 도판의 가장자리를 절단하는 가장 큰 이유는 도판을 크게 보여주고 싶거나 지면에 변화를 주기 위함입니다. 하지만 저는 조금 작게 보이더라도 작품을 온전히 살리는 쪽으로 편집했으면 합니다.

여기서 편집자의 역할이 중요합니다. 특히 디자인된 교정지를 검토하는 담당 편집자는 이를테면 책의 건강 주치의입니다. 디자이너가 디자인에서는 전문가인 건 맞지만, 그들이 도판을 보는 시각과 편집자가 도판을 보는 시각은 다릅니다. 이 점에 주목할 필요가 있어요. 작가한테는 작품의 모든 부분이 다 소중하지만, 디자이너에게 작품 도판은 단지 디자인 재료일 뿐입니다. 그래서 디자인만 매끈하게 나올 수 있다면, 도판의 상하좌우를 절단하는 데 거침이 없어요. 그런 만큼 편집자는 디자인된 시안을 보면서, 해당 도판의 작품성이 온전히 보존될 수 있도록 교통정리를 해줘야 합니다.

저는 표지든 본문이든 디자인된 시안을 검토할 때, 가능하면 책의 판형대로 잘라서 보라고 말합니다. 자르지 않고 재단선이 살아 있는 상태에서 도판 편집을 보면, 전체가 아주 근사해보여요. 왜냐하면 판형 주변의 여백이 판형 지면과 공존하면서 연출하는 착시 현상 때문이죠. 그런데 재단을 하면, 재단선에 맞춰서 편집한 도판들의 가장자리가 잘리게 됩니다. 이때 도판은 재단선보다 3mm 크게 배치하게 되고, 재단으로 사라지는 건 이 3mm 부위잖아요. 이렇게 불구가 된 그림은 시각적으로도 보기가 불편해져요. 그런 만큼 도판 바깥에 여백을 두는 쪽으로 디자인하는 게 바람직합니다.

도판 주변의 여백은 마치 그림의 액자 같은 효과를 주거든요.

도판 가장자리를 절단해도 되는 경우가 있습니다. 입체물인 조각 작품이나 설치미술의 도판은 대부분 작품의 배경이 함께 찍히는 게 되는데, 이럴 때는 작품 주변을 잘라버려도 됩니다. 그렇지 않고, 그림처럼 평면 작품인 경우에는 상하좌우를 재단할 때 굉장히 조심해야 되는 거죠. 어떤 경우에도 작품의 원형은 보존해줬으면 좋겠어요. 그것이 작품에 대한 최소한의 예의 같아요.

또 한 가지 주의할 사항은 저자가 준 도판을 절대로 믿지 말라는 거예요. 앞에서 잠깐 언급했는데, 저자들은 글이 원고의 중심이어서 도판의 해상도를 중요하게 생각하는 경우는 별로 없어요. 가령 이주헌이나 노성두, 조정육 등 미술책을 많이 낸 분들은 글 원고 못지않게 도판 원고가 중요하다는 점을 아는 탓에, 도판도 해상도가 높은 것을 주거든요. 반면에 대부분의 미술 이론 전공자나 처음 책을 내는 분들과 작업을 해보면 도판을 허술하게 대한다는 것이죠. 아무 책에서나 찢어낸, 질 낮은 도판을 갖다 줘요. 그분들한테 도판은 단지 본문에 언급된 그림의 참고용이면 되는 거예요. 저자들이 준 도판을 그대로 수용해버리면, 책이 출간된 뒤에는 땅을 치며 후회하게 됩니다. 내용이 아무리 좋아도 도판이 흐릿하면 책이 형편없이 보이게 돼요. 담당 편집자는 도판의 질을 체크해서 어설픈 도판은 고해상도로 다시 요청하거나 직접 찾아서 교체해주어야 합니다. 도판이 좋으면, 책이 빛나고, 독자가 춤을 추게 됩니다.

'미술의 대중화'라는 화두

미술잡지 기자 시절, 가장 자주 접했던 말이 있는데요. '미술의 대중화'니 '미술인구의 저변확대'니 하는 구호였습니다. 그만큼 미술이 일반인하고 동떨어져 있다는 거죠. 사실 일상생활의 일부였던 미술이 점차 추상화의 길을 걷고 테크놀로지, 비디오 같은 첨단 매체를 도입함에 따라 미술인들만의 게임이 되고 맙니다. 결국 미술계에서 통하는 게임의 룰을 모르면 알 수 없는 세계가 된 거죠. 미술계에서는 관람객의 마음을 돌려보고자 다각도로 방안을 모색하고 있습니다. 미술잡지는 물론 미술관이나 갤러리, 미술기획자 측에서 부지런히 대중 친화적인 기사와 전시회로 독자나 관람객을 유혹한 것도 그런 방안의 일환이었죠. 그런데 어떻게 되었을까요? 한번 멀어진 마음은 쉽게 돌아서지 않았습니다.

그렇다면 미술의 대중화는 어떻게 해야 가능할까요? 잡지 이야기부터 해보면, 미술잡지는 미술에 관심이 있는 독자를 위한 매체입니다. 당연한 말이죠. 독자를 타깃으로 전문적인 내용을 쉽고 흥미롭게 가공해줍니다. 호기심이 갈 만한 특집물을 기획하기도 하고, 탈기사체 기사로 읽는 즐거움도 주고, 일반인의 참여 지면도 늘립니다. 대중화 작업의 실천인 거죠. 그럼에도 미술은 여전히 '그들만의 리그'라는 편견이 가시질 않았어요.

문제는 미술의 대중화에 접근하는 방식에 있었습니다. 미술의 대중화를, 이를테면 가진 자가 못 가진 자에게 베푸는 것쯤으로 생각하는 면이 있다는 거죠. 미술인의 입장을 고수한 채, 정보와 소식을 부드럽게 가공해서 일방적으로 독자한테 공급하는 걸 미술의 대중화라고 착각한 겁니다. 이때의 독자는 다분히 추상적이었어요. 땅을 딛고 사는 독자가 아니었죠. 독자에 대한 세심한 고민이 부족했습니다. 포즈만 미술의 대중화였지 실상은 그렇지 않았던 거예요. 잡지사를 그만둘 즈음에 이런 사실을 절감했습니다.

　미술인이 미술 분야에는 전문가이듯이, 독자는 각자 자기 분야의 전문가들입니다. 그래서 독자가 가장 잘 아는 분야로 미술을 이야기할 필요가 있다는 생각이 들었어요. 만약 독자가 영화에 관심이 많다면 영화와, 만화에 관심이 있다면 만화와 미술을 각각 접목시켜 보는 겁니다. 그런데 정말 효과가 있었습니다. 이렇게 미술인 중심에서 독자 중심으로 시각을 전환하면서, 비로소 입으로만 하는 미술의 대중화가 아니라 실효성 있는 대중화를 실천할 수 있었어요. 이런 이야기는 출판기획에서 독자의 욕구를 읽고, 독자가 원하는 원고를 기획하라는 말과 일맥상통합니다. 이 빤한 이야기를 미술계에서 실천하기까지 실로 오랜 시간이 걸린 셈입니다.

　미술인들끼리는 미술용어를 알고 있기 때문에, 미술잡지나 미대생을 위한 단행본에서는 굳이 용어를 따로 설명하지 않습니다. 암묵적으로, 지식을 공유하고 있다는 전제하에 논지를 전개하거든요. 일반 독자가 미술책이나 미술 관련 글에서 느끼는 어려움에는 분명 이런 점도 작용한다고 봅니다. 미술용어 사용법을 몰랐으니까요. 미술에 어두운 독자에겐 용어까지 친절하게 설명을 해주어야 합니다. 뿐만 아니라 글 스타일도 달리할 필요가 있습니다. 미술의 재미를 찾아주기 위해서 전략적으로 화가나 작품 등의 일화를 십분 이용하는 것이죠. 흥미진진한 일화를 통해서 내용을 습득하는 가운데 전하고자 하는 메시지가 독자의 가슴속에 둥지를 틀게 하는 겁니다.

우리 미술출판의 흐름을 만든 책들

미술대중서는 무조건 쉽게 쓰는 것일까요? 아니에요. 뛰어난 미술 대중서는 전문적인 내용을 일반 독자의 눈높이에 맞게 설명해주는 책입니다. 그러기 위해선 염두에 둬야 할 것이 있어요. 어떤 경우든 저자가 하고 싶은 이야기를 일방적으로 풀어놓아서는 안 된다는 점입니다. 그 전에 자기 이야기가 과연 독자가 궁금해할 만한 내용 인지, 그 이야기에 대한 독자의 이해도가 어느 정도인지 따져봐야 합니다. 하다못해 떡볶이집을 해도 시장조사부터 먼저 하잖아요. 독자의 욕구를 체크하는 건 당연합니다. 그리고 쉽게 설명을 하되, 저자가 들려주고자 하는 메시지까지 독자를 데려가야 합니다. 이 렇게 하면, 맞춤형 미술 대중서가 가능해지죠. 국내 미술출판의 흐 름을 만든 책들이 그렇습니다.

　미술평론가 이주헌의 『50일간의 유럽 미술관 체험』(1995)은 미 술관 기행서 붐의 선구자 격이 됩니다. 이 책은 저자가 50일간 가족 과 함께 떠난 유럽 미술관 투어를 두 권에 담아낸 것으로, 영국, 프 랑스, 네덜란드, 독일 등 무려 14개 나라의 미술관 29곳을 소개합 니다. '우리나라에서 나온 최초의 본격적인 유럽 미술관 안내서'라 는 평가를 받기도 했습니다. 이 책의 강점은 미술을 기행과 접목한 데 있어요. 미술관 기행방식을 통해 현장감 있는 감상의 즐거움을 주었죠. 80년대 말 해외여행이 일반화되면서 유럽과 미국의 유명 미술관을 순례하며 직접 명화를 보고 즐기는 인구가 늘었고, 2000 년대 들어서 프랑스를 중심으로 한 유럽과 미술, 러시아 등의 미술 관 기행서가 많이 나왔어요. 미술책이 자연스럽게 고급 해외여행 의 동반자로 떠오른 것이죠. 이 책은 2005년에 도판과 내용을 보강한 개정판이 나왔습니다.

요절한 미술사학자 오주석 선생의 강의를 묶은 『오주석의 한국의 미 특강』(2003)은 획기적인 책입니다. 새로운 시각과 사고의 틀로 우리 미술의 아름다움을 속속들이 찾아주었지요. 미술 전공자의 입장에서 봐도 굉장히 의미 있는 책이에요. 우리 옛 그림이나 한국화 장르는 사실 미술계에서 잘나가는 서양화에 비해 찬밥 신세입니다. 미술시장에서도 유채물감으로 그린 서양화는 비싸게 매매되는 데 비해, 같은 크기의 그림이라도 한국화는 가격이 형편없거든요. 또 전시회를 하더라도 한국화전은 관람객도 적고, 한국화를 배우려는 학생도 갈수록 줄어드는 추세예요. 이런 암울한 분위기에 한줄기 빛이 된 책이 이 책이에요. 이를 계기로 우리 옛 그림과 한국화에 대한 관심이 눈에 띄게 늘어났습니다.

『그림공부 사람공부』(2009) 같은 그림에세이로 유명한 조정육 선생 등이 우리 옛 그림 관련서를 꾸준히 낼 수 있는 것도 오주석 선생이나 그 전에 『무량수전 배흘림기둥에 기대서서』(1998)의 저자인 미술사가 최순우 선생 같은 분들의 노력 덕분인 거죠. 또 오주석 선생의 강의를 듣고 옛 그림 전문 저술가가 된 분도 있습니다. 우리 옛 그림 이야기 집필에 몰두하고 있는 최석조 선생이 대표적인 경우인데, 이 분은 미술 전공자가 아니면서도 이미 여러 권의 저서를 냈을 정도로 의욕적입니다. 스테디셀러인 이 책 외에도 오주석 선생의 옛 그림 관련서가 사후에 여러 권 나왔습니다.

한젬마의 『그림 읽어주는 여자』(1999)도 주목할 만합니다. 한때 세상을 시끄럽게 한 저자의 대필 문제를 차치하고 보면, 이 책은 현재 일반화가 된 주관적인 미술 감상이 일반화되는 데 기폭제가 된 단행본입니다. 오랫동안 미술품 감상은 미술사가나 미술이론가들의 영역으로만 여겼습니다. 그래서 무의식중에 그림 속에는 정답이 있고, 그 정답을 맞히는 것을 감상의 정도로 생각했죠. 설령 자기만의 느낌이 있어도 그것이 객관적인 답이 아닐까봐 감히 표현하지 못했습니다. 그런데 이런 상황을 반전시킨 것이 한젬마의 책이에요. 시시콜콜한 개인사를 섞어가면서 주관적으로 미술 작품을 감상하는 책이었는데 그동안 꿀 먹은 벙어리 신세였던 관람객은 이런 감상 방식에서 희망을 찾은 겁니다. 그 후로 개인사와 더불어 주관적인 감상을 거침없이 이야기하는 책들이 일반화됩니다. 미술사나 미술양식, 기법 같은 객관적인 정보에 어둡다고 주눅들 필요 없이 마음 가는 대로 감상하면 된다는 복음을 전해준 것이죠.

사비나미술관 관장인 이명옥의 『그림 읽는 CEO』(2008)는 미술을 실용적으로 활용한 책입니다. 명화 감상을 통해 창의성을 개발하게 해주죠. 미술출판의 트렌드가 된 창의성 개발, 경영의 지혜, 심리치유 같은 코드로 미술을 도구화한 책들의 앞자리를 차지합니다. 이런 책들은 쉽게 말해서 미술을 이용하는 것이라고 할 수 있어요. 이명옥 관장의 책이나 이주헌 선생의 창의력 관련서(『리더를 위한 창의력 발전소』, 2008), 과학이나 수학과 관련된 미술책 등이 다 그런 형식이에요. 미술에 독자의 주요 관심사를 접목해서 그림도 배우게 하고 관련 분야의 지식도 가르쳐주는 겁니다.

그런데 이런 미술의 도구화 작업에 대해 일부 화가들은 불편한 심기를 감추지 않습니다. 미술작품을 그 자체로 감상하게 해야지, 왜 이용하느냐고. 충분히 그럴 수 있습니다. 하지만 저는 이런 현상을 부정적으로 볼 것만은 아니라고 봅니다.

독자는 미술을 이용한 책들을 통해서 그동안 우리네 삶과는 무관하다고 생각했던 미술이 자기계발도 할 수 있고, 삶의 지혜는 물론, 심리 치유도 할 수 있는 장르라는 사실을 비로소 깨닫게 됩니다. 이 또한 미술의 대중화거든요. 미술 전공자의 영역에 감금된 미술을 일반인의 자기계발 욕구와 접목시켰다는 점에서 그렇고, 창의성 개발과 경영의 지혜를 얻기 위한 도구로 얼마든지 이용할 수 있음을 보여주면서 미술을 대중친화적으로 만든다는 점에서도 그래요. 미술을 이용하는 책들은 앞으로도 계속 늘어날 겁니다.

말이 나온 김에 미술대중서 기획의 한 경향을 정리해보죠. 예전에는 독자의 바깥에 있는 미술 정보를 객관적으로 소개하는 식이었는 데 비해, 지금은 미술책 기획이 독자의 안쪽으로 파고듭니다. 비가시적인 독자의 욕구를 읽고, 그것을 토대로 저자를 섭외하고, 기획안을 숙성시켜 맞춤형 대중서를 출간한다는 뜻입니다. 그림에 심리치유를 접목한, 이주은의 『그림에, 마음을 놓다』(2008)도 일종의 맞춤형 기획물이 됩니다. '백 마디 말보다 따뜻한 그림 한 점의 위로'라는 카피가 내용을 압축하고 있듯이, 이 책은 독자의 마음에 주목하여 미술출판의 새로운 가능성을 보여주었습니다. 창의력 계발, 경제경영, 심리 치유 등을 활용한 미술책이 바로 독자의 니즈를 읽고 개발한 맞춤형 기획물들이라 할 수 있습니다. 이제 저자가 하고 싶은 이야기를 독자에게 일방통행으로 공급하던 방식은 더 이상 먹히지 않게 되었습니다. 더불어 독자의 마음이 대중서 기획의 블루오션으로 부상하면서, 기획거리는 무궁해졌고요.

2005년을 기점으로 부쩍 늘어난 미술책이 바로 미술시장 관련서예요. 오랫동안 먹구름이 끼었던 국내 미술시장이 미술품 경매사의 등장과 작품 판매시장인 아트페어의 확산 등으로 기사회생하면서 관련서가 지속적으로 나오고 있습니다. 아트마켓이나 미술품 경매 뒷이야기, 재화로서 미술품의 가치와 컬렉션 길라잡이 등을 담은 이 책들은 미술작품을 상품의 관점에서 볼 수 있게 해주었습니다. 우리 미술계에는 작품을 돈과 결부시키는 것을 불손하게 여기는 분위기가 만연해 있는데, 이런 그릇된 분위기를 바꿔주는 역할도 합니다.

그런데 미술시장 관련서는 시장의 상황과 밀접하게 물려 있어서, 시장이 호황이면 독자의 관심을 받고, 불황이면 외면받기 쉬운 단점이 있어요. 이 중에서도 이규현의 『그림 쇼핑』(2006)은 각별한 주목을 요합니다. 그 전까지 출간된 미술시장 관련서의 정점을 찍었다는 점에서 그래요. 이 책은 미술품 수집이라는 진지한 행위를 아주 가볍게 만들어버렸어요. 그것도 제목 하나로요. '그림을 쇼핑한다'고 하는 건 감히 생각조차 못한 일이었는데, 미술품 구매 행위를 '쇼핑'처럼 흥미롭게 만든 겁니다. 이 책은 그림을 사랑하는 가장 열정적인 방법으로서 작품 컬렉션을 제안합니다. 제목의 힘으로 미술계의 분위기를 압축해버린 특기할 만한 책이죠.

끝으로, 미학 대중화의 일등공신인 진중권의 『미학 오디세이』(1994)가 있습니다. 어려운 미학을 쉽게 풀어 설명했다곤 하지만 쉽지 않은 책인데요. '진중권'이라는 인물 때문에 미학을 일반 독자가 접하는 계기가 된 책입니다. 오래전에 두 권으로 나왔다가, 2004년에 전3권으로 완간되었지요. 이와 관련된 책으로 『진중권의 현대미학 강의』(2003)가 있습니다. 벤야민, 하이데거, 푸코, 데리다, 들뢰즈 등 탈근대의 관점에서 미학을 소개하는 프랑스 사상가들을 다룬 이 책 역시 만만찮은 내용임에도 꾸준한 판매를 보이는 스테디셀러입니다. 그런데 이 분의 미학 관련서에 대한 관심은 다른 미학 관련서로 확산이 일어나지 않는다는 단점이 있습니다. 예컨대 문화유산 답사기가 뜨면, 관련 답사기로 수요가 확산되는 현상이 있는데, 진 선생의 미학 책은 그렇지 않다는 거죠. 아마 저자 개인에 대한 관심의 연장선에서 미학책의 수요가 일어났기 때문이 아닐까 생각합니다.

전문성과 대중성을 겸비한 '중간필자'

오래 전부터 제가 미술의 대중화를 위해 부르짖는 것 중의 하나가 '중간필자' 혹은 '중간저자'의 필요성입니다. 음, 이 자리에서는 '중간필자'로 통칭하겠습니다. 제가 중간필자라고 하는 것은 전문가와 일반인 사이에서, 전문적인 정보를 일반 독자한테 이해하기 쉽게 풀어서 전해주는 역할을 하는 필자를 말합니다. 미술의 대중화와 미술의 생활화를 위해서는 중간필자의 풀이 넓어야 합니다.

현재 우리 미술출판을 이끄는 중간필자로는 노성두, 이주헌, 이명옥, 김영숙, 조정육, 박영택, 이주은, 손철주, 김홍기, 김지은, 이택광, 최석조, 조이한, 박희숙, 유경희, 이연식, 박제, 권근영, 전준엽 등을 꼽을 수 있습니다.

그런데 출판사와 필자는 서로 상대방의 존재를 모릅니다. 무슨 말인가 하면, 미술전공자들은 출판사에 어떻게 접근해야 하는지를 몰라서 침묵하는 반면에 편집자는 미술계의 가능성 있는 예비 필자들이 어디에 있는지 모른다는 거죠. 그래서 새로운 저자의 책이 나오면, 그 책에 일제히 주목하고 저자로서의 가능성을 검토하게 됩니다. 이미 책으로 검증이 되었으니까 새 저자에게 몰리는 현상이 벌어지는 거죠. 미술전공자들도 길을 모르는 탓에 지인을 통해 알음알음으로 출판사에 접근하게 됩니다.

미술출판에서는 역량 있는 중간필자들을 많이 필요로 합니다. 문제는 미술이론이나 미술사를 공부한 전문가들이 대중적인 글쓰기를 꺼린다는 점입니다. 동료며 담당교수의 눈치를 심하게 보는 것 같아요. 그러다가 결국 연구서나 평론집을 먼저 출간하고, 그 다음에 대중서 집필을 해보겠다고 합니다. 대중서 집필을 연구서보다 낮춰보는 탓에, 설득하기가 쉽지 않아요. 이렇다 보니 미술계 내에서는 이미 상식으로 통하는 사실도 일반인에게 전달되지 않는 소통 부재 현상이 빚어집니다.

전문가를 대중서 저자로 끌어들이는 데 망설이게 하는 요소도 있어요. 그들이 미술에 관해서는 박식할지 몰라도 대중적인 글쓰기에는 서툴다는 점입니다. 어느 분야든 마찬가지겠지만 학문적인 깊이와 문장력을 겸비한 유능한 필자는 미술계에도 드물어요. 논문 식의 글쓰기에 매진해온 탓에 전문가들은 그런 방식이 가장 쉽다고 해요.

예전에, 괜찮은 주제의 평문이 있어서 그 글을 쓴 평론가한테 개인사나 일화를 곁들여서 말랑말랑하게 손질해달라고 했다가 무산된 적이 있습니다. 처음에는 부탁한 대로 초고를 손질했지만 계속 수정하는 가운데 사적인 이야기나 일화를 걷어내게 되고 결국 원래의 평문이 된 겁니다. 아시겠지만 대부분의 연구자들이 논문식 외에는 글쓰기 훈련이 안 되어 있어요. 반면에 이주헌 선생 같은 경우는 오랫동안 기자생활을 했기 때문에 매체에 맞게 글을 쓰죠. 잡지면 잡지, 신문이면 신문, 사보면 사보 등 매체의 성격에 맞게 글의 수위를 조절합니다. 이런 점이 이주헌 선생한테 원고 청탁이 몰리는 이유이기도 할 겁니다.

미술사나 이론을 전공했던 분들은 세미나 갈 때도 정장을 입고, 수영장에 갈 때도 정장을 입습니다.(웃음) 수영장에는 당연히 수영복을 입고 가야지요. 투수로 치면 다양한 구질을 구사하지 못하고, 오로지 한 가지 방식의 투구만 고수하는 격이죠. 가끔 대학 교수님들을 만날 때, 대중적인 글쓰기에 관해 이야기를 해봅니다. 일단은 제 이야기에 수긍하는 편인데, 그렇게 절실하게 느끼는 것 같지는 않아요. 연구실과 상아탑에서 필요한 글쓰기는 논문식이면 되거든요.

다양한 글쓰기를 구사하는 전공자의 부족 현상은 어린이용 미술책 집필을 비전공자들이 차지하게 만듭니다. 지금 어린이 미술책은 거의 국문과나 국어교육과 출신 저자들이 집필합니다. 어린이 미술책은 원고 양이 많지도 않고, 아주 전문적인 지식이 필요한 건 아니거든요. 비전공 필자들은 안정된 글발을 무기로 익히 알려진 미술 정보를 꿰어서 기획편집자들의 입맛을 충분히 만족시켜줍니다. 그러니 환영을 받을 수밖에요. 이런 현실에 대해 일부 미술이론이나 미술사 전공자들은 손가락질을 합니다. 자기네가 그걸 외면하고 제대로 못하면서 말이죠. 안타까운 현실입니다.

저는 미술책이라고 해서 전공자들만 써야 한다고는 생각하지 않아요. 아트북스만 해도 미술을 전공하지는 않았지만, 미술이 좋아서 글을 쓰기 시작한 저자가 여럿 되거든요. 황경신, 곽아람, 선동기, 최석조 등은 첫 책으로 독자를 사로잡은 뒤 꾸준히 미술책을 내고 있어요. 사실 미술은 누구나 이야기할 수 있습니다.

저는 모든 사람이 자기만의 미술책을 한 권씩 냈으면 좋겠어요. 미술 감상에 겁먹지 말고 주관적으로 보고 즐기면서, 나중에 객관적인 정보를 더해서 깊이를 갖추면 되는 겁니다. 앞에서도 이야기했듯이, 그림에는 정해진 정답이 있는 게 아니거든요. 객관적인 정보보다는 미술에 대한 저마다의 느낌이나 생각이 소중하죠. 갈수록 개인의 시각과 발언이 중요해지고 있는 것처럼. 미술도 그래요. 누구나 자기식의 미술 이야기가 있을 거예요. 그림에 관심이 있는 사람이 쓴 글에는 애정이 묻어납니다. 전공자도 생각지 못한 안목이 그림을 다시 보게 만들기도 하죠. 비전공자이긴 하지만 미술을 사랑하는 이들의 글을 통해서 사람들이 자기 감상도 틀리지 않았음을 확인하고, 미술을 가까이 하는 계기가 되었으면 합니다.

아무튼 미술을 전공한 문장력 있는 중간필자 층이 두터워지고, 그들 중에 스타저자도 나오고 한다면 미술의 대중화가 탄력을 받지 않을까 합니다. 예전에 한젬마의 등장으로 일반인의 미술에 대한 관심이 폭발적으로 늘어났던 것처럼 말이죠.

어떻게 발상을 전환할 것인가

미술대중서 기획에는 두 가지 방법이 있습니다. 하나는 미술책을 보고 기획하는 것입니다. 편집자 중에서 미술 전공자도 있고, 비전공자도 있습니다. 미술책 기획 편집자가운데 미술 전공자는 극히 드뭅니다. 간혹 그런 분이 있긴 해요. 그런데 전공자가 빠지기 쉬운 함정은 기획을 하더라도 기존의 미술책들과 유사한 스타일이 될 가능성이 크다는 거죠. 학창시절 자신이 접해왔던 책이 미술책의 모델처럼 자리 잡고 있기 때문입니다. 물론 비전공자도 '그 나물에 그 밥'이 될 가능성이 큰 건 마찬가지예요. 그들 역시 기존의 미술책을 참고 삼아 기획이나 편집을 하려고 하거든요. 그럼 어떻게 하면 기존의 스타일에서 벗어날 수 있을까요?

저는 서점에서 미술책 코너를 반드시 둘러보지만 그보다는 에세이나 경제경영서, 인문서, 잡지 등 미술 분야 외의 책 코너에 더 오래 머물며 그쪽 책들을 유심히 봅니다. 또 커피숍에서도 그곳에 비치된 여성 패션지나 남성지 등을 샅샅이 훑어보고 관심이 가는 기사는 정독하거나 메모를 합니다. 이렇게 부단히 미술을 다른 시각으로 보려고 합니다. 그래서 저는 종종 편집자나 저자들에게 미술책 아닌 다른 분야의 책을 보라고 합니다. 미술책만 보면, 동일한 스타일의 미술책이 나올 수밖에 없기 때문입니다.

가령 경제경영서를 보면 얼마든지 실용성 있는, 색다른 미술대중서를 구상해볼 수 있어요. 잡지의 경우도 그래요. 잡지는 철저하게 독자를 염두에 두고 글을 쓰거든요 제목을 뽑더라도 독자를 유혹할 수 있게 감각적으로 뽑죠. 살아 있는 교재라고 해도 과언이 아닐 정도예요. 저는 잡지를 보다가 기획을 한 경우도 있어요.

한번은 여성 패션지를 뒤적이다가 '패션 디자이너가 사랑한 화가'라는 제목의 글을 보았어요. 그게 나중에 『화가들이 사랑한 파리』(2005)로 연결되었고, 또 다른 기획의 씨앗이 되었어요. 그리고 『경매장 가는 길』(2005)의 제목은 고민을 거듭하다가 남성 패션지 〈GQ Korea〉의 한 기사에서 발견했습니다. 이 기사 제목 역시 소설가 하일지의 장편소설 『경마장 가는 길』을 패러디한 것이지만요. 그러니까 철저하게 독자를 대상으로 한 기사와 독자의 마음을 사로잡는 제목 등이 특성인 만큼, 잡지와 친해지면 생산적인 자극을 많이 받을 수 있죠. 저는 잡지 판에서 잔뼈가 굵은 탓에 잡지가 지닌 유무형의 장점을 단행본에도 적극 벤치마킹해봅니다. 시각적인 재미를 주는 독자 친화적인 요소들을 단행본 체형에 적극 도입하는 것이죠. 쉬어가는 페이지나 팁, 서술형의 도판설명도 넓게 보면 단행본에 녹여진 잡지스타일이라고 할 수 있어요. 생산적인 자극을 받을 수 있기는 경제경영서도 마찬가지예요. 감각적인 제목과 직설적인 화법이 특징인 만큼, 색다른 미술대중서를 기획하는 데 경제경영서의 시각도 얼마든지 활용할 수 있어요.

미술은 '샘이 깊은 물'입니다. 미술에는 역사, 신화, 과학, 사회, 경제, 자연, 종교에 이르기까지 인간사의 모든 것이 담겨 있습니다. 관점에 따라 무한한 활용이 가능해요. 미술과 영화, 미술과 문학, 미술과 패션, 미술과 만화, 미술과 신화, 미술과 음악 등의 퓨전화 작업도 미술이 낯설거나 어려운 독자에게, 그들이 친근해하는 분야를 통해 마음의 벽을 허물어주기 위한 전략의 일종입니다. 이는 이종교배가 일반화된 컨버전스 시대의 상품 생산방식과도 맥을 같이합니다. 아무튼 제 경험으로는 새로운 기획편집을 원한다면, 같은 분야보다 다른 분야의 책에서 자극을 받고 활력을 얻는 것도 좋은 방법 같습니다.

에피소드는 필수다

대중서는 주제와 관련된 에피소드가 필수품입니다. 에피소드가 잘 버무려져 있는 책은 그만큼 흥미로운 독서를 가능케 하죠. 경제경영서를 보면 한 꼭지의 글마다 몇 개의 관련 에피소드를 엮어서, 끝까지 독자의 관심을 놓지 않게 하잖아요. 다양한 장면 전환으로 시청자가 한 눈을 팔지 못하게 하는 TV 광고 편집과 같은 형식인 거죠. 대중적인 단행본도 에피소드를 어떻게 활용하느냐에 따라 독자의 호감도가 달라집니다.

논문과 비교하면 이해하기가 쉽죠. 논문은 에피소드보다 주제를 논증하는 글이어서 강물처럼 쭉 흐르게 구성됩니다. 반면에 대중서는 마치 계곡에서 물이 흐르다가 고였다가, 흐르다가 고였다가, 다시 흐르다가 고였다가 하는 구조와 유사해요. 이때 고이는 부분이 바로 에피소드에요. 독자는 에피소드에 멈춰서 그것을 음미하면서 독서를 진행하게 됩니다. 가령 논문을 대중용 단행본으로 만들 경우, 논문에서는 크게 대접받지 못하는 에피소드를 단행본 작업에서는 복원시키거나 삽입해주는 것이 좋습니다. 에피소드는 머리보다 가슴에 호소하기 때문이죠. 이 점이 중요해요. 사람의 마음 구조는 이야기 구조로 되어 있다고 하잖아요. 진화심리학에서도 이야기 형식으로 정보를 저장하는 게 생존에 유리하다고 해요. 풍부한 에피소드로 조형된 스토리텔링은 그만큼 독자를 사로잡는 힘이 있습니다. 이런 심리적 특성에 따라 화가도 에피소드가 많거나 극적일수록 유명세를 탑니다.

화가 이중섭이나 박수근이 대중적인 명성을 얻은 것도 수많은 에피소드 때문이거든요. 일반인이 그들의 작품성을 알기 때문에 좋아하는 것은 아니란 거죠. 또 이중섭이 박수근보다 유명한 것은 에피소드가 더 극적이기 때문이에요. 일본인 여성과의 결혼, 한국 전쟁으로 인한 월남과 처절한 피란생활, 가족과의 생이별, 요절 등 사람들의 호기심을 충족시켜주는 에피소드가 강력해요. 그에 비해 박수근은 에피소드가 밋밋한 편이죠. 예나 지금이나 화가가 유명해지려면 흥미진진한 에피소드가 뒷받침되어야 합니다.

미술과 친근하지 않은 일반 독자에게 미술의 재미를 찾아주기 위한 전략의 하나로 에피소드는 효과적인 소재라고 할 수 있어요. 에피소드를 잘 활용하면 저자가 전하고자 하는 메시지까지 독자를 데리고 갈 수 있는 거죠. 에피소드는 화가에 관한 것이나 그림에 관한 것, 또 그림과 관련된 저자에 관한 것 등 얼마든지 있어요. 전략적으로 에피소드를 글 속에 방목해두는 게 효과적이에요.

에피소드를 중심으로 미술 잡지와 여성지를 비교해보면 흥미로운 점이 발견됩니다. 미술 잡지에서는 에피소드가 별로 중요하지 않습니다. 작품의 조형미나 미술이론 등의 전문적인 이야기를 합니다. 반면에 여성지에서는 전문적인 이야기보다 화가나 작품에 얽힌 에피소드를 중심으로 기사를 써요. 작품의 조형미가 어떻고 하는 식의 이야기는 절대로 하지 않죠. 독자가 에피소드를 먹고사는 존재임을 아는 것 같습니다. 미술 전공자인 저도 여성지에 실린 미술 관련 기사를 읽고 나면, 그 화가가 오래 기억됩니다. 이미 작품세계며 활동 과정을 조금은 아는 입장이지만 에피소드를 중심으로 한 기사가 화가를 더 확실하게 인지시켜 주더군요. 아마도 에피소드에 나타난 인간적인 체취 때문일 거예요. 여성지에 매달 화가에 관한 기사가 들어간다면, 1년에 12회 발행되니까 총 12인이 소개되는 셈이죠. 매달 챙겨본다면 1년에 12인의 화가를 알게 되는 거예요. 이렇게 해서 더 궁금증이 발동하면, 나중에 그 화가의 전시회를 한번쯤 찾아가보는 겁니다. 그러면 이미 화가에 관해 알기 때문에 그림의 몸(형식)과 마음(내용)을 제대로 즐길 수 있는 거죠.

여성지가 미술을 다루는 방식이 독자한테 다가가는 힘이 되는 만큼, 그 방식을 벤치마킹하여 대중서 작업에 적극 활용하는 것도 좋다고 봅니다. 미술대중서는 TV 프로그램으로 치면, 예능적인 요소가 상당히 필요하거든요. 예능 프로그램은 다큐멘터리 프로그램과 달리 같은 정보나 소재도 시청자의 입장에서 재미있게 연출해서 전하잖아요. 이처럼 재미를 줌으로써 독자를 미술 친화적으로 이끌 수 있는 거죠. 어떻게 보면 대중서에는 독자를 유쾌하게 만드는 '예능감'이 필요한 것 같아요.

저는 같은 맥락에서 대중서 저자한테 자기 노출을 적극 권하는 편입니다. 자기 노출이란 저자가 문장 뒤에 숨는 것이 아니라 문장 속에 자기 이야기를 적재적소에 풀어놓는 것을 말합니다. 이 역시 넓게 보면 저자의 에피소드가 되는 셈이죠. 최근 미술책들을 보면, 저자가 자기 이야기를 많이 하지 않습니까. 블로그도 기본적으로 자기노출 혹은 자기표현의 매체이고요. 자기노출은 지금 시대에 유통되는 가장 일반적인 커뮤니케이션 방식입니다. 그래서 저는 저자한테 원고에 자기 이야기를 담아달라는 주문을 합니다. 독자의 호기심을 자극하거나 읽는 재미를 주기 위한 조치이긴 하지만 그것이 전부는 아닙니다. 생소한 저자를 독자에게 홍보하고 인식시키기 위한 전략이기도 해요. 처음 책을 내는, 가능성 있는 저자와 두 권, 세 권 계속 작업을 하기 위해서도 책을 통한 홍보는 필요한 작업이죠.

독서에는 무의식적이지만 관음증이 작용합니다. 독자는 내용을 따라 읽되, 저자의 움직임을 끊임없이 훔쳐봅니다. 저자가 '필자' 운운하며 글 뒤로 숨지 않고 '나'로 시작하면, 독자는 저자의 동선을 따라가면서 내용을 함께 흡수하게 되죠. 그래서 책을 읽은 독자

는 저자에게 친근감을 가집니다. 이렇게 되면 그 저자의 다음 책에
도 관심을 가질 가능성이 커지죠. 낯선 개념이나 지식을 다룬 책일
수록 재미있는 에피소드가 부족하다면 저자의 자기노출이 필요하
고, 이런 노출이 윤활유 역할을 해서 글을 독자 친화적으로 만드는
겁니다. 8,90년대의 책이 정보 위주였다면, 2000년대가 진행될수
록 '정보+저자의 개인사'가 일반화되는 추세를 보입니다. 독자가
재미있게 읽으면서 자연스럽게 정보를 습득하게 하는 거죠.

책은 심리학이다

저는 책의 구조는 심리전의 결실이라고 생각합니다. 즉 책은 독자
와 벌이는 치열한 심리전의 장이자 독자의 심리를 최적화시킨 구
조란 거죠.

　일반적인 책의 구조는 '표지+내지(권두+본지+권말)' 꼴인데요, 다
시 내지의 권두 부분을 세분화하면 대강 '앞표제+표제+서문+차
례' 순서가 됩니다. 왜 이런 구조가 되었을까요? 저는 이런 순서는
책의 중심인 본문을 읽기 전에 독자에게 마음의 준비를 하게 해주
는 심리적인 배려라고 생각해요. 그렇지 않고 독자가 표지를 열자
마자 갑자기 본문이 배치되어 있으면 심리적으로 부담을 느낄 수
가 있거든요. 독서 행위에는 일정 정도 '예열' 과정이 필요하다고
봐요. 본문 앞에 권두를 두어서 앞표제지에서 제목을 보고, 표제지
에서 제목과 저자명, 출판사명을 확인하게 하고, 서문을 통해서 책
에 관한 저자의 의도를 대강 접한 뒤, 차례에서 전체 내용을 숙지하
게 해요. 순차적으로 마음의 준비를 하게 한 다음에 본문으로 진입
하게 만드는 겁니다. 요컨대 적은 정보에서 서서히 많은 정보를 주

며 심리적인 충격을 완화시켜주기 위해 삽입된 예열 장치가 권두 부분인 거죠. 그렇게 본문을 읽고 나면, 권말(색인+판권 등)이 나오고 책을 덮게 됩니다. 이 일련의 과정을 통해 효율적인 독서가 이뤄지도록 지면을 체계적으로 디스플레이한 물건이 책이란 거죠.

이런 심리적인 배려는 책뿐만 아니라 실생활에서도 찾아볼 수 있습니다. 우리가 편지를 쓰거나 이메일을 주고받을 때도 처음부터 용건을 꺼내는 게 아니라 먼저 인사를 하고, 계절 인사와 상대방의 안부를 여쭌 뒤에 비로소 용건을 말하거든요. 이 역시 앞쪽에 심리적인 완충지대를 설정한 책의 구조와 동일합니다. 제가 간간이 '책은 인간이다'라고 하는 것도 이 때문입니다. 실생활에서든 책에서든 사람이나 독자에 대한 심리적인 배려가 삶의 뼈대를 이루거든요. 책이 지금과 같은 구조로 정제된 것은 사람의 심리적 특성 때문인 거죠. 결국 책 만드는 일은 내용이 전달되는 터전인 독자의 마음을 편집하는 일이라 하겠습니다.

책의 체형과 관련된 독자의 심리는 미술대중서 편집에도 적극 응용할 수 있습니다. 세 가지 심리적 전략을 살펴보죠.

우선 '조삼모사'의 전략입니다. 본문 편집디자인을 할 때, 세 가지 방식을 생각해볼 수 있어요. 첫 번째는 도판을 한 페이지에 한 컷씩 페이지를 할애한 뒤 글을 더하는 방식으로, 도판을 글 앞에 배치하는 경우(도판+글), 두 번째는 글을 먼저 배치한 뒤 여러 페이지에 도판을 사용하되 한 페이지에 한 컷씩 배치하는 방식으로 도판을 글 뒤에 배치하는 경우(글+도판), 세 번째는 도판을 글과 분리해서 배치하지 않고 글 속에 섞어서 배치는 경우가 있습니다. 우리가 잘 아는 일반적인 방식은 세 번째거든요. 첫 번째는 도판이 여러 컷 배치되고 글이 이어져 있어요. 이 경우에는 도판이 각 꼭지명과 글 사이에서 긴장감을 주게 됩니다. 그런데 두 번째는 긴장감이 떨어져요. 이미 글을 읽었기 때문에 뒤에 붙은 도판을 건성으로 보고 넘길 가능성이 크다는 거죠. 맥이 빠지게 됩니다.

도판이 원고 못지않게 중요한, 황경신의『그림 같은 세상』(2002)과 김지은의『서늘한 미인』(2004)을 만들면서 고민했던 부분은 도판을 먼저 배치할 것인가, 글 뒤에 배치할 것인가 하는 점이었어요. 『서늘한 미인』은 앞쪽에 도판을 여러 컷 배치하고, 뒤에 글을 붙였어요. 글 속에도 도판을 작게 넣긴 했지만 기본 구조는 첫 번째 방식인 거죠. 저자가 책을 미니화집처럼 만들고 싶어 했기 때문에, 도판으로 그림을 먼저 감상할 수 있게 편집한 거예요. 세 번째 방식은 너무 일반적인 도판 편집 방식이라 식상해서, 도판이 꼭지명과 글 사이에서 긴장감을 주는 첫 번째 방식을 택한 거죠.『그림 같은 세상』을 만들 때는 두 번째 방식으로 했어요. 도판을 글 뒤에 보여준 거죠. 대신에 각 도판 밑에 도판설명(캡션) 외에 감성적인 문안을 추가했어요. 이 문안을 통해 독자가 그림을 건성으로 보고 스쳐가지 못하게 한 거죠. 그림도 하나의 텍스트처럼 읽도록 머릴 쓴 겁니다. 이처럼 도판과 글의 배치를 어떻게 하느냐에 따라 책이 살 수도, 죽을 수도 있어요. 다르게 말하면 도판의 선후에 따라 독자가 받는 심리적인 영향이 달라진다는 겁니다. 조삼모사의 편집 전략인 거죠.

'덤'의 전략도 있어요. 사전적인 의미로는 '제 값어치 외에 공짜로 조금 더 얹어 주는 일, 또는 그런 물건'을 덤이라고 하죠. 8,90년대의 미술책을 보면, 서체가 작고 페이지마다 행수도 많고 두껍습니다. 지금의 독자가 옛날 책의 조밀하고 두툼한 체형을 본다면 일단 외형에 질릴 거예요. 오늘날에는 미술책이 원고지 기준으로 650매에서 700매 정도면 제법 볼륨이 나오거든요. 도판이 들어가기 때문이죠. 심지어 500매 안팎으로도 한 권이 됩니다.

아무튼 책이 두꺼워지면 독자의 심리적 부담감이 늘어나기 때문에 책의 시각적·심리적 경량화 작업으로 독자의 부담감을 덜어주게 됩니다. 그래서 사용하는 전략의 하나가 원고를 분리하는 겁니다. 옛날 같으면 원고를 통으로 편집했겠지만 지금은 재미있는 에피소드를 별도의 박스로 처리하여 책 곳곳에 배치해둡니다. 원고의 전개상 분리하지 않아도 될 내용이지만 분리해서 배치하면 책에 원고가 하나 더 있는 것 같은 효과를 주게 되죠. 결국 전체 원고의 양으로 봐선 옛날 책과 동일한데, 시각적으로 지금의 책이 더 풍성한 느낌을 주는 겁니다. 이런 것을 덤의 효과라고 할 수 있겠는데요. 흔히 '팁'이나 '쉬어가는 페이지'라고 하는 것들이 바로 덤의 효과를 노린 겁니다.

이 팁을 배치하는 공간은 일반적으로 장과 장 사이가 됩니다. 예를 들어 네 개의 장으로 구성된 책이라면, 장과 장 사이에 네 개의 팁을 마련할 수가 있어요. 이것도 본문의 내용이 묵직하면 팁은 가벼운 내용으로, 본문이 가벼운 내용이면 팁은 다소 묵직한 것으로 준비해서, 전체 원고의 균형을 잡아주어야 더 효과적인 편집이 됩니다. 또 팁이 네 개니까, 이를 기승전결 식으로 일정한 체계를 가질 수 있게 구성하는 것도 좋은 방법입니다. 이렇게 되면 결국 한 권의 책은 두 개의 텍스트가 결합된 형식이 되는 셈이죠. 본문 원고 1편+팁 원고 1편 식의 '한 지붕 두 가족' 스타일로 말입니다.

그리고 팁은 디자인을 차별화해서 본문과는 다른 원고라는 걸 시각적으로 표시해줄 필요가 있어요. 이 팁도 실은 도판에 붙인 짧은 문안과 같은 역할을 겸합니다. 책을 슬슬 넘기다가 팁이 재미있어서 본문을 읽게 유도할 수도 있고, 그것이 구매로 이어지게 할 수도 있다는 거죠. 예컨대 김지은 아나운서의 『서늘한 미인』의 팁('예술의 발견')을 보면, 저자가 인터뷰 건으로 만났던 영화배우 안젤리나 졸리의 배꼽 이야기, 생면부지의 작가인 미셸 투르니에와 여러 차례 사진을 주고받았던 이야기 등이 나와요. 흥미진진하죠. 이런 팁을 통해 독자가 책을 읽지 않을 수 없게, 기분 좋게 협박을 하는 겁니다.(웃음) 크게 보면 팁은 독자에게 어필하는 마케팅 전략의 일종이라고 할 수 있죠. 마케팅은 기획 단계에서부터 시작되지만 편집디자인을 통해 시각적으로 구체화되는 겁니다.

다음으로 도판의 해상도 전략이 있습니다. 국내 미술책에서 상태가 좋은 도판을 만나기가 쉽지 않아요. 원화를 찍은 필름이 아니라 이미 화집이나 책으로 인쇄되었던 것을 다시 스캔하는 식이 반복되다 보니까 색채가 변하고 마티에르가 뭉개진 도판이 많습니다. 가능하면 해상도가 높은 도판을 구해서, 최대한 원화의 이미지를 살리게 인쇄해야 합니다. 왜냐하면 도판이 중요한 미술책에서 도판의 질은 강한 경쟁력이기 때문입니다. 워낙 도판의 질이 문제가 되니까, 도판 상태가 좋아서 구매하는 경우도 생기거든요.

예컨대 다섯수레 출판사에서 '어린이를 위한 이주헌의 주제별 그림읽기' 시리즈로 풍경화, 인물화, 역사화, 풍속화에 관한 미술책이 나온 적이 있어요. 이 시리즈가 나올 때마다, 제가 구입한 이유는 하나였어요. 그동안 봐왔던 어린이 미술책과 달리 도판의 질이 뛰어나다는 것이었죠. 깨끗한 도판들을 보는 것만으로도 기분이 좋았어요. 나무숲 출판사에서 나오는 가로로 된 판형의 '어린이 미술관' 시리즈도 도판 상태가 아주 좋습니다. 간간이 반사분해서 사용한 듯한 도판도 눈에 띄지만 대부분의 도판이 원 필름을 사용하는 탓인지 상태가 뛰어납니다. 이 시리즈는 비록 어린이용이긴 하지만 성인도 충분히 볼 만합니다. 저는 성인인데도 양질의 도판 때문에 이 시리즈를 사서 모아요. 분명 어딘가에 저 같은 독자가 많이 있을 거라 생각해요. 미술책에서는 고해상도의 도판도 중요한 마케팅 전략일 수 있습니다.

이들 세 가지 방식은 독자를 유혹하는 심리적인 전략이기도 합니다. 팁의 기능과 동일한 효과를 지닌 장치는 더 있습니다. 바로 도판설명이죠. 보통 도판설명을 붙일 때 작가명, 제목명, 재료, 크기, 제작연도, 소장처, 이렇게 적습니다. 저는 이런 기본적인 요소 외에 그림에 관한 이야기나 개인적인 감상 등을 짧게 한두 줄 정도 더해달라고 요청합니다. 앞서 얘기한『그림 같은 세상』에서 도판 설명 외에 감각적인 문안을 덧붙인 것처럼 말이죠. 이유가 있어요. 대개 도판은 한 번 보고 스쳐 지나치게 되는데, 이런 습관에 제동을 걸어서 짧은 문안을 읽는 가운데 도판을 눈여겨보게 하려는 것이죠. 또 책을 훑어보다가 도판문안이 재미있어서, 본문을 읽을 수도 있거든요. 소제목도 마찬가지예요. 독자의 마음을 붙들기 위한 전략이 소제목에도 깃들어 있다는 거죠. 그러므로 대중서일수록 소제목은 감각적으로 짓는 것이 효과적입니다.

대중서는 예능이다

사실, 책읽기는 지루하고 힘든 과정입니다. 그래서 책에 사용된 도판, 도판설명, 소제목, 여백 등의 편집 장치는 어쩌면 독자에게 읽고 싶게 만들기 위한 '유쾌한 협박'일 수 있습니다. 사실 내용만 중시 한다면, 같은 크기의 서체로 작성한 원고를 아무런 가공 없이 통째로 독자에게 건네주면 됩니다. 원고를 몇 개의 장으로 나누고, 각장에도 제목과 소제목을 다는 등의 술수를 부리는 것도 실은 독자에게 '이렇게까지 했으니 제발 읽어 달라'고 애원하는 것과 다를 바없어요. 어떻게든 변덕이 심한 독자의 시선과 마음을 붙잡아서 한 자라도 더 읽히려는 각종 장치로 똘똘 뭉친 종이뭉치, 그게 책입니다.

지금 말씀드릴 기획 편집의 사례도 이런 장치들과 관련이 있어요. 미술대중서를 어떻게 기획하고 어떻게 만들 것인가 하는 질문에 대한 하나의 답인 셈이죠.

먼저 조정육의 '동양미술 에세이' 시리즈의 첫 책 『그림이 내게 말을 걸어왔다』(2003)는 이메일이 책이 된 경우입니다. 일반인이 그림에 쉽게 말을 걸 수 있게 생활 이야기에 그림을 녹여서, 감상의 마중물 역할을 할 수 있는 책을 만들어보자고 의기투합한 게 기획의 씨앗이었어요. 13개월에 걸쳐 37편의 원고를 이메일로 받았어요. 이 원고에는 여성으로서 고백하기 힘든 내용도 있고, 놀라운 가족사도 들어 있었습니다. 진솔한 고백에 따른 감동의 에너지가 대단했어요. 독자의 호평도 뒤따랐죠. 저는 책을 준비하면서 이를 시리즈로 발전시켰습니다. 2년마다 한 권씩 총 5권으로 마무리 짓자고 했죠. 현재 3권까지 나왔고, 앞으로 4권과 5권도 나올 예정입니다. 시리즈의 첫 번째 책은 에세이와 그림 이야기가 한 덩어리가 된 경우고요.

두 번째 책 『거침없는 그리움』(2005)는 생활에세이+팁에 짧은 그림 이야기를 붙인 거예요. 이 두 번째 책의 생활에세이는 그림과 상관이 없는 내용이에요. 이걸 어떻게 요리할 것인가라고 고민하던 차에 마침 미술잡지에 연재된 짧은 글이 떠올랐고, 그것들을 에세이 중간 중간에 배치했습니다. 세 번째 책『깊은 위로』(2008)는 문화재 답사가 많아서 그림 도판 외에도 문화재 사진들이 다수 들어가 있어요. 여기서도 에세이+그림 이야기를 시리즈의 기본 구조로 하되 각 권마다 변화를 주기로 한 기획 의도는 계속 지켜가고 있는 셈이죠.

이 시리즈는 어떻게 보면 미술사학자이자 아내이기도 하고, 며느리이기도 하고 아이의 엄마이기도 한 여성의 사생활을 시시콜콜 적어놓은 것이거든요. 여기에 그림 이야기를 덧붙이니까, 미술과 무관했던 사적인 이야기가 색다른 미술 대중서의 씨앗이 된 겁니다. 이 시리즈의 특징은 에세이를 통해 그림 이야기를 접하거나 팁으로 제공된 그림 이야기가 재미있어서 에세이를 읽을 수도 있도록 유도한 데 있어요. 어떻게든 독자가 미술과 접촉할 수 있는 기회를 넓혀주고자 한 것입니다.

흔히 '두드려라, 그러면 열릴 것이다'라고 하는데요, 실상은 두드리지 않은 경우가 많은 것 같습니다. 이미 다른 기획편집자가 두드렸을 것 같은 저자인데, 정작 두드려보면 아무도 연락하지 않은 경우가 적지 않다는 거죠. 박정민의『경매장 가는 길』이 그랬습니다. 이 분이 한 럭셔리 잡지에 미술 관련 연재를 하고 있었어요. 제가 이 연재를 스크랩하며 챙겨보고 있다가, 아트북스를 하면서 이메일을 보냈어요. 다른 출판사의 제안을 받았을 것 같아 한동안 망설였지만, 용기를 낸 거죠. 그런데 놀랍게도 계약된 곳이 없었어요.

이처럼 누군가가 선점했을 거라는 지레 짐작으로 연재물들을 포기하는 경우가 많아요. 이솝우화 '여우와 신 포도'처럼 미리 마음을 접는 거죠. 잘 알려져 있듯이 '여우와 신 포도'는 배고픈 여우가 포도나무를 발견하고 먹으려고 하지만 포도가 너무 높이 달려 있어서 먹지 못하고 저 포도는 신 포도일 거라며 포기하는 이야기이죠. 실상은 그렇지 않은데 말입니다. 『진중권의 현대미학 강의』 (2003)도 그랬어요. '진중권'이기 때문에 이미 다 계약이 되어서 새로운 원고가 없을 것 같았는데, 두드려보니 그렇지 않았죠. 황경신의 『그림 같은 세상』도 마찬가지였어요. 이 역시 월간 〈PAPER〉 독자로 저자의 연재를 봐오다가 연락을 했는데, 아트북스와 인연이 닿았습니다. 두드렸는데, 열리더군요.

다시 박정민의 경우, 처음에는 럭셔리 잡지 연재물을 책으로 낼 생각이었습니다. 그런데 저자가 잠시 귀국했을 때 가진 미팅에 마침 뉴욕에서 쓴 일기를 가져왔어요. 길고 짧은 다양한 분량의 원고들이 괜찮았죠. 미국에 살면서도 된장냄새를 물씬 풍기는 맛깔스런 문장들이 신선했습니다. 그분만이 쓸 수 있는 표현들이 읽는 재미를 주었죠. 동시에 미술 관련, 특히 미술시장 관련 대중서 저자로서 가능성도 보였어요. 그래서 우선 이 일기를 출간해서 저자를 알리고, 지속적으로 작업을 해야겠다는 생각을 한 겁니다.

책의 키워드는 '행복'으로 잡았어요. 저자와 이메일을 주고받거나 대화를 하면서 행복과 관련된 이야기를 많이 나눴는데, 어느 날 문득 저자의 일기에 행복한 기운이 충만하다는 사실을 깨닫게 되었어요. 뒤표지 문안과 신간안내문의 방향을 행복으로 정한 것도 이 때문이에요. 아시겠지만 책은 제목과 서문뿐만 아니라 뒤표지 문안이나 신간안내문을 통해 거듭나기도 하거든요. 책을 만들 때 저자와의 대화가 중요하다는 사실을 실감한 책이기도 하죠. 원고로는 파악되지 않는 저자 특유의 분위기나, 저자가 말하고자 하는 바를 체감할 수 있고, 또 시각적으로 편집하는 데도 도움이 됩니다.

아이디어는 우리 주변에 있다

저는 다양한 형식의 미술대중서를 많이 고민하는 편입니다. 『청소년을 위한 우리 미술 블로그』(2010)는 블로그의 특징을 그대로 책에 적용한 경우예요. 담당 편집자의 아이디어였는데 반응도 좋았습니다. 그리고 『그림으로 쓰는 러브레터』(2004)는 사랑하는 연인에게 편지형식으로 쓴 화가와 작품 이야깁니다. 그것도 시처럼 행갈이를 하고, 감성적인 문장으로 미술 이야기를 풀어낸 것이었죠.

또 '곁다리 텍스트'로 대중서 만들기도 시도했어요. '곁다리 텍스트'란 알려져 있다시피 한 책에서 본문을 뺀 나머지, 즉 표제, 부제, 차례, 서문, 발문, 판권란, 약력 등을 말하잖아요. 대부분의 미술책이 화가나 작품, 미술사, 미술이론을 중심으로 만들어집니다. 저는 미술을 조명하는 방식을 다르게 해보자는 생각에서 작업실, 액자, 화가의 아내, 갤러리나 미술관 같은 곁다리 텍스트에 주목하게 되었습니다. 작가의 작업실을 통해 읽어내는 화가나 작품 이야기(『아틀리에의 비밀』, 2007), 작품을 감싸고 있는 액자를 통해 보는 화가나 그림 이야기(『그림보다 액자가 좋다』, 2006), 화가의 아내로 조명한 화가이야기(『화가의 아내』『화가의 빛이 된 아내』, 이상 2006) 등이 그 결실입니다. 이는 중심에서 소외된 것들을 통해 중심을 조명하는 방식인데, 눈여겨보면 아이디어는 도처에 있어요. 동일한 미술 정보도 독자의 입장에서, 어떤 시각으로, 어떻게 기획하고 편집하는가에 따라 얼마든지 색다른 재미와 감동을 줄 수 있습니다.

지금까지 미술대중서 작업에 관해 제 경험을 중심으로 말씀드렸는데요. 모쪼록 이런 이야기가 미술대중서뿐만 아니라 다른 분야의 대중서 작업에도 조금이나마 도움이 되었으면 합니다.

편집자가

편집자에게
묻다

저자 안에 있는 것을 이끌어내기

Q : 기획에 맞는 저자를 섭외했다고 해도 실제 원고를
받았을 때 기대했던 것과 다른 경우가 있는데요, 최대
한 간극을 좁히고 서로 만족할 수 있는 결과를 얻을 수
있는 방법이 있을까요? 실제 사례가 있으면 말씀해주
시면 감사하겠습니다.

A : 처음 책을 내는 저자를 보면, 대부분 쓴 글과 쓰고 싶어 하는
글에 차이가 있습니다. 그 차이가 아주 적거나 일치하는 저자가 바
로 슬하에 몇 권씩 저서를 거느리고 있는 저술가들이죠. 하지만 신
입 저자는 초보운전자처럼 글이 물 흐르듯이 리드미컬하게 전개되
지 않습니다.

그 이유 중의 하나가 다수의 독자를 상대로 한 단행본의 생리에
어둡기 때문일 수 있습니다. 그래서 저자 자신은 아는 이야기이니
까 구체적인 설명 없이 넘어간 문장이 있는가 하면, 독자의 흥미를
유발할 극적 구성력이 약해서 재미있는 에피소드도 싱겁게 끝내고
만다든지 합니다.

이럴 때 기획자가 하는 말이 있어요. 독자의 입장에 서서 본인의
글을 읽어보라는 것입니다. 아시다시피 신입 저자는 자신이 하고
싶은 이야기를 독자에 대한 배려 없이 일방통행으로 풀어놓는 경
향이 있습니다. 반면에 저술가는 하고 싶은 이야기를 털어놓되, 타
깃으로 삼은 독자의 입장을 고려하며 원고를 만집니다. 그러니까
기획자는 신입 저자가 자기중심적인 글쓰기에서 독자 중심적인 글
쓰기로 입장을 바꿔 생각해보게끔 부단히 이끌어줄 필요가 있어

요. 더욱이 신입 저자가 대중서 저자로서 가능성이 밝다면 더더욱 그래야합니다. 독자의 입장에 서보면, 비로소 알게 됩니다. 자신은 익히 아는 바여서 얼버무리고 넘어간 부분을 비로소 자세히 설명합니다. 극적인 구성도 마찬가지예요. 독자의 입장에서 보면, 두세 줄로 처리한 에피소드가 아주 재미없는 꼴이 되었음을 간파하고 극적인 연출로 재미를 플러스하게 됩니다.

기획자는 신입 저자에게 독자가 자신의 글을 읽고 무엇을 얻어 갈 것인지 생각해보게끔 자극하면서, 저자의 내부에 깃든 이야기나 감성을 끌어내줄 필요가 있어요.

이때 중요한 과정이 저자와의 대화입니다. 제가 보기에 서로 만족할 만한 결과를 얻으려면 많은 대화가 필요합니다. 대화의 내용은 원고 생산에 직접 관련된 이야기뿐만 아니라 사적인 이야기까지, 저자를 많이 알수록 유익하다고 봅니다. 이야기를 주고받는 가운데 저자의 역량을 파악할 수도 있고, 원고와 관련해서 누락된 이야기나 보완되었으면 하는 에피소드 등을 나중에 챙겨줄 수도 있어요. 예컨대 대화상으로는 재미있었던 에피소드가 막상 글을 쓸 때는 생각나지 않아서 빠트리는 경우가 있거든요. 그것을 상기시켜주는 것도 기획자의 몫입니다.

류승희 씨가 쓴 『화가들이 사랑한 파리』나 『안녕하세요, 세잔 씨』(2008), 『자연을 사랑한 화가들』(2005, 공저)의 경우, 저자와 수많은 시간을 함께한 덕분에 낼 수 있었던 책입니다. 프랑스에 살고 있는 저자가 귀국할 때마다 몇 시간씩 커피숍에 앉아서 이야기를 듣고 궁금한 점을 되묻고, 원고로 승화시켰으면 하는 이야기를 제안하기도 하고, 중요한 에피소드는 메모를 해두곤 했습니다. 구상중인 원고에 관한 의견을 피드백해주기도 했고요. 그런 과정을 거쳐 저자가 가진 것들이 한 권씩 책으로 나올 수 있었죠. 프랑스에 사는 이방인의 눈으로 본 유럽의 미술 문화를 흥미진진하게 들으면서 발견한 화가로서의 왕성한 호기심과 강한 승부근성 등에서 자자가 집필 가능한 것과 잠재력을 확인한 덕분이기도 합니다.

저자와의 대화는 원고의 방향을 잡는 데도 도움이 됩니다. 『깊은 위로』가 그래요. '동양미술 에세이' 시리즈의 세 번째 책인데, 이 시리즈는 애당초 저자의 '사적인 이야기+그림 이야기' 식의 구성으로, 독자에게 사적인 이야기를 통해 누구나 미술 이야기를 할 수 있게 해보자는 취지로 기획되었습니다. 세 번째인 이 책은 시리즈의 기본 틀 안에서 그때그때 작성된 원고들이어서 전체를 하나로 묶을 만한 콘셉트가 좀체 떠오르지 않았습니다. 그런데 광화문에서 만난 저자와의 대화에서 해답을 찾았습니다.

저자는 이런저런 얘기 중에 이 시리즈를 진행하면서 스스로 치유가 되었다고 했습니다. 오랜 세월 가슴에 쌓였던 응어리들이 글을 쓰는 동안 가라앉고, 마음이 평온해졌다고 하더군요. 그리고 독자들이 동병상련의 심정으로 위로를 받았다는 독후감을 보내왔다고 했습니다. 저는 이런 이야기를 들으면서 이거다 싶어 메모를 했어요. 그리고 치유나 위로 쪽으로 책의 콘셉트를 잡고, 방금 한 이야기를 서문으로 쓰시라고 했습니다. 귀가해서는 메모를 정리해서 이메일로 보냈습니다. 역시나 감동적인 서문이 도착했고, 제목은 '깊은 위로'로 뽑았습니다. 어떤 원고는 잘 잡은 서문 하나로 뚜렷한 성격을 부여받게 되고, 다시 제목으로 거듭나게 됩니다. 이 책이 그랬죠.

대화는 직접 만나서 주고받는 것만이 아닙니다. 이메일 대화도 있어요. 『서늘한 미인』의 경우는 수많은 이메일 덕분에 저자의 생각을 담고, 저자를 닮은 책을 만들 수 있었습니다. 책을 출간하기 전까지 제가 저자를 만난 것은 두 차례가 전부였어요. 처음 인사를 할 때와 계약을 할 때 저자를 봤습니다. 물론 담당 편집자가 정해지고 나선 편집자가 오갔습니다만. 여하튼 이메일을 통해 미술에 대한 저자의 애정과 원고로 구현했으면 하는 생각들, 제 의도와 상충되는 의견 등을 수용하거나 설득하는 과정을 가졌습니다. 그래서 내용 구성과 북디자인에까지 저자의 모습을 담고자 했습니다. 저는 종종 이 책이 곧 저자라는 말을 합니다. 이지적이면서도 감성적인 저자의 모습까지, 시각이미지로 구현한 것이 이 책이라고 말이죠.

이 모두가 저자와의 대화 덕분입니다. 대화는 막혔던 글의 물꼬를 터주기도 하지만 저자의 이야기 중 장점을 수용하여 기획 방향을 틀게도 합니다. 물론 기본 방향은 유지하되 긍정인 요소를 수용하여 원고를 더 건강하게 만드는 것이죠. 또 쓴 글과 쓰고 싶은 글의 간격을 줄여갈 수도 있어요. 저자가 가진 것, 할 수 있는 것, 하고 싶어 하는 것, 했으면 하는 것 등에 대한 정보를 종합적으로 챙길 수 있는 절호의 기회이기도 합니다. 다음 작업을 할 수 있는 토대가 되기도 하고요. 기획자와 저자 간의 대화는 궁극적으로 책을 매개로 한 저자와 독자 간의 소통을 원활하게 해주는 전초 작업입니다. 또한 책의 상품성을 탄탄하게 벼리는 작업이기도 하구요.

일반 독자가 화집을 멀리하는 이유

Q : 화집 출판의 부활을 꿈꾸는 독자의 입장에서 일본에서는 화집 출판이 자리를 잡은 반면 왜 한국에서는 그렇지 못한지, 그 차이가 무엇인지 궁금합니다. 독자 욕구에 차이가 있는 것인지, 출판 시장에 차이가 있는 것인지 그 이유는 무엇일까요.

A : 먼저 국내 미술계에서는 통상 미술작품을 도판 위주로 편집한 크고 두꺼운 책을 '화집' 혹은 '도록'이라 하고, 얇은 책자를 '카탈로그'라고 합니다. '복사하거나 인쇄한 그림을 모아서 엮은 책'(화집)이나 '그림과 사진 등의 자료를 넣은 기록'(도록), '상품 따위를 일목요연하게 제시하여 소개하는 책'(카탈로그) 같은 사전적인 의미와는 차이가 있죠.

하지만 기본 형식은 동일합니다. 작품 도판을 중심으로, 평문(한글과 영문)과 작가약력이 함께 실리는 식이죠. 최대한 작품을 선명하고 다양하게 보여주기 위한 책이므로 형식이 단순하죠. 제작비의 규모에 따라 부피가 얇거나 두꺼워집니다. 하드커버로 감싼 헤비급 체형에, 가격도 비싼 편이에요. 그렇다면 화집의 독자는 누구일까요? 동료작가나 미술이론가, 미술가, 큐레이터 등 미술 관계자들입니다. 일반 독자는 염두에 두지 않아요. 작품세계를 알려주는 평문이 일반 독자에게 어려운 이유도, 그것이 미술계 내부 문건에 머물고 있기 때문이에요.

이런 현실의 원인은 국내 화집이 '자비출판'이라는 데서 찾을 수 있어요. 유명 화랑이나 미술관에서 해당 작가의 초대전이나 기획

전 때 만드는 화집을 제외하면, 대부분 작가가 도록제작을 대행하는 기획사에 의뢰해서 만듭니다. 출판사의 자체 기획물이 아닌 탓에, 제작비 일체를 작가가 부담하게 됩니다. 이런 관행은 에디터십의 부재를 낳고 '물주'인 작가가 자기 입맛에 맞춘, 객관성이 결여된 화집을 양산하게 합니다. 그러다 보니 오탈자가 동거하는, 일정한 체계 없이 작품만 나열된 자료집 성격의 화집이 됩니다. 그렇다면 제작한 화집의 운명은 어떻게 될까요?

각 화랑이나 미술관, 도서관, 미술관계자 등에 배포하고, 나머지는 서점이 아닌 창고에 쌓아둡니다. 자비출판의 쓸쓸한 엔딩장면입니다. 게다가 출판등록이 되어 있지 않은 기획사에서 화집을 만들어서, 당연히 책의 주민등록번호격인 ISBN(국제표준도서번호)은 빠져 있죠. 화집은 나왔으되 공식적으로는 존재하지 않는 유령출판물이 되는 셈입니다. 각 아트숍이나 도서관, 미술자료관 등에 찾아가지 않는 이상 화집 구경하기조차 쉽지 않죠. '유통' '관리' '마케팅' 같은 말들이 들어설 자리는 아예 없습니다.

지금은 도록 제작 대행사도 출판등록이 된 곳이 있어서 ISBN은 붙습니다만 여전히 서점에서 화집을 만나기란 쉽지 않아요. 유통 관리가 되지 않기 때문입니다. 자비출판인 탓에, 서점에 유통시키려면 이에 따른 비용도 작가가 부담해야 합니다. 이미 화집 제작에 거금을 들인 처지에서 다시 유통 관리에 비용을 댈 만한 여력이 없는 탓에, 화집은 작가의 작업실 창고로 직행하게 됩니다.

그리고 작가들이나 미술 전공자, 미술 관계자 사이에서 만연한 그릇된 인식도 문젭니다. 거금을 들였음에도 불구하고 화집은 돈

주고 사는 것이 아니라 공짜로 주고받는 것으로 생각합니다. 따라서 구매자를 보기가 드뭅니다. 마치 전시회는 무료관람이라는 인식 탓에, 유료관람을 표방하면 관람객 수가 현저히 떨어지는 경우와 유사합니다. 전시장에서도 판매가 되지 않으니, 울며 겨자 먹기 심정으로 지인들한테 나눠줍니다. 이런 전근대적인 풍토도 화집 출판의 걸림돌이 되고 있지요.

가장 이상적인 방식은 출판사에서 자체 기획으로 화집을 출간하는 것입니다. 독자를 염두에 두고 기획, 편집하기 때문에 오탈자 없이 깨끗한 화집, 구매욕을 자극하는 아름다운 화집을 서점에서 만날 수가 있죠. 전화번호부처럼 두툼한 화집은 아니지만 예전에 시공사의 '아르비방' 시리즈는 작가 구성과 퀄리티가 높은 대중적인 화집으로 주목을 받은 바 있습니다. 절판된 지 오래되었지만 말이죠. 현재 서가를 채우고 있는 소프트한 화집으로는 서문당의 '서양의 미술' 시리즈나 도서출판재원의 '재원 아트북' 시리즈가 있어요. 많지 않은 쪽수에 큰 판형으로, 그나마 화집 부재의 갈증을 달래주고 있습니다.

그리고 제가 가칭 단행본형 화집이라고 부르는 것으로는 예경의 '아트 클래식' 시리즈와 마로니에북스의 '베이직 아트 시리즈'나 '위대한 예술가의 생애' 시리즈, 서문당의 '아트 코스모스' 시리즈 등이 있어요. 적당한 판형에, 글과 도판이 함께 편집된 형식이죠. 그중에서도 마로니에북스가 내고 있는 타셴의 '베이직 아트 시리즈'는 주목을 요합니다. 슬림한 판형에 작가의 작품세계를 소개한 글과 도판을 함께 배치하여 독자들이 비교적 부담 없이 화가들을 접할 수 있게 만들었습니다. 간간이 이 시리즈에 우리 작가도 끼어 있어, 반갑기도 하지요. 이와 유사한 단행본형 화집으로, 국내 작가들을 다룬 서문당의 '아트 코스모스' 시리즈가 있습니다. 일단 크기도 작고 가격도 적절해서 독자의 접근성이 높다는 장점이 있어요. 그런데 단행본형 화집도 일반 단행본에 비해 찾는 독자가 적어서, 출판사의 이미지 재고에는 도움이 될지 몰라도 수지타산을 맞추기에 쉽지 않은 단점이 있습니다. 판매부진을 버텨낼 장사는 출판계에서도 없습니다.

물론 해마다 방학을 앞두고 펼쳐지는 블록버스트급 서양미술전시에서는 화집이 대량으로 판매됩니다. 전시회를 기획하는 측의 주요 수익사업의 하나가 화집 판매일 정도로 수요가 많아요. 이는 부모들이 자식 교육차원에서 전시회를 관람시키고 도록을 사주기 때문입니다. 하지만 이런 판매는 그때뿐이어서, 일반 서점이나 아트숍의 다른 화집 수요로 연결되지는 않습니다. 전시회가 끝나면, 해당 화집 판매도 끝나는 '반짝 시장'인 셈이죠. 대신 각 갤러리나 미술관에 가면 구할 수는 있습니다.

화집 출판의 찬밥 신세 역시 크게 보면 미술의 대중화와 관련된 문젭니다. 초중등 과정으로 미술교육이 마감되는 현실에서, 교과서 밖의 미술은 여전히 낯선, 특별한 세계로 인식되기에 미술책이나 화집까지 챙겨보는 문화가 형성되지 못하고 있어요. 물론 옛날과 비교해보면, 지금은 월등히 나아졌다고 하겠습니다. 제작 즉시 창고로 직행하던 화집을 서점이나 아트숍에서도 일부 구입할 수 있으니까요.

미술책에 대한 수요도 꾸준한 증가 추세에 있고, 그것이 작품을 전문적으로 보여주는 화집에 대한 관심으로 이어져서, 수요가 비록 느리긴 하지만 서서히 늘지 않을까 생각해봅니다. 독자의 취향을 고려하여 기존의 하드커버로 무장한 화집이나 소프트한 단행본형 화집에도 부단히 형식의 변화를 준다면, 종이책으로서 잠재된 수요를 끌어낼 수 있을 것입니다.

숫자

1인 출판 67, 185, 20, 205, 207~209

『50일간의 유럽 미술관 체험』 240

ㄱ

가독성 150

가스통 갈리마르 105, 107, 132

간행물윤리위원회 131, 138

『거침없는 그리움』 260

검증형 필자 778, 81

『경매장 가는 길』 249, 261

고단샤 6

공쿠르상 113, 123

〈과학동아〉 117

곽아람 247

교과서 35, 55

『교수대 위의 까치』 24

『구텐베르크 은하계의 행방』 6

〈그란타Granta〉 124

『그림 같은 세상』 256, 259

『그림 쇼핑』 244

『그림 읽는 CEO』 242

『그림 읽어주는 여자』 241

『그림, 문학에 취하다』 230

『그림공부 사람공부』 241

『그림보다 액자가 좋다』 263

『그림에, 마음을 놓다』 243

『그림으로 쓰는 러브레터』 263

『그림이 내게 말을 걸어왔다』 260

긍정심리학 121

『기획에는 국경도 없다』 9, 104

기획출판 206, 207

〈기획회의〉 8~10, 120, 145, 146, 201

『김대중 자서전』 92

『김원일의 피카소』 231

김지은 245, 256, 258

김해성 226

김현 226

『깊은 슬픔』 225

『깊은 위로』 261, 268

『끌림』 92

ㄴ

나무숲 259

나폴레온 힐 120

『낭만적 밥벌이』 82

『내 인생을 바꾼 스무 살 여행』 119

네트워크 30, 32, 36, 46, 56~58

노나카 이구치로 167

『노동과 나날』 120

노벨문학상 113, 124

노웨어know-where 109, 118

노하우know-how 68, 69, 75, 109, 147, 167

〈논좌論座〉 6

『누가 내 치즈를 옮겼을까?』 119, 120

뉴미디어 18, 25

『뉴요커』 78, 80, 81, 84, 85

〈뉴욕타임스〉 25

니즈 24, 41, 51, 152

닌텐도 153~156

『다빈치 코드』 119

다섯수레 158

다이니폰大日本인쇄 5

ㄷ

댄 브라운 119

도리스 레싱 124

도판 150, 228, 229, 231~236, 240, 255~261, 270, 272

도판 저작권 231~236

『독신남 이야기』 82

동기부여 161, 162

동아시아 출판인회의 72

디자이너 98~101, 191, 235

디지털 출판 17

디지털 혁명 10, 19

ㄹ

『러셀 서양철학사』 52

『로스트 심벌』 119

론다 번 119

『르몽드 세계사』 34

『리더를 위한 창의력 발전소』 242

ㅁ

마로니에북스 229, 272

마음산책 59

마츠다 테츠오松田哲夫 7, 8

마케팅 믹스 177

마틴 셀리그만 121

마하이 칙센트미하이 121

『만만한 출판기획』 9, 142, 144

『만화 조선왕조실록』 53

매스미디어 19, 24

맨부커상 113, 123, 124

『몰입의 즐거움』 121

『무량수전 배흘림기둥에 기대서서』 241

물성 148~151, 157
미국도서관협회 140
'미국에서 주목받는 젊은 작가 20인' 124
『미술 시장의 유혹』 231
미술저작권관리협회 233
미술평론가 226, 240
미진사 225
『미학 오디세이』 53, 244

ㅂ

박상미 78~81, 83~86
박수근 233, 251
『박시백의 조선왕조실록』 53
박영택 79, 245
박용숙 226
발자크 123
번역서 67, 78, 83, 84, 86, 106, 107
베스트셀러 42, 47, 51, 53, 54, 94, 114, 119, 136, 146, 152, 225
'베이직 아트' 시리즈 229, 272
벤저민 프랭클린 120
북 커뮤니케이션 19
뷔히너상 123
브라이언 트레이시 119
블로그 27, 76~78, 95, 253, 263
비교우위 178, 179

비전 6, 9, 10, 29, 30, 37, 42, 56, 63, 67, 171
빌 게이츠 54, 55
빌 브라이슨 124

ㅅ

사계절 33
『사도세자의 고백』 33
사이언스북스 35
『사이언싱 오디세이』 117
살만 루슈디 124
『살아있는 지리 교과서』 35
『살아있는 한국사 교과서』 53
생산성 206, 218~220
생애평균임금 197
『서늘한 미인』 256, 258, 269
서문당 272
'서양의 미술' 시리즈 272
서점 19~23, 42, 51, 227, 249
서평 79, 111, 134
선동기 247
선인세 110, 117, 135~137, 194
세르반테스상 123
세리 누아르Série Noire 105, 107
소셜네트워크 172
소셜미디어 19, 23
소피스트 121

손익분기점 65, 71, 81, 84, 105

솔 벨로 124

〈송인소식〉 9

쇼분샤晶文社 6

스마트폰 29

스테디셀러 51~54, 108, 241

스토리텔링 101, 119, 120, 251

『스티브 잡스』 128

스티븐 킹 124

'스페인어권에서 주목받는 젊은
　작가 20인' 124

스펜서 존슨 119

승산 35

시공사 225, 272

『시크릿 더 파워』 119

『시크릿』 119

신경숙 225

신사고운동 121, 122

ㅇ

아룬다티 로이 124

'아르비방' 시리즈 272

아마존 18, 21, 54, 55, 107,
　110~117, 123

'아트 코스모스' 시리즈 273

'아트 클래식' 시리즈 272

아트북스 223

『아틀리에의 비밀』 263

『안녕하세요, 세잔씨』 267

암묵지暗默知 167~169, 180

앤디 앤드루스 122

『앤디 워홀 손안에 넣기』 83, 84

'어린이 미술관' 시리즈 259

'어린이를 위한 이주헌의 주제별
　그림읽기' 시리즈 258

『어젯밤』 86

에드워드 거브먼 162

에디터십 9, 168, 190, 191, 271

에디팅 매니저 189

에이전시 112, 116, 134~136, 231

에이전트 110, 116

에피소드 250~254, 257, 266~268

〈역사비평〉 33

〈역사산책〉 33

역사출판 29, 33, 34

열화당 226

예경 225, 272

『예술가로 산다는 것』 79, 81

〈오마이뉴스〉 47

『오주석의 한국의 미 특강』 241

오츠카 노부카즈大塚信一 72, 88

『오트란토의 성』 127

온라인서점 20, 21, 17, 113, 114,
　134

와시오 켄야鷲尾賢也 7
『우리 집은 어디인가』 92, 93
웹사이트 56, 76, 77
'위대한 예술가의 생애' 시리즈 272
위키피디아 110, 111, 120, 124,
    126
유미리 76
유지형 기획 153, 156~158
이규현 244
이덕일 33
『이름 뒤에 숨은 사랑』 79
이명옥 242
이병률 92
이와나미 출판사 72
이외수 23, 27
이중섭 233, 251
인문학 26, 46, 118, 123
『인쇄에 미쳐』 8
임프린트 19, 192, 193, 209

ㅈ

자기계발 114, 118~123, 161, 243
『자연을 사랑한 화가들』 167
재원 272
'재원 아트북' 시리즈 272
잭슨 폴록 232
저작권 116, 122, 123, 125, 129

전자책 6, 17, 18, 20, 27, 28, 36,
    108, 128, 130, 131, 138~140,
    157, 158
『정민영의 미술책 기획노트』 9, 224
『정의란 무엇인가』 42, 47, 110
제임스 앨런 120
『조선시대 사람들은 어떻게
    살았을까』 33
『조선왕조실록』 145
조정육 237, 241, 245, 260
조한웅 82
'주목받는 젊은 작가 20인' 124
줌파 라이히 78, 79
중간필자 245, 246, 248
지식기반 사회 19, 28
진중권 24, 244
『진중권의 현대미학 강의』 262

ㅊ

찰스 디킨스 130, 131
〈책과컴퓨터〉 5, 6
'책마을 돋보기' 201
『책으로 세상과 소통하다』 9
『책으로 세상을 꿈꾸다』 9
『책으로 세상을 움직이다』 9
『책으로 세상을 편집하다』 9
책의 구조 254, 255

『처음 읽는 서양 철학사』 52

『철학과 굴뚝청소부』 52

『청소년을 위한 우리 미술 블로그』
    263

『체 게바라 평전』 114

『최무영 교수의 물리학 강의』 45

최석조 241, 245, 247

최순우 241

출판 생태계 18~20, 24

『출판편집자가 말하는 편집자』 185

『취향』 84, 85

츠노 가이타로 5, 6

치쿠마쇼보築摩書房 7

ㅋ

카네기 120

콘셉트 11, 70, 71, 82, 97, 99, 100,
    110, 112, 268

크리스토퍼 버클리 120

ㅌ

타센TASCHEN 229, 272

트렌드 50, 51, 154, 242

트위터 23, 27, 111

ㅍ

파괴형 기획 153, 156, 158

파트너십 36~40

퍼블리싱링크 8

편집력 10, 151

『편집에 정답은 없다』 9, 184

『편집이란 어떤 일인가』 7

편집일기 39, 40, 48~50

『편집자 분투기』 9, 60

『편집자란 무엇인가』 9, 16

『폰더 씨의 위대한 하루』 122

프낙Fnac 107

프리다 칼로 232

ㅎ

『한국 생활사 박물관』 33

한국역사연구회 33

한젬마 227, 241, 242, 248

『현대미술을 보는 눈』 226

형식지形式知 168

호레이스 월폴 127

『화가들이 사랑한 파리』 249, 267

『화가의 빛이 된 아내』 263

『화가의 아내』 263

화집 227~229, 256, 258, 270~274

황경신 247, 256, 262

휘슬러 117

휴머니스트 15